# 股市中的100倍股

## 100 TO 1 IN THE STOCK MARKET

A Distinguished Security Analyst Tells How to Make More of Your Investment Opportunities

一位杰出的证券分析师告诉你如何充分利用投资机会

[美] 托马斯·W. 菲尔普斯（Thomas W. Phelps） 著　马林梅 译
张化桥 作序推荐

中国青年出版社
CHINA YOUTH PRESS

## 图书在版编目（CIP）数据

股市中的100倍股：一位杰出的证券分析师告诉你如何充分利用投资机会 /（美）托马斯·W. 菲尔普斯著；马林梅译.
—北京：中国青年出版社，2023.1
书名原文：100 to 1 in the Stock Market: A Distinguished Security Analyst Tells How to Make More of Your Investment Opportunities
ISBN 978-7-5153-6705-7

Ⅰ.①股… Ⅱ.①托…②马… Ⅲ.①股票投资—基本知识 Ⅳ.①F830.91

中国版本图书馆CIP数据核字（2022）第124895号

100 TO 1 IN THE STOCK MARKET: A DISTINGUISHED SECURITY ANALYST TELLS HOW TO MAKE MORE OF YOUR INVESTMENT OPPORTUNITIES by THOMAS W. PHELPS
Text Copyright © 1972, 2014 BY THOMAS W. PHELPS
Introduction Copyright © 2014 Echo Point Books & Media
This edition arranged with SUSAN SCHULMAN LITERARY AGENCY, LLC through BIG APPLE AGENCY, INC., LABUAN, MALAYSIA.
Simplified Chinese edition copyright © 2023 CHINA YOUTH PRESS
All rights reserved.

## 股市中的100倍股：
## 一位杰出的证券分析师告诉你如何充分利用投资机会

| | |
|---|---|
| 作　　者： | [美]托马斯·W. 菲尔普斯 |
| 译　　者： | 马林梅 |
| 责任编辑： | 肖　佳 |
| 美术编辑： | 张　艳 |
| 出　　版： | 中国青年出版社 |
| 发　　行： | 北京中青文文化传媒有限公司 |
| 电　　话： | 010-65511272 / 65516873 |
| 公司网址： | www.cyb.com.cn |
| 购书网址： | zqwts.tmall.com |
| 印　　刷： | 大厂回族自治县益利印刷有限公司 |
| 版　　次： | 2023年1月第1版 |
| 印　　次： | 2025年6月第2次印刷 |
| 开　　本： | 787mm×1092mm　1/16 |
| 字　　数： | 232千字 |
| 印　　张： | 16.5 |
| 京权图字： | 01-2021-6510 |
| 书　　号： | ISBN 978-7-5153-6705-7 |
| 定　　价： | 59.90元 |

### 版权声明

未经出版人事先书面许可，对本出版物的任何部分不得以任何方式或途径复制或传播，包括但不限于复印、录制、录音，或通过任何数据库、在线信息、数字化产品或可检索的系统。

中青版图书，版权所有，盗版必究

# 出版说明

就在我写这份说明的时候,《股市中的100倍股》(*100 to 1 in the Stock Market*)已经绝版了。在亚马逊官网(Amazon.com)上,这本书新书售价最低的为683美元!即使是封面缺失、破损发霉的二手书,其售价也高达73美元。任何懂市场"智慧"的人心里都清楚,这样的高价(及读者们热烈的评论)表明,这本书里蕴藏着巨大的价值。如果你吸收了托马斯·菲尔普斯(Thomas Phelps)的思想并能把它们运用于实践,那么即使你为购买本书花费了683美元,你也是很划算的,因为它有可能显著改善你的长期财务状况。对于赚钱能力一般的人,要想增加财富,最好的方法就是持有一家成功企业的股票并从中获益。

《股市中的100倍股》令人印象深刻的一点是,在近半个世纪的时间里,它的指导性一直保持得很好,而且有不断增强的趋势。当然,自20世纪70年代初以来,股票价格和书中提及的一些知名公司已经发生了翻天覆地的变化,但书中的建议和智慧仍然能引起读者的共鸣,而且,我们现在比以往任何时候都更加需要菲尔普斯的建议了。在金融媒体和更快、影响范围更广的新闻周期的冲击下,投资者现在比以往任何时候都更难以坚持既定的投资路线了,但后者才是获得巨额回报的关键。要想获得真正的财富,就必须投资于长期赢家股,并保持免税的复利增长。杰出的投资大师沃伦·巴菲特正是靠着这一方法成为全球首富的。

令《股市中的100倍股》一书稍显过时的一大原因是,互联网使人们获取投

● 出版说明

资信息的方式发生了巨大的变化。

　　读者可以忽略作者在本书中介绍的获取年报或其他文件的方法。通过雅虎财经（Yahoo Finance）和谷歌（Google）等搜索引擎，读者很容易查询到公司的盈利、收入和业绩预测，更不用说通过许多更小的创新网站了。这是好事，因为互联网使我们更容易运用菲尔普斯分享的智慧了。关键是如何解读并明智地利用数据，这正是《股市中的100倍股》一书的价值所在。我坚信，菲尔普斯的思想永放光芒。

　　我在股市摸爬滚打了数十年，管理着他人的数百万美元资金，在读完本书后，我不由得生出了相见恨晚之感。人总是在经过一段时间之后才能意识到制订计划和保持耐心的重要性，也就是说，我们在选择投资对象前要三思，而在选定之后，只要其重要指标达标，我们就要坚持持有它们不动摇。清晰的思维和非凡的辨别能力不仅对股市投资很重要，而且对我们处理日常事务也很重要，它们能增加我们的回报，缓解我们的压力。

　　愿本书的建议、智慧能增加你的收益。祝你阅读愉快！

马歇尔·格利克曼（Marshall Glickman）

前股票经纪人

《谨慎理财指南》（*The Mindful Money Guide*）作者

回声点图书与媒体公司（Echo Point Books & Media, LLC）出版人

2014年11月

# 目　录

序　言　股民永远不要放弃　007

前　言　009

第一章　你们祈求，就给你们 / 011

第二章　辛巴达的钻石谷 / 019

第三章　猎捕大象的启示 / 031

第四章　莫做盲目从众的"旅鼠" / 042

第五章　远见 vs. 坚韧 / 047

第六章　我们迫切需要环球罗格斯火险公司的股票 / 056

第七章　树长不到天上去 / 062

第八章　如何看待消息 / 068

第九章　确认胜算 / 074

第十章　盈利质量的差异 / 085

第十一章　美国证券交易委员会监管下的操纵 / 093

第十二章　注意"随机游走"的股票 / 097

● 目 录

**第十三章** 经验有时会误导投资 / 108

**第十四章** 为什么计算机不能主宰世界 / 111

**第十五章** 盈利有道 / 114

**第十六章** 自我中心主义与投资 / 119

**第十七章** 没有控制通胀的良药 / 125

**第十八章** 选对股票 / 144

**第十九章** 去哪里寻找大赢家股 / 146

**第二十章** 对外投资 / 155

**第二十一章** 为时未晚 / 161

**第二十二章** 7只百倍股的分析 / 165

**第二十三章** 如何避免错失机会 / 174

**第二十四章** 践行"买对股票并坚持持有"的原则 / 186

**第二十五章** 你自行投资吗 / 188

**第二十六章** 价值意识 / 192

**第二十七章** 股票成长靠什么 / 197

**第二十八章** 如何发现和评估真正的增长 / 202

**附表一** 365只让投资者成为百万富翁的股票 208

**附表二** 百倍股价格表 248

# 序 言
## 股民永远不要放弃

8月份我参加深圳的一个投资沙龙。我发现，很多人已经放弃了股票投资。另外有些人正处于放弃的边缘。大家的无奈情绪相当严重。但是，学术研究和海内外经验反复证明，从长期来看，股权投资远远超过债权投资或者不动产投资，它是致富的最有效途径。

但是，过去20多年，中国股民（作为一个整体）的经历确实是相当悲惨的。但放弃是不理性的。我们应该从自己的经验、教训以及别人的经验、教训中找到未来的投资技巧，而不是放弃。我认为，这本书是一场及时雨。书中关于投资的技巧和理论非常实用，并举了大量的投资成功的例子。作者说明百倍股虽然少见，但绝不罕见。当然，作者说的不是一年赚百倍，也不是十年赚百倍，而是25年赚百倍。注意，这超出了大多数股民的通常视野，而要调整的是我们的视野。作者反复强调的是：买得对、长期持有。

书中开篇的一个寓言故事很有启发。它的结论是：你希望得到的少，你得到的就少；你希望得到的多，你得到的就多；但如果你希望得到的太多，你就什么也得不到。我对这段话的理解就是：股民要敢于致富，不能因为蝇头小利就套现。不能因为赚了百分之五就跑掉了，还沾沾自喜。你必须长期持有，敢于赚十倍、百倍。但是我们又不能胡来，不能胆大包天，不能用杠杆。因为如果那样，那你就是期许太多，你就会竹篮打水一场空。

在过去100年，美国股民成功的经验得益于美国经济的腾飞。最近40年，他们又得益于利率的下降以及通货膨胀率的下降。我国股民可没有这么幸运。

● 序　言

因为我们的经济虽然高速增长，但是它尚处于震荡中的转型阶段。我们的企业寿命都比较短；我们的经济周期也比较短；我们的企业遇到的竞争压力相当巨大；而且监管风险也相当严峻。这些都直接伤害了我国股市的回报率。

作者在书中没有讨论上市公司的财务欺诈问题。而这又是中国股民必须面对的一个非常重要的问题。地雷是摧毁我们的投资的最直接的原因。尽管如此，此书中讲的选股的道理对我国股民还是具有非常大的启发作用：买得对、长期持有、敢于致富。

书中有一个道理对于我们股民特别适用：我错过机会了吗？你永远没有。我的钱太少怎么办？没关系。越是钱少的人，越需要投资，越需要找到一条致富的路径。储蓄和耐心是关键。

此书最重要的一章是第十九章。作者分析百倍股从哪里去寻找。他说，最适宜寻找的地方是四个地方。第一，巨大的熊市震荡把一些好公司的股票的价格打到了离奇的价位。第二，某大宗商品的价格的大牛市、长牛市。第三，企业的业务长期扩充，产品价格上升，而信贷支持充足、公司资本结构优化。第四，持续的、超凡的净资产收益率（ROE）。

张化桥

# 前　言

本书讲述的是关于投资1万美元买入数百只股票中的任何一只并长期持有，最终使这1万美元增值为100万美元的非虚构性故事。

挑选一只正确的股票或一个正确的投资时间是没有必要的。在从1932年开始的32年里，投资者每年都有机会从众多的股票中选出一只到1971年增值至少100倍的股票。

最近一只能造就百万富翁的股票出现在1967年，它当年的价值是其1971年市值的1%。本书列出的百倍股超过了365只。1971年，它们的估值至少是它们4—40年前价值的100倍。本书分析了这些股票在大涨之前的表现，并就如何识别未来潜在的大赢家股提出了建议。

《股市中的100倍股》一书是面向未来的，它旨在提供一条有助于投资者提高业绩的路线，无论投资者手里有多少资金，也不管他们是新手还是老手。

非常感谢书中提及的各位人士的帮助。特别感谢斯卡德尔、史蒂文斯和克拉克公司（Scudder, Stevens and Clark）惠允使用一些图表及其研究设施，没有它们，本书不可能写就。

感谢我的妻子克里斯汀·里德·菲尔普斯（Christine Reed Phelps），她帮助我确定了本书的书名，而且在我做研究和写作本书时她不急不躁，还给予了我很多的启发。

托马斯·W. 菲尔普斯

## 第一章

# 你们祈求，就给你们❶

五个贫困的阿拉伯人正躺在沙子上睡觉，忽然一道亮光唤醒了他们，一位天使出现在了他们面前。

"我可以满足你们每人一个愿望。"天使说。

"颂赞真主，请赐予我一头驴。"第一个阿拉伯人高兴地说。

刹那间，他的身边出现了一头驴。

"真是个傻瓜，他应该祈求更多。"第二个阿拉伯人心想。

"请赐予我十头驴。"第二个阿拉伯人恳求道。

天使立刻兑现了诺言，十头驴瞬间出现在了他眼前。

第三个阿拉伯人目睹了这一切。

他说："真主无所不能，请给我一支商队吧，商队里要有一百头骆驼、一百头驴，还要有帐篷、地毯、食物、酒和仆人。"

他的要求马上得到了满足，一支商队即刻出现在了他面前。衣衫褴褛的他看到仆人们的穿着感到很羞愧，但仆人们很快就给他换上了符合其新身份的长袍。

轮到第四个阿拉伯人时，他已经做好了充分的准备。

---

❶ 出自《圣经·马太福音》第7章第7节。

## 第一章

"我要成为国王。"他喊道。

他的头上马上出现了一顶王冠,速度是如此之快,以至于他正在挠头的指关节都被擦伤了。他面前的宫殿花园几乎一眼望不到边际,宫殿的角楼非常高,上面的三角旗都消失在了沙漠的迷雾中。

看到可怜巴巴的同伴们要求得太少,第五个阿拉伯人下定决心不犯这样的错误。

他说:"我要成为真主!"

刹那间,他发现自己赤身裸体地躺在沙子上,浑身长满了麻风。

这个故事的寓意是,对生活要求少的人得到的也少,要求多的人得到的也多,要求过多的人则一无所获。

这样的结果看似奇怪,但人类的欲求就是这样。我们大多数人都会犯第一个阿拉伯人的错误,即只想要一头驴,很少有人会要求得过多。

在投资领域里更是如此。大多数人试图通过投机的方式在股市里赚点儿快钱,或者满足于把钱存到银行里获取4%或5%的利息。为了致富认真地制订计划并采取行动的人不足千分之一。大多数人认为自己没有致富的机会,当他们看到别人因为这么做而暴富了时,为了安抚他们的自尊心,他们会大喊这些人有"行贿行为"、有"内幕消息"或者"投胎技术好",他们从不思考他人致富的真正原因。即使命运之神给了他们机会,他们也会一次又一次地放弃它们。有些人账面上有了点收益就忍不住想要兑现;另一些人则卖出了优质股票,买入了看起来更好的投资产品。这些人的命运就跟伊索寓言里的那条狗一样。还记得吗,那条狗为了得到水中那块看起来更大的肉(影子),把嘴里叼着的肉弄丢了。

投资界的人最容易被半真半假和似是而非的格言所伤害。但即使是在竞争最激烈的地方,也很难找到比"落袋为安,永不破产"更糟糕的口号了。

财富是通过买对投资品并坚持持有而获得的。由于华尔街饱受业务量超出其承受能力之苦,即便是经纪人也宣扬这一理念能给客户带来很多好处,同时不会损害他们自身的长期最大利益，但很少有人这么做。

自1932年以来，价值增加了百倍的股票超过了360只——这不是按历史最高价格计算的，而是按1971年的价格计算的，许多股票前几年的价格更高。

说机会女神只敲一次门是多么荒谬啊！

在近30年的时间里，这位美丽的女神一直在不停地敲击普通人的房门。

从1932年开始，在不同的32个年份里，投资者花1万美元买入这365只股票中的任何一只，到了1971年，他们都能赚取100万美元。最近一只能造就百万富翁的股票出现在1967年。投资者既不需要运气，也不需要判断卖出时机的技巧。在过去40年当中的32年里，投资者花1万美元成本买入这365只股票中的任何一只，到了1971年，他们持有的股票的价值都增加到了100万美元或更多。投资者需要做的就是从这数百只股票当中选出一只并长期持有。

诺里斯·达雷尔（Norris Darrell）是沙利文&克伦威尔（Sullivan & Cromwell）大律师事务所的高级合伙人，也是享有盛誉的美国法律研究所（American Law Institute）的所长，他讲了这样一个真实的故事（为了不透露客户的隐私，这里使用了化名）：

"一位年老的客户有一处很值钱的物业，他咨询我是应该卖掉它还是把它留给家人。这涉及遗产规划，包括纳税额的计算。为了做好规划，我需要知道他的资产净值是多少。当我问这位老先生这一信息时，他随意说了一个数字。我就用这个数字完成了计算。

"由于对我的专业表现感到满意，这位客户后来请我为他的遗嘱和对孩子们的生前赠予出谋划策。我告诉他，我很乐意接受他的委托，但我强调了获知他资产净值的准确数字的重要性，但他仍然不愿意透露这些信息，说要考虑一段时间。

"几周后，他带着他已步入中年的儿子来到了我的办公室。一番寒暄之后，我等着老先生告诉我他的决定。过了好一会儿，他把头转向他儿子问道：'我要告诉他真实的数字吗？'他的儿子回答说：'是的，爸爸。我认为你应该告诉

● 第一章

他.'于是这位老先生从侧口袋里拿出一张纸条递给了我。

"我曾怀疑他此前告诉我的数字太低了,但是,当我看到纸条上显示的其证券投资组合的价值数字时,我忍不住惊呼道:'布兰科先生,你是怎么赚到这么多钱的?'

"他回答说:'我从来不卖出。'"

布兰科先生可能补充道,他能赚这么多钱是因为他的判断力或运气很好,没有买入本该卖出的股票。

像布兰科先生一样,保罗·加勒特(Paul Garrett)也是一位不想只要一头驴的人。在担任《纽约晚报》(New York Evening Post)的财经编辑时,他被小阿尔弗雷德·P. 斯隆(Alfred P. Sloan, Jr.)招至麾下,成了通用汽车公司公共关系部的副总裁。加勒特是首位在竞争激烈的大行业中担任这一职务的人,他的很多工作都极具开创性,其间发生的故事足够我们写一本书,但我们在这里只讨论他的投资。1956年,64岁的加勒特即将在年底退休,他想在退休后过精彩的生活,而不是像许多人那样颐养天年。

他的第一个目标是增加资本额,提高帮助他人的能力。他没有孩子,也不是自私自利之辈。为了快速增加资本额,他决定投资一家发展迅猛的公司。他开始寻找符合以下四个条件的股票:

1. 发行股票的公司的规模必须要小。规模过大不利于快速成长。

2. 公司相对而言寂寂无名。受追捧的成长型股票可能会继续成长,但通常情况下,投资者往往需要提前很多年为其预期的成长买入。可能是为了满足这一标准,他把目光转向了场外而不是任何证券交易所。

3. 公司必须有一款独特的产品,它能使人们以更低的成本更好和/或更快地完成重要的工作,或者公司必须提供一种前景看好、销量能长期增长的服务。

4. 发行股票的公司必须有一个能力强、积极进取、具有研究意识的管理层。

找到这样的股票看似容易,但即使是在当时,市场上可供选择的股票也有五万多只,找到这样的股票犹如拿着磁铁在大海里捞针。

加勒特没有磁铁，但他在华尔街和商界都有朋友，其中的一些朋友管理着养老基金或在提供相关的服务。加勒特没有寻求从他们那里获得任何机密信息，他只是要了机构投资者比正常投资额更少的股票名单。他寻找的是专业投资者喜欢但不确定的股票。他有了50只备选股票。由于他的目标是赚大钱，因此他没有犯这一常见的错误：对这50只股票都下注，每只股票都买入一点。对所有的马下注肯定能押中获胜的马匹，但这样做赚不到钱。

加勒特研究了各家公司的财务报告和分析资料后选中了3家。然后，他对这三家公司进行了实地考察，拜访了它们的CEO。最后，他选中了哈洛伊德公司（Haloid），即现在的施乐（Xerox）公司，并在1955—1959年间投入13.3万美元买入了其股票。最后，他拥有了该公司63 000多股股票，1971年，他以每股125美元的价格将它们卖出。

一切听起来都很简单，但加勒特先生首先必须找到他想要的股票。然后，在一些人不看好它时买入，这些人要么对这只股票一无所知，要么心里有更青睐的股票，要么痴迷于多样化投资。在哈洛伊德的股价翻倍之前，加勒特多次收到过"卖出"这只股票的建议，但他都不为所动，坚持持有，甚至还加了仓。

如果我的讲述给读者留下了这样的印象：加勒特先生的财富只是源于一次幸运的选股，那这就是误导投资者了，对加勒特先生也不公平。他还持有50 800股提词器公司（Teleprompter）的股票，买入均价为每股75美分（去年其价格超过30多美元），他还持有大量麦卡洛赫石油公司（McCulloch Oil）的股份。他积累财富的真正原因是"买对股票并坚持持有"，这是他多年来一贯采用的方法。这一方法有效吗？即使自1969年以来他向许多机构捐了款，他在1971年底所持股票的市值仍然超过了1400万美元。1400万美元这个数字证明了一切。

一个80岁的老头要这么多钱干什么呢？难道他不知道金钱乃身外之物，生不带来死不带走吗？

加勒特先生有自己的打算。他的发妻死于癌症，因此他向一个癌症研究基金会捐赠了100万美元，并对资金的使用提了一个特别的要求：研究要取得"突

● 第一章

破性"进展。

他的母校惠特曼学院（Whitman College）位于华盛顿州的瓦拉瓦拉（Walla Walla），他年轻时在那里获得了物超所值的教育机会，再加上他希望其他人能获得更好的机会，因此他捐出了100万美元。

加勒特先生是哥伦比亚大学商学院（Columbia University's Graduate School of Business）"公共问题和企业责任"项目（The Public Problems and Responsibilities of Business）的主席，他为该项目捐出了100万美元。他希望通过这个项目把商科学生培养成公司CEO，尽管大多数学生永远得不到这个职位，因为高管职位没有那么多。重要的是让那些有机会成为CEO的人知道其职责是什么，并且做好本职工作。加勒特先生敏锐地意识到，大多数高管在升职过程中接受的金融、营销、制造甚至研究方面的专业培训并不能让他们游刃有余地应对面临的社会和政治挑战。正如美孚石油公司（Mobil Oil Corporation）的前董事长乔治·V. 霍尔顿（George V. Holton）所说的，"一家在外国经营的公司，除非它在实现盈利后，其经营能使该国人民的生活比他们将公司收归国有并自己经营要好，否则该公司就离倒闭不远了"。霍尔顿先生补充说，这样的公司的经营不仅必须有利于外国，而且必须确保该国人民知道它正在这样做。即便如此，霍尔顿先生总结说，除非这家在外国经营的公司的代表能够赢得该国国民的尊重和友谊，否则其经营会陷入困境。

加勒特先生看得更透彻。他认为，在这个快速变化的世界里，霍尔顿的话也适用于国内企业。

当形势危急时，任何人的财产所有权，包括对房子、汽车、股票和债券的所有权，其价值都比不上他的同胞捍卫这些财产的能力和意愿。加勒特希望，在形势危急之前，有更多的新一代高管在接受教育后会意识到这一点。

即使已80岁高龄了，加勒特先生仍在寻找可征服的金融新领域，他这么做不是为了在去世时变得更富有，而是为了为人类提供更多的服务。总之，他是一位富有魅力、谦虚谨慎的人。我们第一次会面时，他承认自己赚了500万美元；第二次会面时，他说1000万美元更接近事实；等到我们第三次会面时，他才说1400万美元是确切的数字。

很少有人能像我的老朋友卡尔·德拉沃·佩蒂特（Karl Dravo Pettit）那样在多个行业里取得如此骄人的成就。他是实业家、发明家、金融家和投资顾问。82岁时，他仍然每天往返于新泽西州普林斯顿市附近的樱桃山农场（Cherry Hill Farm）庄园和纽约市。他这么做不是出于需要，他从来不需要这么做。他是卡尔·D. 佩蒂特公司（Karl D. Pettit & Co.）的高级合伙人、投资顾问，他在近40年前创立了这家公司。他也被誉为普林斯顿地区最大的地主，他以100倍于成本的价格出售了一些土地。然而，在金融史上，他是最有理由提出"买对股票并坚持持有"建议的人。

有一天，我们在一起吃午饭，其间他对我说了一些令我汗颜的恭维话，我回应说："卡尔，你不知道我有多蠢。1938年我为了给经纪公司筹资，以4500美元的价格出售了手里的道琼斯股票，现在这些股票的价值都超过100万美元了。"

佩蒂特回答说："除了从以往的经历中获得启迪外，人不应该把时间浪费在回顾过去上。1925年，我个人持有6500股计算制表记录公司（即现在的IBM公司）的股票。当时该公司发行在外的股票数量只有12万股。我以100多万美元的价格卖掉了这些股票，在当时这是很大一笔钱，但现在，它们价值20亿美元了。"

他从这次经历中学到什么了呢？他学到了以下两点：

1. 只要公司的盈利仍在增加，就应当继续持有你最成功的股票。

2. 永远不要忘记这一点：自身利益与你截然相反的人每天都在试图劝说你采取行动。说话的人常常比他说了什么更重要。要找到与你利益相一致的人。

20世纪30年代中期，乔治·谢（George Shea）和我是《华尔街日报》（The Wall Street Journal）的新闻主编，他当时买入了一些道琼斯股票，直到现在仍然持有9520股。这些股票当初的买入价是4200美元，现在它们的价格已上涨了100多倍。这还不包括他赠送给两个孩子的1640股（每人820股），而且他每年

## 第一章

获得的股息是当年买入价的两倍多。

一些人听到这样的事实会有些反感,看到有人的投资业绩远胜于自己的会伤害他们的自尊心。他们可能以这样的说辞安慰自己:"他有内线,他有一万美元的启动资金,他不需要缴纳资本利得税,他的家人没有生病,他没有孩子或者孩子没有在上学。"此外,他们还对自己说,这些成功的往事都是老黄历了,现在可没人能做到了。

我们很想保持内心的平静,但不幸的是,我们会发现,不仅过去的机会曾不断出现,现在的机会仍在不断出现。许多股票在过去的15年里快速上涨,若它们继续以这样的速度上涨,在未来15年或20年内,它们将上涨百倍。当你觉得等待的时间太长时,想一想已故的乔治·F. 贝克(George F. Baker)说过的这句话吧:"要想在股票投资中赚钱,你必须要有识别优质股的远见、买入它们的勇气和持有它们的耐心。"保持耐心是这三者中最难做到的。

也许你没有一万美元本金,很多人都没有,但是,假如你只有1000美元,而且你用这笔钱买入了自1932年以来涨幅达到百倍的360多只股票中的任何一只,那么你现在持有的这只股票的价值已经达到10万美元了。

你连1000美元都没有吗?要是真没有的话,那你致富的希望就不大了。安德鲁·卡内基说过这样一句话:

"要想知道自己是否会富有,就问问自己:'我能存下钱吗?'"

第二章

# 辛巴达的钻石谷❶

1932年的初夏,华尔街的一位老前辈对我说,"当前能在股市里投资1万美元的人都是有钱人"。当时的我认为他只是说了一句俏皮话,就跟"如果我们有火腿,如果我们有鸡蛋,我们就会有火腿和鸡蛋"一样,因为我当时没有1万美元。事实上,当时能拿出1万美元在股市上投资的人很少。

现在人人都知道,在1932年的股市里有很多股票,当年如果投资1万美元,今天其价值百万美元甚至更多。我们甚至可以在道琼斯工业平均指数的成分股里找到这样的股票。伊士曼柯达公司(Eastman Kodak)的股票就是其中之一。1932年7月,有14.4万股该股票以35.25—45.625美元的价格交易。即使按当月的最高价计算,用1万美元也可以买入219股。今天,买入了这219股的人不用多掏一分钱就拥有了14 191股,而且他还不必缴纳一分钱的资本利得税。1971年,这些股票的价值超过了140万美元。

在1932年7月买入伊士曼柯达股票的大多数人可能已经过世了,但他们的继承人还健在,1932年买入这只股票的大多数机构也是如此。我想知道是否有个人投资者或机构仍然持有以当前价值的1%买入的伊士曼柯达股票。我对此持怀疑态度,但若真有的话,我会感到很高兴。不过据我所知,自1932年以来,没

---

❶ 在《一千零一夜》中,阿拉伯航海家辛巴达在掉进钻石谷后,凭借过人的勇气和智慧发了大财。

● 第二章

有一家机构在不追加资本、不支付任何经纪佣金或资本利得税的情况下能使其投资组合的价值增加100倍。

要想通过投资伊士曼柯达的股票赚百倍的钱,你甚至没有必要在1932年买入。1933年这只股票在纽约证券交易所的交易价格仍然低于其1971年价值的1%。

但这纯属后见之明了,我们来看看这只股票在1932年和1933年的表现吧!

1932年这只股票的每股盈利为2.52美元,大大低于1929年的9.57美元,但这只股票1932年的最低价为35.25美元,1933年的最低价为46美元,而1929年的最高价为264.75美元。与1929年的高点相比,每股盈利的降幅为74%,1932年股价的降幅为87%,1933年股价的降幅为83%。市盈率从创纪录的约28倍降至约14倍。

与道琼斯工业平均指数相比,伊士曼柯达股票在1929—1932年的熊市中表现得相当出色。正如图2.1❶所示,在1929—1932年间,伊士曼柯达相对于道琼斯工业平均指数的股价急剧上涨。在摄影行业,该公司没有对手。

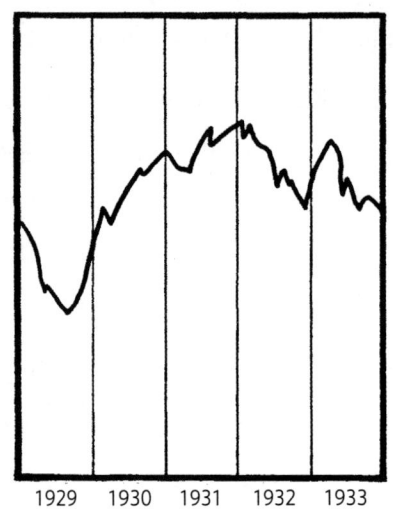

图2.1　伊士曼柯达公司的相对股价图

❶ 关于相对股价图的解释详见第七章。

因某种原因不喜欢伊士曼柯达公司股票的人，在1932年可以买入轮胎和橡胶行业的龙头股固特异公司（Goodyear）的股票。这只股票当年5月份的最低价为5.5美元，6月份的最低价为6.125美元，7月份的最低价为6.25美元。即使按每股9美元计算，投入1万美元也可以买入1111股。当年买入这1111股的人不用多掏一分钱在今天就拥有了32 441股，1971年这些股票的价值超过了100万美元。与伊士曼柯达公司的股票一样，固特异公司的股票也是道琼斯工业平均指数的成分股。西尔斯罗巴克公司（Sears, Roebuck）的股票也是如此。按1932年的最低价计算，花1万美元可以买入1000股该股票，这些股票到现在变成了24 000股，1971年的市值接近250万美元。

与伊士曼柯达公司不同的是，固特异公司1932年报告了85万美元的赤字。虽然该公司当年的收益（扣除少数股东权益前）是固定支出的1.06倍，但这远不足以支付第一优先股的股息。

与伊士曼柯达公司不同，在1929—1932年间，固特异相对于道琼斯工业平均指数的股价大幅下跌，如图2.2所示。然而，自1932年以来，伊士曼柯达公司和固特异公司的股票都增值了100倍。事实上，1971年固特异的价值是其1942年最低价的100多倍。

1932年，西尔斯罗巴克公司也出现了赤字，但其股票的相对价格并不比1930年的低。

事后来看，在1933年银行假日前买入百倍股的概率和1932年的差不多。我们随手就能举出几个例子，比如梅尔维尔鞋业（Melville Shoe）、纽蒙特矿业（Newmont Mining）、菲利普莫里斯（Philip Morris）或必能宝（Pitney Bowes）等公司的股票，投资者在1933年投入1万美元买入这几只股票中的任何一只，到1971年他们持股的价值都会超过100万美元。在1933年的前3个月里，大约有2000股的梅尔维尔鞋业公司股票在纽约证券交易所以8.75—10.875美元的价格交易。按9.875美元的平均价计算，用1万美元可以买入1000股。在不多掏一分钱的情况下，买家到1971年会持有18 800股，这些股票的价值超过了100万

● 第二章

美元。

纽蒙特矿业公司的情况与梅尔维尔鞋业的大致相同,只不过以1932年的最低价买入的投资者到了1971年持股的价值超过了300万美元,而以1933年的最低价买入的投资者在1971年持股的价值为122.5万美元。这只股票1933年的最

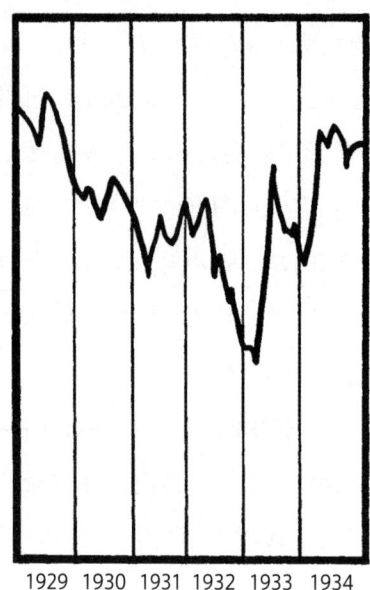

图2.2　固特异公司的相对股价图

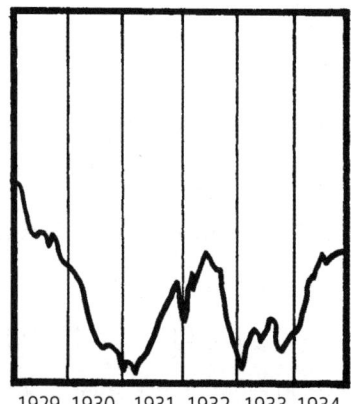

图2.3　西尔斯罗巴克公司的相对股价图

低价为11.5美元，按这个价格计算，花1万美元可以买入868股。到了1971年，这868股的买家不必多花一分钱就可以把持股量增加到31 248股。

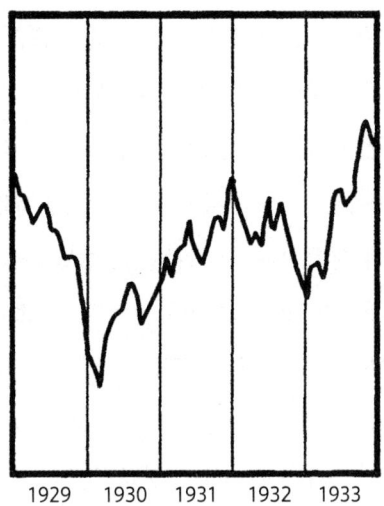

图2.4　梅尔维尔鞋业公司的相对股价图

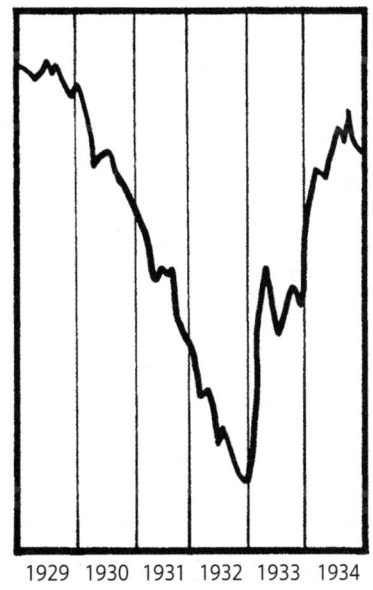

图2.5　纽蒙特矿业公司的相对股价图

● 第二章

梅尔维尔鞋业公司和纽蒙特矿业公司在1932年和1933年表现如何呢？

1932年，梅尔维尔鞋业的普通股每股盈利为1.51美元。按1932年的最低价7.875美元计算，这只股票的市盈率为5.2倍。1932年，纽蒙特矿业公司的普通股每股盈利为22美分，按1932年的最低价4.625美元计算，其市盈率为21倍。

1932年梅尔维尔鞋业与道琼斯工业平均指数的相对股价与1929年初的大致持平。1932年纽蒙特矿业公司的相对股价大幅低于1929年的水平。

对比伊士曼柯达、固特异、梅尔维尔鞋业、纽蒙特矿业和西尔斯罗巴克这五家公司1932和1933年的相对股价图后我们会发现，经过股息和拆股调整后，它们的价值都比1932年和1933年的最低价上涨了100多倍。然而，伊士曼柯达和梅尔维尔鞋业的相对股价在1932年出现了明显的上涨趋势；固特异和纽蒙特矿业的相对股价则在1932年中期跌至了底部；西尔斯罗巴克的相对股价虽然从1929年的高点大幅下跌，但在1930年的低点得到了支撑。

表1.1　5只股票按1932年最低价和每股盈利计算的市盈率

|  | 市盈率 |
| --- | --- |
| 固特异公司 | 不可计算 |
| 西尔斯罗巴克公司 | 不可计算 |
| 纽蒙特矿业公司 | 21倍 |
| 伊士曼柯达公司 | 14倍 |
| 梅尔维尔鞋业公司 | 5.2倍 |

你可能会认为，相对股价和市盈率数据的差异表明，世界上不存在万无一失的经验法则，让一个小学生能击败市场。这是你自己得出的结论，我可没有这么说，我只是全面公正地展示了相关数据而已。价值数百万美元的股票在这样的数据基础上交易，而这些数据通常是根据对晦暗不明的未来的估计得出的。我凭什么说世界上没有圣诞老人呢？这岂不是让弗吉尼亚和《纽约太阳报》

（New York Sun）的社论作者沮丧？❶

1933年，很少有人会认为菲利普莫里斯公司会成为回报百倍的股票。在1933年的前3个月里，其股价一直在8—9美元之间波动。按9美元的最高价计算，花1万美元能买入1100多股。当初买入这1100多股的投资者不多花一分钱就可以在今天拥有20 790股，到了1971年，它们的市值接近150万美元。即使是在1934年，投资者也可以以不到其1971年价值1%的价格买入这只股票。

在1929—1932年的熊市期间，菲利普莫里斯的表现远胜于道琼斯工业平均指数的表现。

按1932年的最低价（每股7美元）计算，这只股票的市盈率不到6倍。

必能宝公司的股票是我提及的最后一只可在1933年以不到其1971年市值1%的价格买入的股票。（如附表一所示，1933年可买入的百倍股还有许多。）在1933年的前3个月里，共有8500股该股票以2—3.375美元的价格交易。按最低价计算，用1万美元大约可以买入5000股。在撰写本书时，这5000股变成了32 000股，1971年的价值变成了1933年买入价的100多倍。

提到这些大赢家股会让人厌烦，不仅因为大多数人没能从这些股票中获利，还因为他们认为这些都是古老的历史了。彼得·米努伊特（Peter Minuit）❷用价值24美元的小饰品买下了曼哈顿岛跟我们有什么关系呢？我们面对的是今天的房地产市场。

提出这种反对意见的人可以看看附表一。从中可以看出，在过去的40年里，有32年都出现了一本百利的投资机会——最近的机会出现在1967年！附表二中

---

❶ 1897年9月，纽约市的小姑娘弗吉尼亚给《纽约太阳报》写了一封信，她在信中说："我的一些小伙伴说没有圣诞老人这回事。爸爸说：'如果你看《纽约太阳报》也这么说，那就是真的了。'请告诉我真相，有没有圣诞老人。"该报的社论作者匿名回答说："真的，弗吉尼亚，真的有圣诞老人。他就像爱、仁慈和忠诚一样必然存在，你知道他们无处不在，并将最崇高的美好和欢乐赋予你的生命中。如果没有圣诞老人，这个世界将多么沉闷。"

❷ 彼得·米努伊特在1626—1631年间任荷兰驻北美的总督，曾经从印第安人那里花了等值于24美元的装饰品买来整个曼哈顿岛。

## 第二章

列出的股票与附表一中的相同，只不过附表二中的股票名单是按英文字母顺序排列的，而附表一中的是按"买入"年份分组排列的。

在过去的40年或更短的时间里，除了我列出的股票以外，还有许多其他股票的价格都上涨了至少100倍。为了尽量减少事后诸葛亮，我删去了大众都能获得的报刊没有报价，但到了1971年增值了百倍的股票。我列出的每只股票都是在其价格仅为1971年市值的1%或更低时被《华尔街日报》（Wall Street Journal）、《穆迪手册》（Moody's Manuals）、《商业与金融纪事报》（Commercial and Financial Chronicle）或《银行与报价记录》（Bank and Quotation Record）等报价。

1932年和1933年已经过去很久了，谈论在过去用1万美元可以做什么，在这上面花更多的时间没什么益处，还可能徒增烦恼。我提及这些股票只不过是为了证明当时确实存在大量的一本百利的投资机会。正如你在附表一中看到的，可投资的百倍股有很多。还要记住，附表一并没有囊括所有上涨了百倍的股票，我只是列出了我想到的那些股票，还有很多股票没有被列出来。不过，即使你能举出其他例子，它们也都证明了我的这个基本观点是正确的：致富之道在于买对股票并坚持持有。

1934年一本百利的投资机会仍然有很多，比如买入并持有爱克塞罗公司（Ex-Cell-O）或得克萨斯太平洋煤油公司（Texas Pacific Coal & Oil）的股票。

有时候投资者还可以获得大笔股息。1934年7月，得克萨斯太平洋煤油公司的股票在纽约证券交易所的交易价格为2.5—4美元，交易量很大。1934年12月，这只股票的最低价为2.875美元。1948年，该公司支付了100%的股息，1955年第二次支付了100%的股息。结果是，在1934年以2.5美元买入这只股票的投资者发现，他们拥有的股票数量是最初的4倍了。按2.5美元的价格计算，用1万美元可以买入4000股，4000股乘以4是16 000股。1953年和1964年，该公司进行了清算派息，使每股股息总额高达68.53美元。即使不考虑1964年以来的清算派息回报，这只股票的投资收益也超过了百倍。再加上每年5%利率的复利，投资者扣除利息税的总收益从每股68.53美元增加到了96.42美元。

请不要因我未将买入这只股票支付的佣金考虑在内而挑我毛病。到了1971年，投资者持股的价值超过了100万美元，投资者所获得的收益让佣金根本不值一提。

爱克塞罗公司1934年1月11日的股价为3.75美元，这也是这只股票当年的最低价，它1933年的最低价为1.25美元，是当年2月24日创下的。按1934年的最低价计算，用1万美元可以买入2660股。到了现在，买家拥有的股份是原来的16倍，或者说是42 300股。1971年，这些股票的市值超过了百万美元。当然，在1933年买入爱克塞罗股票的投资者获得的利润是1934年买入的投资者的3倍。

再来看看斯凯利石油公司（Skelly Oil）的股票，到了1935年，投资者仍然有可能在纽约证券交易所以不到其1971年价值1%的价格买入这只股票。投资者在1934年和1933年也有这样的买入机会，甚至机会更大。1935年1月份，这只股票的价格创下了6.5美元的当年最低价。按这个价格计算，用1万美元可以买入1530多股。到了1971年的今天，买家持有22 400股，它们的价值超过了100万美元。

现在的日光公司（Sunbeam）在1935年名为芝加哥柔性轴公司（Chicago Flexible Shaft Company）。1935年1月，其股票在芝加哥证券交易所的交易价格为13.5—15美元。按当月的最高价15美元计算，用1万美元可以买入666股。如果买家一直持有这些股票到现在，那么他们在不缴纳一分钱资本利得税或追加一分钱投资的情况下会拥有34 299股，它们的市值超过了100万美元。

投资者在早期很难发现这些百倍股，尤其是当发行股票的公司与其他公司进行了合并时。例如威尔科克斯石油公司（Wilcox Oil Company）的股票，它也是一只百倍股。若投资者在1935年花1万美元买入了它，到了1971年，他们持有的该股票的价值会超过100万美元。1935年3月，该公司名为威尔科克斯油气公司（Wilcox Oil & Gas），最低股价为1美元，最高股价为2美元。之后该公司的股息发放以及1964年与田纳西州天然气输送公司（Tennessee Gas Trans-

## 第二章

mission Company）的合并使1935年买入其股票的投资者在1971年持有的股份多出了3.8倍。这些股票在1971年的市值超过了1935年买入价的100倍。买入田纳西州天然气输送公司股票的人也赚了钱，但远不及在1935年买入威尔科克斯石油公司股票的投资者。

1936年，道琼斯工业平均指数上涨至1932年低点的4倍多。许多人都觉得，等到自己意识到股市存在发财机会时一切都太晚了。但是，如果我们未能在1932年买入百倍股，1936年仍然存在这样的机会。其中一只是洛夫特公司（Loft）的股票，洛夫特公司是百事可乐公司（Pepsico）的前身。1936年4月23日，洛夫特的股票在纽约证券交易所创下了2美元的新低，当年这只股票的价格一直在2—3.625美元之间波动。如果按平均价2.875美元计算，用1万美元可以买入3475股，现在，当年买入的每一股洛夫特公司股票都变成了6.06股百事可乐公司的股票。因此，在1936年花1万美元买入洛夫特公司股票的投资者不用多掏一分钱就可以在1971年持有21 050股百事可乐公司的股票，它们的价值接近150万美元。

为了照顾我们这些在1935年和1936年没有抓住机会的人，命运女神又给了我们一些机会，1937年洛夫特的股价一直在1—3.875美元之间波动。之后，就好像命运女神想让所有的人都不要错过机会一样，1938年这只股票的价格跌至75美分。事实上，在从1932年到1938年的这7年时间里，投资者在任何一年内买入这只股票都可能把1万美元变成100多万美元。我们这些凡人有时会固执地拒绝命运女神的好意，错失了本来应该抓住的大好时机。稍后我们将分析这类在较长的时间内存在一本百利的投资机会的股票。

1937年秋股市大跌，大跌的原因是政府为了抑制通胀阻遏了黄金进口，也就是说，政府不再增加货币供应了。美联储提高了各成员银行的准备金率。罗斯福总统对大宗商品价格的上涨"大发雷霆"。

通常情况下，对于股市大跌的原因有两种解释，我刚才提到的是表面上的、看似令人信服的原因，但真正的原因是第二个。可悲的是，我们大多数人意识到这一点时已经太晚了。随着1938年夏末第二次世界大战爆发，股市大跌的真正原因也在全世界显现出来了。

1937年的熊市并没有让我感到意外。我在1937年9月8日《华尔街日报》头版刊载的《价格变动研究》一文中指出："毫无疑问，股市的大趋势是下跌。"第二天，道琼斯工业平均指数报收于166点。股市再回升至这一点位是7年半后（1945年5月）的事情了。然而，如果我不是把精力放在预测熊市上，而是在股市下跌期间集中精力寻找百倍股，那么我的境况会比现在好很多。如附表一和附表二所示，在1937年、1938年、1939年、1940年、1941年、1942年、1943年和1944年都有投资百倍股的机会，这些大好的机会就摆在我眼前，但我没有抓住，这着实令人痛苦。

除了管理全权委托账户的，专业投资者不应看重择时还有另一个原因，那就是，即使市场预测者是正确的，他也很少能说服别人按他的意见行事。没有人想在市场顶部买入股票，或在市场底部卖出股票。相反，牛市高点是在人们普遍相信股价会继续上涨时出现的，反过来，当大多数理性、知识广博的富人认为价格持续走低的可能性占了上风时，熊市低点就会出现。由于牛市和熊市在很大程度上是大众心理变化的体现，因此任何人都难以说服有代表性的投资者群体在大家普遍看涨时卖出股票或在大家普遍看跌时买入股票，认为自己有能力做到这一点的人是愚蠢的。明智的专业人士会专注于选股。与判断市场是涨还是跌相比，大多数投资者在决定买入或卖出哪只股票时受情绪的影响较小，投资者通过出色的选股比通过选择股市时机能赚到更多的钱。

我们还是回过头来看看1937年买入百倍股的机会吧。沙东公司（Sharp & Dohme）的股票当年在纽约证券交易所的交易很活跃。9月份这只股票的最低价为6.75美元，10月份的为3.75美元，11月份的为4.875美元，12月份的为4美元。因此，投资者很容易以6美元的价格买入这只股票，用1万美元可以买入1666股。持有这些股票的投资者在1953年可以获得默克公司（Merck & Company）的3748股。1964年，该公司按1∶3的比例拆股，最初的投资者持有的股票数量进而变成了11 245股，1971年这些股票的价值接近150万美元。直到1943年，投资者都有机会以1971年价值1%的价格买入这只股票。事实上，在从1932年到1943年的这12年里，投资者都有这样的机会。即使是在这12年里以6美元的高价买入，买家的投资也会增值百倍。这是选择股票比选择市场时机更重要的又一例证！

要是我在1938年用1万美元买入了毕琪飞机公司（Beech Aircraft）、布伦瑞克-巴尔克-科兰德公司（Brunswick-Balke-Collender）或卡内什公司（Carnation）的股票，到了1971年，我持股的价值会远远超过100万美元。如果我在1938年用1万美元按每股75美分的最低价买入洛夫特公司的股票，那么去年我持有的这只股票的市值会超过550万美元。

在1939年投资哥伦比亚河包装公司（Columbia River Packers）或克拉克设备公司（Clark Equipment）的股票也能实现百倍的增值。在1940年投资默克公司的股票并一直持有到现在也是如此。（实际上，默克公司1971年价格高点时的价值是其1940年最低股价的164倍。）在1941年（或1943年），投资1万美元买入吉列公司（Gillette）或路易斯安那土地公司（Louisiana Land）的股票，到现在也能获得百倍的回报。在1942年，或者最晚在1945年，对葆雅公司（Plough），即现在的先灵葆雅公司（Schering-Plough）股票的投资也是如此。1943年，人们可能会选择梅塔格公司（Maytag）或辉瑞公司（Pfizer）的股票。1944年，百得公司（Black & Decker）和诺克泽马化学公司（Noxzema Chemical）的股价不到它们1971年价值的1%。1945年，明尼苏达矿业公司（Minnesota Mining）和国民家园公司（National Homes）也给投资者提供了一本百利的投资机会。从1946年到1948年，高尔文公司（Galvin），即现在的摩托罗拉公司（Motorola）也给投资者提供了获取暴利的机会。

正如我们在附表一中所看到的，在那些年的百倍股不是只有这些。这些股票只是当初任何人都有机会投资百倍股的例证。我们要做的就是识别它们，然后买入它们并长期持有。

## 第三章

# 猎捕大象的启示

我们现在要停下来思考这一问题：既然存在这么多的百倍股，为什么投资它们的人很少，就连专业的投资者也很少呢？我们可以从心理学和统计学两个方面来回答这个问题。我们先来看看心理方面的原因，稍后再解释统计方面的原因。

46年前，我为了获取象牙来到了非洲。我从猎捕大象的经历中总结出了一条简单的原则：在寻找最大的猎物时，不要试图射杀任何小猎物。大象的听觉非常灵敏，向几内亚母鸡、疣猴或羚羊开了枪之后，我就再也看不到大象的身影了。

无论是业余的投资者还是专业的投资者，很少有人会寻找大猎物，他们关注的是赚小钱的机会。当他们得知某家公司下一季度的盈利将实现大幅增长时，他们会急匆匆地买入这家公司的股票；当他们得知某家公司的利润增长放缓时，他们又会急匆匆地抛售其股票。经纪行常常因此赚得盆满钵满，交易规模也变得越来越大，最终当它们持有的待售股票的价格和对这些股票的需求都达到了历史最高水平时，很多经纪公司都被压垮了。经纪公司在股票交易中发财，在交易量超过它们的处理能力时被压垮，这似乎是自相矛盾的，但这正是商业史上真实存在的一个大悖论。在工业或金融领域里，除了股票经纪公司，我想不起还有哪一类公司会因业务量大而被压垮。这些公司过于强调业务的获得（销

## 第三章

售），却忽视了业务的记录（记账）。买入卖出交易让许多经纪人变得富有，之后又由富转贫了，这对联邦、州以及许多城市的税务人员是有好处的，但对投资者来说则完全是另一回事。

对于真正想在股市里发财的个人或机构来说，每一次卖出股票都是在承认自己犯了投资错误。我之所以这么写，是因为我认识到，犯错是人的本性之一。我无意批评犯了错的任何人。在过去的45年里，我也犯了很多投资错误，但明确一个问题就相当于解决了一半的问题。就像我把几内亚母鸡当作大象不会让我得到象牙一样，把失去的机会算作交易利润，这样做也不会使我在股市上赚到钱。投资者持有一只股票的时间越短，说明他当初买入这只股票的决策就越有问题，尽管做股票投机交易的基金经理们恰恰相反。

我的意思不是一意孤行地长期持有任何股票。比犯投资错误更糟糕的是拒绝承认并改正错误。通常情况下，纠错的速度越快，付出的代价就越低。但与买对股票并坚持持有相比，它仍然是一个错误、一个失去的机会。

在牛市里，纠错通常意味着将收益变现。当我们这样做了时，不要自欺欺人地认为我们赚钱了。事实是，我们有可能错失了更大的机会，而且还要缴纳资本利得税。

在股市纠错的一大风险是，许多人认为股票在价格最高时最好，在价格最低时最糟糕。这些人都想往兔子所在的地方开枪，现在去做事后来看应该是在昨天、去年，甚至是5年或10年前做的事情。

鲜有人有预知未来的能力，但几乎人人都有合理化现状的能力。因此，当我们在精挑细选后买入的某只股票的价格出现下跌时，我们常常会发现，它的吸引力大不如前了。

一位家庭主妇会买入3块特价牛肉冻起来以备将来烤着吃，但是当她持有的加固门把手公司（Consolidated Doorknobs）的股票比她买入时的价格下跌了一半时，她就会卖出这只股票。

专业的投资者有时也会做同样的事情。他们的理由通常是，某些人掌握的信息比他们多，他们不会等到"坏消息"被公布时才动手，而是会率先抛售股票，这会加速股价下跌，还可能扰乱其他投资者的心神。

面对现实吧，许多人的投资行为就跟鱼本能地咬不可食用的旋式诱饵类似。

鱼的理由是："我上次吃到的食物是移动的，它很棒，这东西在动，它也一定很棒。"

而投资者的理由是："我上次买的股票上涨了，它很棒，这只股票的价格也在上涨，它也一定很棒。"

好股票的价格确实会不断上涨，正如我们在附表一和附表二中看到的那样，有足够多的股票数据支撑这一观点：价格上涨的股票都是出色的。但我们会发现，从某个时间段来看，比如1969—1970年，闪光的不一定都是金子。

还有一些错误的见解也阻碍了投资者踏上致富路。其中的一种见解是现金为王，持有现金最安全，因为所有的投资都或多或少地存在风险。然而，在从1820年到1920年、1821年到1921年、1822年到1922年、1870年到1970年的每个100年里，美元的购买力都贬值了50%—70%，也就是说，通货膨胀率一直很稳定。我将在后面的章节中进一步探讨通货膨胀问题。

另一个通常未被意识到的错误投资观念是，规避风险比抓住机遇更重要。我们不妨来算一算。如果你在附表一所示的任何一年里对100只股票投入了等量的资金，其中有99只之后变得一文不值了，但你买入了一只百倍股，那么最终你的原始资本额仍然保持不变。诚然，选中百倍股并不容易，但在一年内选中99只将来会变得一文不值的股票也是很困难的。任何能做到这一点的人都值得被华尔街视为卖空风向标。❶

由第二个错误的观念可以看出，投资者往往过分强调持股的风险，而低估了不买入或过早卖出的代价。

---

❶ 卖空指的是投资者卖出自己不持有的股票，并希望以后能以更低的价格买入股票的行为。投资者在买入股票之前一直都没有这只股票。希望通过股价下跌获利的卖空行为与希望通过股价上涨获利的买入行为正好相反。

● 第三章

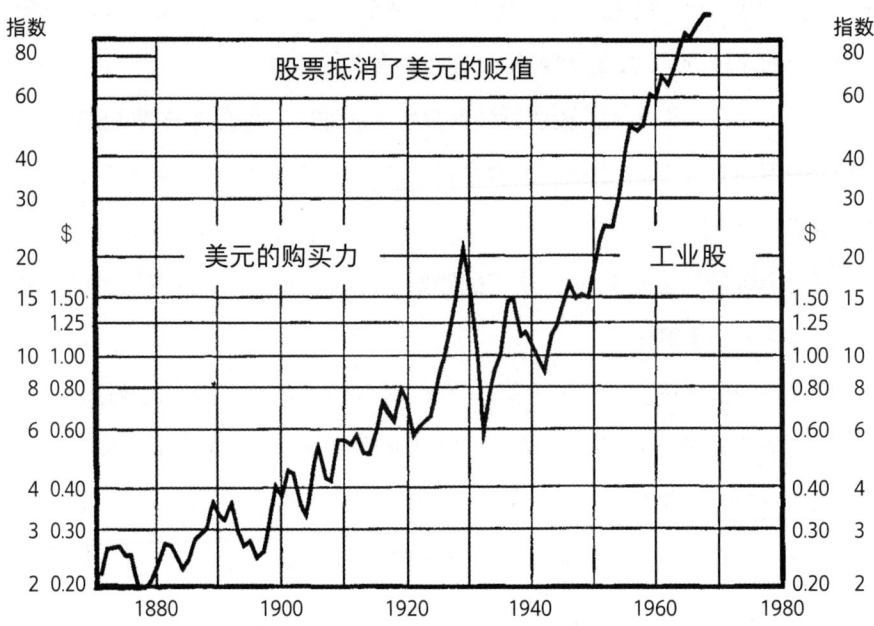

图3.1 股票抵消了美元的贬值

过早卖出的代价可能会非常高昂。1921年7月,一些可怜的投资者以2.17万美元的价格卖出了700股计算制表记录公司的股票。到了1971年,公司名称已变为IBM公司,当年这些股票的价值现在超过了1.5亿美元。

要在25年内实现投资回报百倍,股价的年均复合增长率(不包括股息)就必须高于20%。到20年后卖出此类股票的人,在扣除税费和经纪佣金前,其实现的投资回报不到40倍。如果股价增长率不变,那么剩下的60%的投资回报将在最后5年内实现。

当然,任何时候都不能仅仅因为获利较高,甚至是百倍的获利就卖出股票。事实上,投资的一大基本原则是:

永远不要出于非投资原因采取行动。

那么,让成千上万的投资者做出错误举动的非投资原因有哪些呢?

举几个例子:

1. 我持有的股票的价格"太高"了。
2. 为了少纳税,我要把资本收益变现以抵消资本损失。
3. 我持有的股票的价格横盘了,而其他股票的价格在上涨。
4. 我不能也不会拿出更多的钱增加保证金。
5. 明年的纳税额将增加。
6. 管理层换届了。
7. 面临新的竞争。

当然,应该仔细权衡这些可能使卖出或换股票正当的原因。但可能性和现实之间的区别大致相当于肉汤和驼鹿肉排之间的区别。当猎人空手而归时,他们的晚饭就是肉汤。

乔希·比林斯(Josh Billings)曾以极大的克制评价一位他敬佩的人:"他的问题不在于他无知,而在于他知道的太多了。"

自1932年以来,有关让投资者充分了解信息的说法有很多。我有时在想,我们获得的信息多过于我们有益的信息量。如果747飞机上的每位乘客都能看清驾驶室里每一台仪器上的数字,那么他们的担忧会干扰飞行员采取纠正措施。股东与有能力的公司管理层之间也存在这样的关系。

投资者应小心把愤世嫉俗与精明老练混为一谈。有时候,销售人员给你提供的股票要比你自己找到的好得多。以1952年先灵公司(Schering Corporation)发行的股票为例,投资者能以3080万美元买入176万股该股票。如果他们一直持有它,那么他们的账面利润会在1971年创下新高,超过12亿美元。虽然这只股票没有让其持有人赚到百倍的收益,但它让那些在19年前买到原始股的人获得了41倍的收益。(在1945年以每股13.25美元的价格买入了先灵葆雅公司部分前身葆雅公司的股票的人获得了百倍的收益。见附表一和附表二。)

第二次世界大战爆发时,先灵公司因被视为敌方财产而被没收。1952年,它被美国司法部长以竞标的方式出售,中标价格为2913.196万美元,中标者是由美林(Merrill Lynch)、皮尔斯(Pierce)、芬纳(Fenner & Beane)、基德

## 第三章

皮博迪公司（Kidder Peabody & Company）和德雷塞尔公司（Drexel & Company）组成的联合体。第二高的出价是2684.5544万美元，最低的出价为1408万美元。

一些投资者可能会对这一事实感兴趣：按中标价计算的先灵公司的股价为每股66.20美元，而该公司的每股账面价值是32.55美元。

中标者迅速将这只股票拆分，一股被拆分为4股，然后以每股17.50美元的价格卖出。按这个价格计算，它们获得的总收入为3080万美元，由于它们的买入价为2913.196万美元，它们从中赚取了166.804万美元的差价。因此，在过去的19年里，先灵公司股票的买家从每1000美元的股票中获得的利润是1.40美元，当然前提是这些买家一直持有该股票。

其中的一些人可能已经转向了"更出色的股票"，我自己就经常这么干。

该公司于1952年3月11日以17.50美元的价格公开发行了股票。在这一年的剩余时间里，这只股票的价格在13.25—17.875美元之间波动。如果你运气足够好，能以最低价买入并耐心地持有这只股票到现在，那么按1971年的最高价计算，你持有的该股票的价值将是你买入价的54倍多。

你甚至可以等一年半，在1953年9月以每股11美元的价格买入该股票，然后在当年10月份再次买入。按这个买入价计算，到1971年，你持有的该股票的价值将超过成本价的65倍。

我并不是建议你等到股价最低时再出手，当你真的认为一只股票很有潜力时，你就应该以当时的市价买入。当你能以更低的价格买入时，你就应多买入一些。是获得40倍的收益还是获得60倍的收益，这种差别远不如完全错失良机重要。

我想到了其他成功的承销商。1941年5月20日，高盛公司（Goldman Sachs & Company）和雷曼兄弟公司（Lehman Brothers）以每股28.75美元的价格承销了202 372股默克公司的股票。1949年，这只股票按1∶2的比例拆股，1951年按1∶3的比例拆股，1964年再次按1∶3的比例拆股。因此，1941年5月20日发行的每一股股票到最后变成了18股。当时以2875美元的价格买入100股高盛和雷曼兄弟承销的这只股票并一直持有到现在的投资者最终拥有了1800股，按1971年股价的峰值计算，这些股票的市值超过了23.6万美元。按目前每季55美分的股息计算，投资者每年收到的股息是最初投资额的1.37倍。不幸的是，这些股息是需要交税的，但股票的资本收益不是。

顺便说一句，这两大承销商当年共销售出了581.8万美元的默克公司股票，按去年股价的峰值计算，这些股票的市值超过了4.78亿美元。

就好像命运女神想给每个人第二次机会一样，1941年12月17日，同样的承销商以每股30美元的价格承销了默克公司增发的30 000股股票，那些在7个月前本可以以28.75美元的价格买入这只股票的人肯定不愿意以每股30美元的价格买入它，但若按1971年的峰值价格计算，这些增发股的价值是其成本价的78倍。

的确，从高盛公司和雷曼兄弟公司的销售人员处买到默克公司股票的投资者没有看到其价格上涨100倍，要在1971年实现这么高的涨幅，投资者必须在1940年买入这只股票。

一些人认为，我以先灵公司和默克公司的股票承销为例是因为我手里没有其他拿得出手的例子了，为了打消这些人的疑虑，我们来看看辉瑞公司的股票承销情况。1942年6月23日，以纽约的F. 埃伯斯塔特公司（F. Eberstadt & Co.）为首的财团以每股24.75美元的价格承销了24万股辉瑞公司的股票。如果你被埃伯斯塔特的销售人员说服，以2475美元的价格买入了100股，而且你一直没有卖出这些股票，那么到今天你将拥有8100股，按1971年股价的峰值计算，这些股票的市值为34.9312万美元，相当于你买入成本的141倍。记住，你不需要有多聪明就能买入这只股票。辉瑞公司需要募集更多的资金支持运营，要想在对它的投资中发财，你需要做的就是为它提供资金，让承销其股票的财团的销售人员开心。

我还可以举出其他赚钱的承销例子。我在这里想表达的意思是，投资者没有必要为了赚大钱去买不知名的股票。大多数投资者都曾经持有过一只或两只获利潜力巨大的股票，但最终他们没有从中获得丰厚的利润是因为他们没有坚持持有。

即使你对市场走势的判断是正确的，过多地考虑市场走势也是代价高昂的。

就在《华尔街日报》头版刊登我写的有关1937年熊市的分析性文章的3周前，纽约的拉塞尔·马奎尔公司（Russell Maguire & Company, Inc.）以每股6.50美元的价格承销了得克萨斯州通用美国石油公司（General American Oil Company of Texas）的83 333股股票。假设我没有看出熊市即将到来，假如我像不幸的公众一样，在熊市到来前夕用自己积攒下来的1万美元买入了这家公司的普通股，我的境遇会怎么样呢？

我用这1万美元买入1538股这只股票后还剩下几分钱，如果我在买入这些股票后一直持有它们，那么在不多掏一分钱，也不支付一分钱的资本利得税的情况下，我持有的这只股票的数量会变成24 930股。1971年，这些股票在纽约证券交易所的价值超过120万美元。我收到的现金股息会略少于15 000美元，或者说我收到的现金股息是我最初投资额的150%。

我怀疑在1937年8月18日以每股6.50美元的价格买入这只股票的人是否会一直持有它们。同样，我也怀疑，在1937年买入了这只股票但随后为了投资于更好的股票而将它们卖出的人，他们现在的境况是否会如34年来持有这只股票这般富有。若有人现在仍持有在1937年买入的这只股票，他应该接受电视台的采访。

许多人还是会说，这些都是事后之见。但是，仔细审视附表一和附表二中列出的360多只百倍股的名单后你会发现，很多人本来有赚取百万财富的机会，但他们为了追逐价格一直上涨的股票丧失了这些机会。

**得克萨斯州通用美国石油公司与道琼斯工业平均指数的月度相对股价图**

审视此图（以及任何其他相对股价图）时请记住，从任何时间点向前看，道琼斯工业平均指数都是一条水平线。当通用美国石油公司的相对股价线低于这条水平线时，那么无论从哪个起点开始算，该公司的股价涨速都赶不上道琼斯指数的。图中显示出了3条虚线，每一条都代表从所示点起算的道琼斯工业平均指数。如果你在1957年6月买入了通用美国石油公司的股票（如图3.2中的第1点所示），你的投资相对于道琼斯工业平均指数表现"不佳"。如果你在1960年5月买入了这只股票（如图中的第2点所示），那么你投资的赚钱速度快于道琼斯指数的。如果你在1965年5月买入这只股票（如图中的第3点所示），结果也是如此。

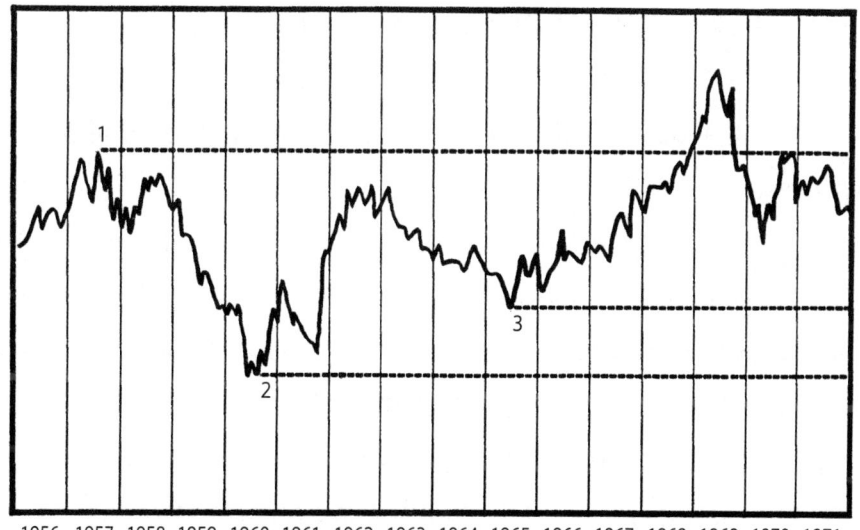

图3.2　得克萨斯州通用美国石油公司的相对股价图

还需要注意的一点是，得克萨斯州通用美国石油公司的股票并不是热门股。我从来没有听到有人在提及宝丽来公司（Polaroid）、兴泰公司（Syntex）和施乐公司时提到这家公司。但是，就像龟兔赛跑中的兔子跑得快却不专心，乌龟最终赢得了比赛一样，在1937年投入1万美元买入拉塞尔·马奎尔公司承销的这只股票的耐心、执着、镇定的买家在1971年会成为百万富翁，即使他没有再存1美元也是这样的结果。

● 第三章

正如通用美国石油公司的相对股价图❶所示的那样，投资者在这只股票上致富并不要求通用美国石油公司的股价表现在每个季度甚至每个年度都好于道琼斯工业平均指数。在从1952年到1968年的这16年里，这只股票的价格涨速未能赶上道琼斯工业平均指数的。在如此长的时间里不更换投资顾问的客户很少，自1937年以来能获得百倍收益的人就更少了。

总有一天，"业绩就是这场游戏的名字"会被看作20世纪60年代投机热潮的索引。投资者有权期待从专业的顾问那里获得好结果。但如果投资者比较明智，无论市场如何波动，他们都会鼓励或至少允许他们的投资组合经理通过增长的销售额、收益和股息而不是聪明的交易来获得好结果。

靠刀剑生活的人必死于刀剑之下。有经验的投资者不喜欢在股市上为价格波动下注，这并不是因为他们不喜欢钱，而是因为经验和历史都告诉他们，这样做无法获得持久的财富。

1946年5月6日，纽约雷诺公司（Reynolds & Company of New York）对空气产品公司（Air Products stock）发行的股票进行了精彩的承销。本次承销的股票包括：10万股A类股，每股价格为11美元；15万股普通股，每股价格为1美元；4万股给特定的高管和员工，每股价格为1美元。

如今，每一股普通股都变成了2.5股，按1971年的最高价计算，其价值为144美元。25年前以4万美元买入股票的高管和员工现在拥有了10 0445股，1971年的市值超过了580万美元。

至于像你我这样的投资者，用1万美元可以买入1万股。今天，这10 000股

---

❶ 该图显示的是通用美国石油公司的股价占道琼斯工业平均指数的百分比。例如，当通用美国石油公司的股价为40美元，道琼斯工业平均指数为800时，40除以800等于0.05或5%，我们在图中相应的位置标记出这一点。当道琼斯工业平均指数上涨为900、通用美国石油公司的股价为81美元时，81除以900等于0.09或9%，我们在图中相应的位置标记出这一点。在1952—1960年间，通用美国石油公司的股价未能跟上道琼斯工业平均指数的上涨步伐，因此相对价格线是下降的。在此期间，通用美国石油公司的股东的收益跑不赢道琼斯工业平均指数。自1960以后，通用美国石油公司的股价跑赢了道琼斯工业平均指数。

变成了25 111股，1971年的市值为145万美元。

我一股都没有买入。1946年5月10日，即在雷诺公司出售这只股票4天后，我在一封被广为引用的市场简报中写道："在这样的情况下，满仓持有普通股就如同第二次结婚，是'希望战胜经验的结果'。"

我对市场走势的判断十分正确。道琼斯工业平均指数在5月底前创下了1946年的高点，即212.50点，之后下跌了24%。此后，该指数在近4年后才回升到之前的水平，但那时，空气产品公司的股价已经上涨至原来的3倍了，我又一次与一本百利的投资机会擦肩而过了。

我想表达的意思是，即使投资者知道股市的走势，他也不应该受其影响，而是应该集中精力寻找优质股并买入，这样做可能对他更有利。

有些人会说，好时机加上好选择比单独的好时机或单独的好选择更有利，多年以来我也是这么认为的。但是，若投资者过于关注市场时机，熊市的烟雾会蒙蔽了他的双眼，使他看不到买入的机会。对时机的选择越成功，投资者就会越依赖时机的选择，从而错失了买对股票并长期持有的机会。

探险家乘独木舟沿着一条未被测绘过的河顺流而下时，为了不掉进尼亚加拉大瀑布，他必须对周围的迹象和声音保持警惕。投资者也必须对一些迹象和声音保持警惕。但是在过去的100年里，大多数投资者在其一生中至多会遇到一两次这类全面的清算。

对于其他人来说，只要保持冷静和掌握一定的技巧，买入并持有优质股票得到的结果可能比持有现金待在场外观望好得多。但你必须充分了解自己，确保不会在中途变卦。许多往兔子所在的地方进行射击的行为，都是打着为适应不断变化的条件这个旗号做出的。

大多数欺骗行为都很恶劣，但自欺欺人更甚，因为被欺骗的是你这么好的人。

第四章

# 莫做盲目从众的"旅鼠"

要想在尽可能短的时间内赚到最多的钱，你就要在没人喜欢某只优质股时买入它。困难的是，没人喜欢优质股的情况很罕见。

那什么样的股票是优质股呢？提及这个问题时，大多数人都会想到发行股票的公司的盈利状况。从某种意义上说，这样考虑是正确的。不过，资产优质但目前没有任何盈利的公司的股票也可能是优质股。优质资产代表着潜在的盈利能力。当大多数人都关注盈利数据时，你可以偶尔以低价买入当前出现了亏损且暂时没有好转迹象的优质公司的资产。

20世纪30年代的煤炭行业就出现了这样的情形。当时市场上石油供应充足，价格低得令人难以置信，原油售价降至每桶10美分。作为一种便捷的燃料，石油较煤炭有许多优势，许多人因此认为煤炭行业走到头，没有未来可言了。从煤炭经营者的角度来看，劳工状况很糟糕，再加上约翰·L. 刘易斯（John L Lewis）领导的联合煤矿工人工会（United Mine Workers）毫不妥协，煤炭行业的经营每况愈下。

正如人们预料的那样，煤炭公司发行的证券的价格十分低廉。1932年，老本煤炭公司（Old Ben Coal Corporation）1944年到期、票面价值为1000美元、利率为6%的第一期黄金债券的售价为60美元。该公司发行的1934年到期、票面价值为1000美元、利率为7.5%的黄金债券的价格仅为30美元。

1935年该公司实施了一项资本调整计划，用14股新发行的普通股再加一张1948年到期的票面价值为1000美元、利率为6%的债券交换了6%利率的旧债券。当时，新债券的价格为17美元，新普通股的价格为5美分。

11年后，公司按1010美元的价格赎回了新债券。12年后，新股票按1∶5的比例拆股，因此，旧债券持有人除得到了1010美元外还持有了70股新普通股。1968年，这些新股票被置换成了俄亥俄州标准石油公司（Standard Oil Company of Ohio）的普通股。到了1971年，这些股票的价值高达6440美元。

如果持有老本煤炭公司债券的人在1946年将债券变现，用得到的资金买入该公司的普通股，而且是以当年的最高价买入，那么他的每张债券可以换回20.2股股票。1947年，这些股票按1∶5的比例拆股，他会得到101股，随后他用这些股票交换俄亥俄州标准石油公司的股票，到了1971年，这些股票的市值为9292美元。

因此，如果一家免税机构在1932年花60美元买入了老本煤炭公司的第一期利率为6%的债券，并抓住每一个机会获得老本煤炭公司的普通股，那么到了去年，其持有的这只股票的总价值将达到15 732美元，是最初投资额的262倍。即使是1946年个税税级为50%的个人投资者也能获得价值189倍于其成本的俄亥俄州标准石油公司的股票。若投资者在1932年以30美元的价格买入票面价值为1000美元、利率为7.5%、1934年到期的老本煤炭公司债券，他获得的利润会更高。这里需要注意的几个关键点是：

1. 1932年，投资者普遍不看好煤炭行业。

2. 老本煤炭公司拥有54 300英亩的煤田，其中的41 000英亩未被开采过。该公司拥有并经营着10座矿井，每年生产700万吨烟煤。另有数千英亩土地被租了出去。换句话说，它的资产就摆在那里，问题是，它们能否获得更高的市场估值。

3. 美国对能源的需求将大幅增加。

华尔街有句话是这么说的：形势要比统计数字更有价值。在这个例子中，

# 第四章

根据增长趋势、利润率、资本回报率和市盈率做决策的投资者无疑会被远远地落在后面。要在1932年买入老本煤矿公司的债券，投资者需要对美国未来的发展具有非凡的愿景和坚定的信念。当愿景和信念得到证实时，统计分析只会有助于确认投机胜算有多大。

当未来10年、20年、30年或40年内出现一些重大的机遇时，只有具有相似愿景和信念的投资者才能抓住它们。

像我这样的老者说1932年没人有钱，这对他们来说并没有多少安慰。事实是，老本煤炭公司的第一期票面价值为1000美元、利率为6%的债券在1933年的最低售价为140美元，1934年的最低售价为150美元，1935年的最低售价为137.50美元。对于一只免税基金来说，即使是以这几年的最高价买入，它从中获得的收益也会超过百倍。

在彻头彻尾的投机者眼里，真正能获取暴利的是买入老本煤炭公司在1935年实施调整计划时发行的新普通股。截至1935年9月19日，这只股票的报价为5美分。假设有人投入1万美元以这一报价2倍的价格买入这只股票，那么他会拥有10万股。这些股票在1947年按1∶5的比例拆股后，他持有的股份达到了50万股。1968年，这些股票被置换成了俄亥俄州标准石油公司的股票，1971年，这些股票的价值为4600万美元。我们假设投机者不必缴纳任何资本利得税。

实际上，投机者是无法获得这样的暴利的，因为老本煤炭公司新发行在外的普通股只有194 037股。但是，有人可能会投入5000美元，以每股50美分的价格买入10 000股，到了1971年，这些股票的价值将达到460万美元。

关键的一点是，投资者要赚取数百万美元的收益不一定要投入数百万美元的资金。事实上，完成小规模的投资往往比完成100万美元的投资更容易。在华尔街捕猎大象时，"小块头"的人要比"大块头"的人更具有优势，因为前者发出的噪声更小。不幸的是，若"小块头"的人选中的目标很出色，他很快就会变成"大块头"，进而失去这一优势。

要像投资老本煤炭公司的债券或股票那样大赚一笔，投资者就要具有识别机会的远见卓识，要具有非凡的勇气和独立的思维，要在几乎无人看好时买入，而且最重要的是，要耐心地持有这些债券或股票度过20世纪30年代后期的艰难岁月、第二次世界大战以及所有残酷的考验。

俗话说："保持耐心是美德，要尽量这样做。很少在女性身上看见，从未在男性身上看见。"

例外往往能反证规律。保罗·加勒特就是一个值得关注的例外，但他并不是孤例。

我在20世纪40年代从事经纪业务时，有消息称，查尔斯·斯蒂尔曼（Charles Stillman）为时代公司（Time, Incorporated）重仓持有了休斯顿石油公司（Houston Oil）的股票。

斯蒂尔曼此举避免了两个最常见的投资错误。第一个错误我也经常犯，即投资者在做出决策时投入大量的时间进行思考和研究，之后非常谨慎地执行决策，以至于即使决策有误，投资者也不会受到严重的伤害。当然，反过来说，若决策是正确的，它不会给投资者带来任何显著的好处。当投资者持有一家大公司的股份超过10%时，若该公司破产，他可能会遭受极为严重的损失，但是，当其股价涨幅超过百倍时，即使对时代公司这样的大公司来说，其获得的收益也是相当惊人的。

截至1955年2月1日，时代公司持有144 540股休斯顿石油公司的股票，占其发行在外的股票数量的10.73%。当时代公司最终以每股166.50美元的价格清仓这只股票时，它获得了2400多万美元的收入。

斯蒂尔曼避免的第二个常见的投资错误是获取微利。

"止盈不止损"肯定会让你沦为救济名单上的一员。

从投资回报率看，获利最丰厚的是对H. K. 波特公司（H. K. Porter Co.）1946年违约的年利率为6%的黄金债券的投资。根据《穆迪1933年工业手册》（Moody's 1933 Industrials）的记录，1932年买入面值为1000美元的债券需要50美元。债券持有人委员会要求每位债券持有人在存入他的债券时为每1000美

## 第四章

元的债券支付5美元,因此在1932年买入这只债券的人为每张债券支付的成本是55美元。此外,由于穆迪只记录了一个出价,我们可以假设购买超过一张或两张债券的买方不得不支付两倍的出价,这使得他每存入1000美元债券的总成本为105美元。

未清偿债券的面值总额仅为84万美元,按每1000美元债券105美元的买入价计算,买入这些债券的总成本为8.82万美元。

根据1939年法院确认的重组计划,1946年到期、面值为1000美元、利率为6%的黄金债券的持有者将收到10股股息为4%的优先股和5股普通股,持有者可将这10股优先股转换为120股普通股,也就是说,持有者可获得125股普通股。

1945年,该公司的普通股按1∶30的比例拆股,125股变成了3750股。1954年,这只股票按1∶4的比例拆股,3750股又变成了15 000股。该公司在1958年、1959年和1965年3次派发了2%的股票股息,这又把普通股的数量增加为15 918股。1966年,这只股票又按5∶6的比例拆股,股票总数增至19 101股。

1971年,H. K. 波特公司股票的最高价为23.5美元,这19 101股的市值为44.8873万美元。

对于那些有幸在1932年以50美元的价格买入该公司债券的人来说,这意味着他们每1美元投资增长为8977美元。

对于那些以100美元的价格买入该公司债券并向债券持有人委员会支付了5美元的人来说,1971年他们所持股票的市值是他们投入成本的4274倍。

根据《穆迪1943年工业手册》的记录,"该公司的很多设施都变成了战争物资"。T. M. 埃文斯(T. M. Evans)被列示为该公司的董事会主席。

《穆迪1959年工业手册》写道:"截至1958年11月13日,T. M. 埃文斯持有该公司81.5436万股(77%)。"该公司的官员名单显示,埃文斯先生是董事会主席,他持股的市值为4240.2万美元。如果他持有这些股票一直到1971年,那么他持股的数量将变成101.8053万股,按当年的最高价计算,市值为2392.4万美元,市值有所下降,但很快就出现了回升的迹象。

第五章

# 远见 vs. 坚韧

投资奥格登公司（Ogden Corp.）股票的故事能给予我们很多启示。30年前，《穆迪1941年公共事业手册》称，截至1940年底，阿特拉斯公司（Atlas Corp.）及其子公司持有258.416万股奥格登公司的股票，占其总股份的75.91%。这只股票当年的最高价是3.5美元。13年后，同一消息来源称，纽约的艾伦公司（Allen & Company）持有的这只股票的数量约占其发行在外股票数量的80%。这只股票1950年和1951年的最低价均为43.75美分。1950年，在美国证券交易所交易的奥格登公司股票共有9.79万股，交易价格最高为1.25美元，最低为43.75美分。1951年，在股市上交易的这只股票的数量有23.59万股，交易价格最高为1.75美元，最低为43.75美分。

如果我们在1950年以最高价买入市场上交易的所有奥格登公司股票，那么我们支付的总成本为12.2375万美元。如果在1951年以最高价买入交易的所有这只股票，那么我们支付的总成本为41.2825万美元。我们的持股数量为33.38万股。到了1958年，我们将获得以每股2美元的价格买入8.345万股兴泰公司股票的权利。如果我们行使了这一权利，我们将追加投资16.69万美元，总的投资额将达到70.21万美元。到了1971年，我们所持的这只股票的市值将超过5600万美元。如果我们在1950年和1951年不是以当年的最高价买入，那么我们的总投资额，包括买入兴泰公司股票的成本，将是50.6634万美元。1971年，我们所持

● 第五章

的这只股票的市值是最初投资额的110倍。

如果艾伦公司持有奥格登公司的股票（如17年前《穆迪手册》所说），并行使了对兴泰公司股票的所有权利，那么它去年持有的这只股票的价值将超过3亿美元。然而，根据《穆迪1959年工业手册》的记录，那时艾伦公司的持股比例不是80%而是约61%了。即使股份大幅减少，如果它行使了对兴泰公司股票的所有权利，那么艾伦公司1959年持有的这只股票的价值在1971年也会超过2.25亿美元。

从投资奥格登公司股票的故事中可以得到哪些启示呢？

一是无人能预知未来会发生什么。阿特拉斯公司拥有奥格登公司75%以上的股份，想必它比其他投资方更了解奥格登公司的状况。但在20世纪40年代，谁能预料到奥格登公司会在1953年12月29日获得电报公司（Teleregister Corp.）的控股权呢？谁能预料到它会在1956年收购墨西哥城的兴泰公司和加勒比化学品公司（Caribbean Chemicals, S. A.）的控制权呢？即使有人预料到了这些收购，谁又能预料到避孕药的问世及其畅销呢？

即便这有点后见之明，投资者可以在奥格登公司赚到百倍的唯一方式，似乎就是他们相信奥格登公司在艾伦公司的帮助下一定会有一个光明的未来。并且，在接下来的20年时间里，奥格登的新股东无论听到或看到了什么，他们都须咬紧牙关坚持持有。

在过去的20年里，也许有一些聪明的交易者将自己的资金增值了百倍。当然，没有人将公募基金增值百倍。不过，任何以1950年或1951年的平均价格买入奥格登股票的人，除了在1958年行使对兴泰公司的权利外什么都不做，可以使其资金增值百倍。

对股市里大赢家股的研究一再证明，选对股票要比选对时机更重要。以自动数据处理公司（Automatic Data Processing）的股票为例，自1965年初以来，这只股票的价格在不到7年的时间里上涨了100倍。然而，在连续15个月的时间里——从1961年4月到1962年6月，其交易价格都不及其1971年市值的1%。

从《银行和报价记录》（Bank and Quotation Record）的数据来看，1961年9月，买方愿意为这只股票支付的价格为4.125美元，卖方愿意卖出的价格为4.5美元，到了1962年10月底，买方愿意为这只股票支付的价格下跌到了0.875美元，卖方愿意卖出的价格下跌到了1.375美元。然而，即使是以1961年9月的最高价4.5美元买入，到了1971年，投资者持有的这只股票的市值也是其成本价

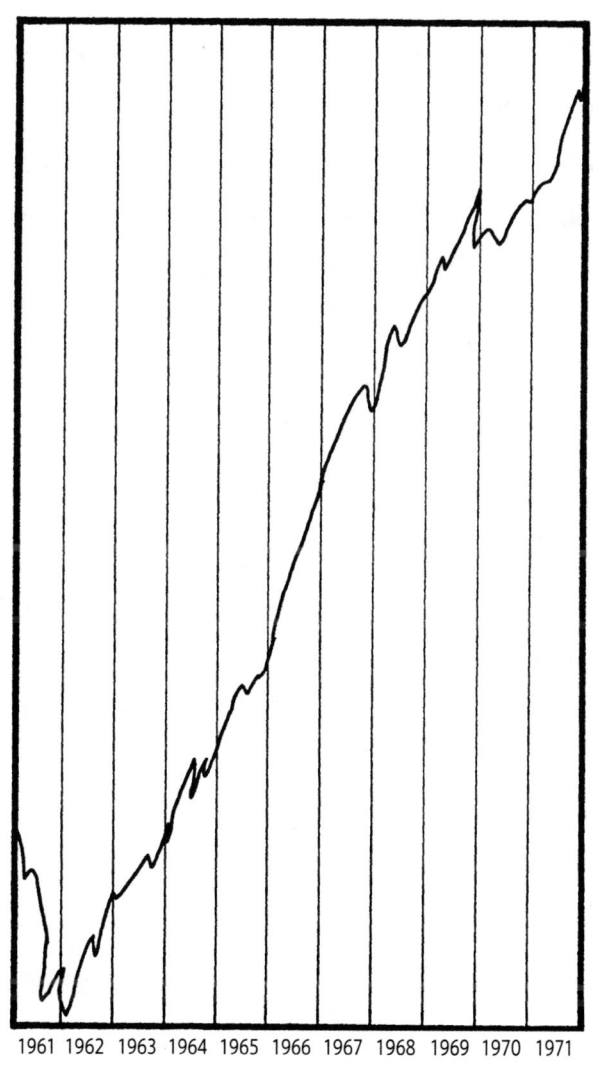

图5.1　自动数据处理公司的相对股价图

## 第五章

的156倍。

这只股票的价格在1961年9月至1962年10月的13个月里下跌了70%，但在1965—1971年间上涨了百倍，它很好地说明了仅以价格变化为依据做决策是有风险的。

你可能还记得，已故的乔治·F.贝克提到的在股市里赚到钱需要三个特质，保持耐心是其中之一。投资西方石油公司（Occidental Petroleum）的股票最能考验投资者的耐心了。若有人投入1万美元以1932年的最低价每股25美分买入这只股票并一直持有到去年，那么其所持股票的市值将达到336.7万美元。然而，在1941年，他的这1万美元投资曾缩水至1600美元。即使到了1956年1月3日，在等待了将近四分之一个世纪没有获得任何股息之后，他持有的这只股票的市值也只有18 000美元，涨幅仅为80%。而同期道琼斯工业平均指数已经上涨至1932年低点的10多倍了。

在1932—1955年的这24年里，假设投资者以其中22年的最高价买入这只股票，那么他们在1971年都会获得100多倍的收益。

一切都是有迹可循的。1956年这只股票开始快速上涨，在此前的12年里，有120万股该股票在洛杉矶和旧金山证券交易所易手。

与许多百倍股一样，投资西方石油公司在1971年实现了百倍的回报，尽管其1971年的最高价比1968年创下的历史最高价低60%。

在股票市场上，财富有许多伪装。这些伪装加上人类无法预知未来，是投资者买对股票并坚持持有的理由。

命运女神对丹碧丝（Tampax）股票的"伪装"最不可思议，这导致众多投资者看不到其潜在的价值。

正如百倍股名单所示的，投资者最晚可在1949年以不到其1971年价值1%的价格买入这只股票。但到了1949年，这只股票的最低价是每股16.50美元。投资者"本可以"在1941年和1940年以1.875美元的低价买入。按这个价格算，用1万美元可以买入5000股。在不多掏一分钱的前提下，这5000股最终变成了

4.5万股，在1971年的价值远远超过1400万美元。

一些人可能会嘲笑"本可以"这种说法，因为在现实生活中，没有人可以重新来过。请注意，丹碧丝1941年的最高价是每股4美元，1942年的最高价是每股3.75美元。如果投资者以这两年的最高价买入，那么他们将获得2500股。到目前为止，这2500股已增加至22 500股，1971年的市值超过了700万美元。请记住，投资者是以这两年的最高价买入的，这1万美元的投资最终增值为700万美元。我们自然可从中得出这一结论：选择股票比选择时机更重要。在1938—1948年间的任何时候投入1万美元买入丹碧丝股票并持有到1971年的投资者都能使其资金增值百倍。

在30年前，投资者怎么看丹碧丝呢？

《穆迪1943年工业手册》显示："业务：制造和销售丹碧丝，一种女性经期卫生用品。"

在那个时代，人们提及丹碧丝的产品时总是有些难为情，精明的投资者极不看好该公司未来的发展，因为他们认为，该公司的产品永远无法得到推广，只有最富有想象力和远见的人才能预见到1971年丹碧丝的产品广告会登上电视。

历史上最有利可图的投资对象是1941年和1942年三洲公司（Tri-Continental）的认股权证。这些认股权证分别于1941年12月和1942年4月以3.125美分的价格出售。1971年这些权证的最高价是72.50美元。30年后其价值上涨了不止100倍，甚至不止1000倍，而是2320倍。换句话说，以1941—1942年的最低价买入这些认股权证的人每投资1美元在30年后可获得2320美元。

与对丹碧丝和洛夫特股票的投资一样，要在对三洲公司认股权证的投资中获取暴利，投资者没有必要把日常的市场波动放在心上。虽然之后这些认股权证的价格有所回升，但投资者仍有可能在1943年和1944年以不到其1971年价值1%的价格买入它们。1944年，这些认股权证的最低价仅为68.75美分，到了1971年，它们的价格上涨至105倍。

实际上，在从1937年到1944年的这8年时间里，三洲公司的认股权证被大

# 第五章

量交易，交易价格不足1971年价值的1%。投资者在任何一年里拿出1万美元买入它们都能赚到100万美元。时机的选择并不重要。在这8年的任何一年里，都存在着一本百利的投资机会，时机的选择只会造成投资收益的差异，选择的时机较差的投资者能得到100万美元的投资收益，选择的时机完美的投资者能获得2300万美元的投资收益。

如果我们买入了三洲公司的普通股，我们能在不冒投机风险的情况下赚同样多的钱吗？

答案是否定的。要想在三洲公司的普通股投资中赚取百倍的收益，我们就必须在1941年以每股62.5美分的低价买入它。到了今天，我们在1941年买入的每一股都变成了两股，去年这两股的最高价为64.50美元。相较低点的涨幅仅为103倍。

和时尚之都巴黎一样，华尔街也有自己的时尚风潮。一只非热门股在不引起投机者关注的情况下可能为其持有者带来巨大的收益，方D公司（Square D）的股票就是一个例子。当然，方D公司并非寂寂无名之辈，只是它受到市场评论员的关注要比许多热门股公司的少，而这些热门股的长期业绩更差。

虽然在1935年投资1万美元买入方D公司的股票到1971年的市值可增长至400多万美元，但真正能让投资者获取暴利的时机在1932年和1933年。在这两年里，这只股票的交易价格在0.5—2美元之间波动，在底特律证券交易所，这只股票的交易量为3529股。如果某位投资者以这两年的最高价买入了所有这些股票，那么其付出的总成本为7058美元。若这位投资者一直持有这些股票，那么到了今天，他不用多花一分钱就拥有了37.545万股，按1971年的最高价计算，这些股票的市值超过了1100万美元。

买过股票的人可能都知道施乐公司。正如加勒特先生的经历所表明的，投资这只股票是说明买对股票并坚持持有这一做法价值的绝佳例子。不过加勒特先生有丰富的金融领域从业经验，还有多位身居高位的朋友，并不是每个人都能像他那样找到投资施乐公司股票的机会。

但是，在施乐公司的股票成为股市热门股票之前，许多人都曾持有过它。他们都赚到大钱了吗？还是他们在收益率达到10%时就把收益落袋为安了？在我认识的人中有几个这么做了，你认识的人中有这么做的吗？大多数人都不愿意思考这些问题，所以他们总是犯同样的错误。

投资者甚至都没有必要去寻找投资施乐股票的机会，他们只需要接受股票推销员的推荐即可。我们把视线拉回到1928年，纽约州罗彻斯特市钢铁石材公司（Steel & Stone Company, Inc.）承销了5000股股息为7%的哈洛伊德公司（Haloid）（施乐公司的前身）优先股和5000股普通股，110美元可以买到1股优先股和1股普通股。8年后，所有优先股被以105美元的价格赎回。但1928年的每1股哈洛伊德普通股变成了540股施乐公司普通股，这些股票1971年的市值超过了6.5万美元。如果有人接受了钢铁石材公司股票销售人员的建议，投资1万美元买入了这只股票，那么他将获得90.9股哈洛伊德优先股和90.9股哈洛伊德普通股。1936年当优先股被赎回时，他可以收回1万美元投资中的9500美元。如果他愿意冒险继续持有哈洛伊德的普通股，那么他现在会拥有49 086股施乐公司的股票，1971年这些股票的市值超过了600万美元。

当然，1928年哈洛伊德还没有制造出划时代的产品——施乐复印机，没人能料想到该公司有朝一日能制造出这种产品来。在1933年，《穆迪工业手册》对哈洛伊德公司做出了这样的描述："专门生产和销售相纸。工厂位于纽约州罗彻斯特市，每天生产的宽度为41英寸的相纸长达10多英里。"

我知道，在今天的美国人中，有一半以上的在1933年还没有出生，不过，假如他们的祖父在1928年遇到了一位哈洛伊德股票推销员并接受了他的建议，那么他们今天肯定会为祖父当年的英明决定感到高兴。

记住，只有远见还不够，投资者只有坚持持有才能获得百倍的收益。直到1935年11月21日，哈洛伊德才收购了罗彻斯特的瑞克提摄影公司（Rectigraph Company），后者的主要产品就是复印机。

机会就像邮差一样，至少会按两次门铃。1936年2月，哈洛伊德公司按1∶3

● 第五章

的比例拆股后，纽约的多诺霍摩尔公司（Donoho, Moore & Company）和克利夫兰的米切尔赫里克公司（Mitchell, Herrick & Company）以每股20美元的价格承销了该公司55 000股新发股。投资者用1万美元可以买入500股，到了今天，这500股变成了9万股的施乐股，1971年的市值超过了1100万美元。确实有投资者买入了这些股票，不过他们要想获得丰厚的收益，就要像达雷尔的客户那样"从不卖出任何股票"。

1950年7月，纽约第一波士顿公司（First Boston Corporation）以每股29.25美元的价格承销了10 911股哈洛伊德公司股票。投资者花1万美元可以买入341股。如果他坚持持有这些股票，那么他现在将拥有61 300股施乐公司股票，1971年它们的估值超过了750万美元。

你我可能都不是施乐股票销售人员的客户，真倒霉，我们没被邀请参加那次推销会，但是我们也可以在1958年不请自来，仍然有机会投资施乐公司的股票并从中获得百倍的收益。

从施乐公司与道琼斯工业平均指数的相对股价图（图5.2）可以看出，到1958年，施乐公司的股价已经开启了历史上最大幅度的上涨行情。9年后，施乐与道琼斯工业平均指数的相对股价上涨趋势中断了12个月。在审视这张相对股价图时要记住，道琼斯工业平均指数在同期是上涨的。当施乐股价的涨速与道琼斯工业平均指数的一样快时，这条相对价格走势线会是一条水平线。相对股价指的是个股价格与当天道琼斯工业平均指数的比值。当个股的价格为90美元，而道琼斯工业平均指数为900时，相对股价为0.10或10%。当个股价格上涨到150美元，而道琼斯指数上涨到1000时，相对股价就会变成0.15或15%。因此，相对股价线的上升表明个股价格的涨速比道琼斯工业平均指数的快，或者个股价格的跌速比道琼斯工业平均指数的慢。

许多人会争辩说，没有人能预料到施乐公司生产的复印机会如此成功，它在短短10年内使施乐成了复印机的代名词，就像柯达长期以来一直被视为相机的代名词一样。这可能是事实，但越是这样，我们就越有理由持有这只股票。

我的老朋友、老同事德怀特·罗杰斯（Dwight Rogers）把以这种方式获利称为"慵懒的胜利"。同样，斯卡德、史蒂文斯和克拉克公司的迪凯特·希金斯（Decatur Higgins）也借由一位前同事的话悲伤地指出，"我因为不够懒而遭受了损失"。

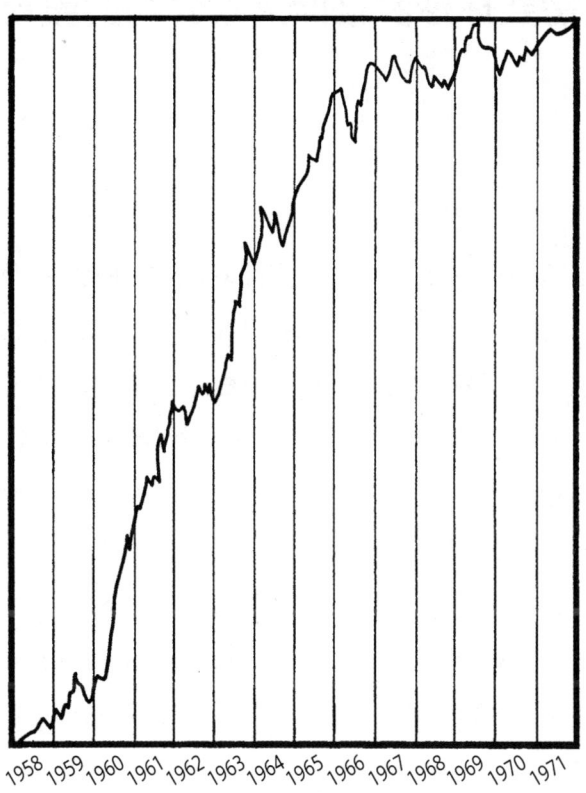

图5.2　施乐公司的相对股价图

第六章

# 我们迫切需要环球罗格斯火险公司的股票

数百只百倍股的存在证明，投资者奉行买对股票并坚持持有的原则是明智的。我们似乎必然会得出这一结论：若投资者买对了股票，那么不管此后他做了多少次交易或转换了多少次股票，他从中获得的收益都比不上简单地持有这只股票。简单地持有股票可以使投资者避免支付经纪佣金和缴纳资本利得税。他不必老是做交易，不必在意自己对第二天市场的预判是否与他人的一致，也不会有赚快钱的自满感。

当投资者不够精明或不够幸运，没有买得很对时，坚持持有的智慧不那么显而易见。投资环球罗格斯火险公司（Globe & Rutgers Fire Insurance Company）——现在的美国国际集团（American International Group）的前身——的股票就是典型的例子。

1933年的银行假期刚过，市场笼罩在恐慌情绪中，环球罗格斯火险公司的普通股报价跌至每股2.875美元，而前一年（1932年）它的最高价为每股257美元。《鲍尔街日报》（*Bawl Street Journal*）[纽约债券俱乐部（Bond Club of New York）对《华尔街日报》的滑稽模仿]的头版头条刊登了一则广告，引起了对该股价格暴跌的关注。广告内容如下：

### 银行和保险股

我们迫切需要环球罗格斯公司的股票。

小J. K. 赖斯公司（J. K. Rice, Jr. & Co）

在1933年读到这则广告后就天真地买入环球罗格斯火险公司股票的人支付的价格在60.50—70.50美元之间。9年之后，当这只股票的价格跌至5美元时，这些天真的买家可能会认为《鲍尔街日报》当年是在开玩笑。但有意思的是，那些在1933年看了《鲍尔街日报》的广告后以65.50美元的价格买入该股票并一直持有到1971年的人会获得约48倍的收益，也就是说，他们在1933年投入的1万美元会增加至48.8万美元。

1943年，三洲公司及旗下的精选工业公司（Selected Industries）共持有4.52万股环球罗格斯火险公司的股票，按当年的最高价计算，这些股票的市值为72.32万美元。如果它们一直持有该股票到1971年，那么它们手里的美国国际集团的股票将多达148.4368万股，价值超过了1.44亿美元。在最新的三洲公司报告中，"金融和保险股"项下只列出了4只股票的名称，即美国再保险公司（American Re-Insurance）、C. I. T. 金融公司（C. I. T. Financial）、第一花旗银行（First National City）和海勒国际公司（Heller International）。截至1971年6月30日，三洲公司持有的这4只股票的总市值为2336.075万美元，占该公司6.79553693亿美元投资组合总值的3.4%。

截至1953年底，C. V. 斯塔尔公司（C. V. Starr & Co., Inc.）公司持有15.1584万股环球罗格斯火险公司的普通股，占后者发行在外的普通股的53.37%。当时，这些股票的市值为560.8万美元。18年后，通过拆股和派发股票股息，该公司持有的这只股票的数量增加至165.9541万股，市值超过了1.6亿美元。

另一只投资者应排除万难坚持持有的股票是克林石油公司（Kerlyn Oil）——

● 第六章

现在的科尔麦吉公司（Kerr McGee）——的A类普通股。

1935年，芝加哥W. 厄尔·菲尼公司（W. Earl Phinney & Co.）以每股5美元的价格承销了克林石油公司118 898股A类普通股。每一股A类普通股都可以转换为B类普通股。投资者花1万美元可以买入2000股。

5年后，这2000股的市值缩水至4500美元。由于这只股票表现不佳，尽管公司每年支付了每股35美分的股息，许多在1935年买入的投资者都把它清仓了。还有一些没有把A类股转换为B类股的投资者在1944年以每股7美元的价格清仓了这只股票，这笔投资没有很差。在1935年投入1万美元买入A类普通股并坚持持有的投资者，不仅每年可获得7%的股息，而且到1944年清仓这只股票时，他们还可以获得40%的资本收益，他们的初始资金会增加至1.4万美元。

但是，那些买了2000股A类股并将其转换为B类股的投资者的收益如何呢？

到1971年底，他们在不缴纳一分钱的资本利得税的情况下拥有了35 180股科尔麦吉公司的股票，这些股票的市值超过了170万美元。

与其他股票投资一样，机会女神敲了两次门。1936年10月，芝加哥斯特劳斯证券公司（Straus Securities Corp.）以每股6.50美元的价格承销了12.5万股克林石油公司的A类股票。花1万美元买入这只股票的投资者，只要在1940年其价格跌至每股2.25美元时咬牙坚持不放手，并且有足够的勇气将A类股转换为B类股，那么到了1971年底，他将拥有27 053股科尔麦吉公司的股票，按当年股价的峰值计算，这些股票的市值超过了130万美元。

我想知道在世的人中，是否还有在克林石油公司两次发行股票时都买入了并一直持有到现在的人。我对此表示怀疑。然而，当时确实有数百人买入了这只股票，他们都有获得百倍收益的机会。他们需要做的就是坚持持有这只股票。

说机会女神敲了两次门有失公平，她实际上敲了三次门。1935年和1936年克林石油公司发行股票5年后，任何人都可以在场外市场以首次发行价一半的价格买入该公司的A类普通股。若投资者投入1万美元在1940年或1941年以最低价买入了这只股票并一直持有，那么到了1971年，他持有的该股票的市值会超过300万美元。

纵观股票市场史，最能说明坚持持有意义的莫过于里奇菲尔德石油公司（Richfield Oil）的债券了。

1925年12月，纽约布莱尔公司（Blair & Company, Inc.）以每张债券990美元的价格承销了总额为1500万美元的加利福尼亚的泛美石油公司（Pan American Petroleum Company）发行的第1期可转换黄金债券，这些债券于1940年到期，每张面值1000美元，利率为6%。泛美石油公司是里奇菲尔德石油公司的全资子公司。1929年5月，纽约的亨菲尔诺伊斯公司（Hemphill Noyes & Company）、海登斯通公司（Hayden Stone & Company）、卡萨特公司（Cassatt & Company）、美国银行布莱尔公司（Bank America-Blair Corp.）和旧金山的邦德古德温塔克公司（Bond & Goodwin & Tucker, Inc.）以及洛杉矶的亨特杜林公司（Hunter, Dulin & Company）也以每张债券990美元的价格承销了总额为2500万美元的里奇菲尔德石油公司第一期A系列可转换黄金债券，这些债券于1944年到期，利率为6%，每张面值为1000美元。

到了1932年，泛美石油公司和里奇菲尔德石油公司都被收购了。1940年到期的面值为1000美元、利率为6%的泛美石油公司债券1932年在纽约证券交易所的售价低至75美元，债券存单的价格低至40美元。1944年到期的里奇菲尔德石油公司债券1932年的售价低至57.50美元，存单的售价低至50美元。由此可知，在里奇菲尔德石油公司发行这两期债券时买入的投资者在3—7年内"损失"了90%以上的投资。在1932年卖出了债券的投资者确实损失惨重，损失幅度超过了90%。

那些咬紧牙关一直持有这些债券的投资者的结果如何呢？

1937年，泛美石油公司和里奇菲尔德石油公司都进行了重组。重组后，每一张里奇菲尔德石油公司债券的持有人都获得了48.5股该公司的股票，每一张泛美石油债券的持有人都获得了43.45股里奇菲尔德石油公司的股票。今天，由于拆股以及与大西洋炼油公司（Atlantic Refining）的合并，1925年售价为990

● 第六章

美元的每一张泛美石油债券变成了147.7股大西洋－里奇菲尔德公司（Atlantic-Richfield）的股票。1929年售价为990美元的每一张里奇菲尔德石油公司债券变成了164.9股大西洋－里奇菲尔德公司的股票。假如投资者在1925年买入了一张面值为1000美元的泛美石油公司债券，并在1932年债券市值降至40美元时继续持有，那么到了1971年，他持有的大西洋－里奇菲尔德公司股票的价值将超过11 500美元。同样，在1929年买入一张面值为1000美元的里奇菲尔德石油公司债券并在1932年其价格跌至50美元一直持有的投资者，去年他持有的大西洋－里奇菲尔德公司股票的价值接近13 000美元。我怀疑科尼岛（Coney Island）的价格涨幅都没这么高。

这两种债券均被列入了增长百倍的证券名单，因为很明显，任何在1932年幸运地买入了它们并一直持有的人都可以获得百倍的收益。然而，我们应该注意的一点是，那些在1925年和1929年（极差的时机）买入了这两只债券并一直持有的人的资金增加了11.5—13倍。这样的例子有助于读者理解达雷尔先生的客户是如何通过一直持有股票积累起巨额财富的。

在结束对这个例子的讨论之前，我还要提醒读者们注意这一点：1932年的价格数据是真实的，投资者当时确实有低价买入这些债券的机会。在1932年4月22日至6月10日期间，在纽约证券交易所以不到100美元的均价交易的里奇菲尔德石油公司债券的数量不少于60张。

附表一中的清单会让许多人感到难过，看着这些我们已经错失了良机的股票的名字，我们就像对着荷马半身塑像陷入沉思的亚里士多德一样反思着我们的财务雄心。毫无疑问，有些人会生我的气。在古代，国王会斩首带来坏消息的人。他们的凤子龙孙，还有一些普通公民，在听到三声忙音后，就会对着无辜的电话筒发泄愤怒。

但请记住，诋毁甚至杀掉信使不会改变或消除历史记录。我当记者已经有50年的时间了，我好几次改变了我的职业名称，而且每次都涨了工资，但我仍然是一名记者，这是一份报道，而不是一个观点。

如果你不富有，而且你还是像以前那样考虑投资，那么这份清单可能会让你心碎。但是，如果你能向前看而不是往回看，志向远大，那么它就能助你找到通往财富的道路。通往财富之路的大门依然敞开着，我从未见它关闭过。

即使你已经很富有了，仔细审视过去40年的投资记录也可能助你提高投资业绩。请记住，即使你不会下蛋，你也能区分出蛋的好坏。

富人和穷人都可能担心自己落入事后诸葛亮的陷阱。1775年3月23日，帕特里克·亨利（Patrick Henry）在弗吉尼亚州里士满圣约翰圣公会教堂（St. John's Episcopal Church）举行的弗吉尼亚大会上发表演讲时说："能指引我前进的只有一盏明灯，那就是经验之灯。我只能以过去的经验为依据判断未来。"

在接下来的章节中，我将试图归纳出百倍股的共性，这不仅涉及附表一中列示的这360多只股票，也涉及第二次世界大战以来价值上涨了百倍的其他股票。我将重点讨论如何较早地发现这些百倍股票以及当前在哪些领域可能出现这类股票。投资者可能会有诸多问题，但我们可以把所有的问题归结为这一问题："我现在该怎么办？"

有的读者只想知道这一问题的答案，对分析和推理过程不感兴趣，这些读者可以直接跳到第二十六章阅读。那些和我一样认为分析和推理过程远比答案本身更有价值的读者可继续阅读后面章节的内容，我将更详细地分析和讨论过去40年里涨幅巨大的股票。

## 第七章

# 树长不到天上去

有时，关于是否应该购买成长股的争论让我感到很困惑。钱是通过买入未来价值比现在所支付的价格更高的东西的方式赚到的。由于过去是所有人可见的，所以买入未来盈利和过去盈利一样的股票，很少能获得高资本收益。每个人都能看到过去，因此，当某只股票盈利和上一年一样时，这只股票就已经被完全定价了。如果人人都能明显看出盈利持续增长的前景，这只盈利持续增长的股票也是已经被完全定价了。要想获得更高的资本回报率，唯一的方法就是买入大多数人当下看不太出其价值的股票。

每个买股票的人都想赚钱，没有什么比股票的广泛受欢迎更快扼杀赚钱的机会。这一点同样适用于成长股，也适用于佛罗里达州的房地产业。如果一个人现在以4倍于当前盈利的价格买入了一只在未来10年盈利4倍的股票，他能有什么赚头呢？

的确，当增长和增长预期仍在持续时，时间是站在成长股买家一边的，这是简单的算术问题。如果股票的市盈率保持不变，那么成长股的价格涨幅将跟盈利的增幅一样。例如：假设今年的每股盈利为1美元，股价为25美元，则市盈率为25（25美元除以1美元）。若第二年的盈利增加了15%，要保持市盈率不变，第二年的股价必须为25美元×1.15=28.75美元。28.75美元比25美元高出了15%，股价的涨幅与每股盈利的增幅相同。

不可否认，如果成长股的价格涨速与过去一样快或更快，而且买家也是这么预计的，此外未来盈利和股息的贴现率不会大幅度提高，成长股就非常具有吸引力。这三个"假设前提"会让我们马上想到1970年5月债券收益率升至历史高位但成长股价格暴跌时的情形。不考虑这三个"假设前提"，投资者就无法做出明智的决策。

一只股票已增长了10年或15年的事实并不能保证它还会再增长一年。图7.1显示的是在纽约证券交易所交易了15年的一只热门蓝筹股（质优价高）的相对价格图，当我向一些人展示没有标出公司名称或所涉时间段的这张图时，他们通常会惊呼道："啊，这是施乐公司。"

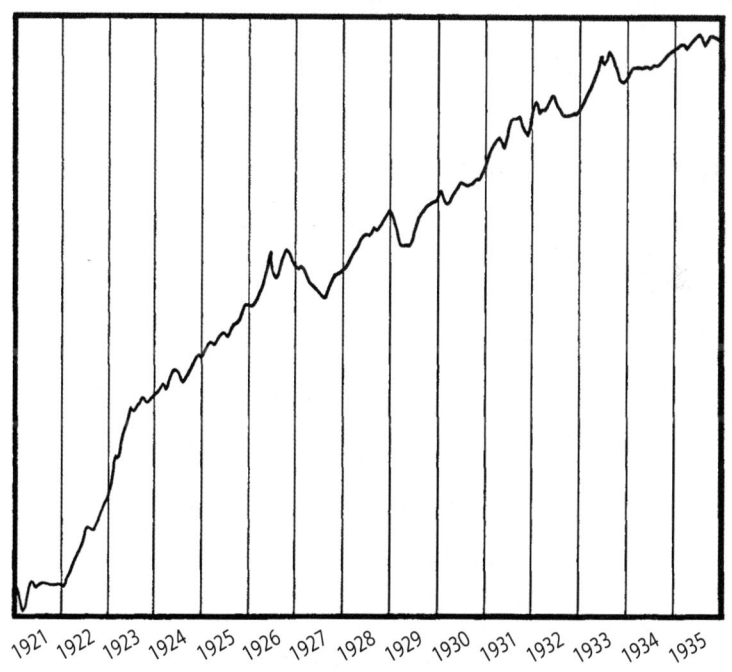

**图7.1　美国制罐公司1921—1935年的相对股价图**

图7.1显示的是美国制罐公司（American Can）与道琼斯工业平均指数的相对股价图。将各个月份美国制罐公司的股价除以道琼斯工业平均指数便可得到相对股价数值，将这些数值标注于图7.1中。从图中我们可以看出，在1921—

● 第七章

1935年间，美国制罐公司的股价跑赢了道琼斯指数。

  图中显示的是根据这只股票的月度市场价格与道琼斯工业平均指数的比值绘制的曲线。当道琼斯工业平均指数的涨跌幅度与这只股票价格的涨跌幅度一样时，相对价格线就是一条水平线。例如：当这只股票的价格为10美元，道琼斯工业平均指数为100时，两者的比值为10%；当这只股票的价格为12美元，道琼斯工业平均指数为120时，两者的比值也是10%；当股票的价格为9美元，道琼斯工业平均指数为90时，两者的比值仍然为10%。正如你所看到的，在过去的15年里，这只股票的月度价格涨幅大于道琼斯工业平均指数的，而其跌幅小于后者，结果就是这只股票的相对价格稳步上升。

  这只股票是美国制罐公司，涉及的时间段是从1921年初到1935年底的这15年。

  自1935年以来，美国制罐公司的股价与道琼斯工业平均指数的比值从25%以上降到了4%以下。在1971年的高点，这只股票的价格跌到了42年前的水平，而同期道琼斯工业平均指数上涨了约2.5倍。

  1936年，美国制罐公司股票的市盈率比道琼斯工业平均指数的高出了约50%，这意味着投资者预期美国制罐公司的盈利相较于道琼斯指数的有所增长。1936年，美国制罐公司的每股盈利比道琼斯指数的高出了57%，到了5年后的1940年，该公司的每股盈利不及道琼斯工业平均指数的37%，其相对于道琼斯工业平均指数的股价有所下降。到了1970年，美国制罐公司的每股盈利已降至道琼斯工业平均指数的27%，然而，该公司在20世纪20年代和30年代初获得的光环是如此持久，以至于市场直到1959年才开始不再看好该公司的盈利增长。事后来看，该公司并不像表面上显示的那么强大。

  该公司1929年的最高股价是其1903年最低股价的369倍。

  该公司1929年的最高股价是其1911年最低股价的123倍。

  该公司1929年的最高股价是其1920年年底股价的51倍。

而从1929年的高点到1971年的高点，该公司股价的涨幅为零。

等待的时间过长，灰姑娘的马车就会原形毕露，变回南瓜，买入股票的人也一样。

不是每只股票都有风光的一天。在华尔街，没有风光过的股票被称为狗股。

即使股票曾经风光过，这也不能保证它能永远风光下去。

怎样才能让这些事实佐证我买对股票并坚持持有的建议呢？这很简单。正如我们所见，有数百只股票的价格涨幅达到或超过了百倍，其中的一些在上涨了百倍后又接着上涨了两三倍。但对每一家公司、每一只股票来说，明天都是新的一天。永远的警惕不仅是自由的代价，也是偿付能力的代价。提出买对股票并坚持持有的建议是为了减少无意义的活动，而不是建议买入股票后就把它们束之高阁、置之不理。

在股票市场上，任何人都可以随时买入的是未知的未来。过去是不出售的，因为它已经被人拥有。美国制罐公司的未来是由新的竞争、冷冻食品和塑料容器塑造的，但在1935年，这些因素都并不突出。即使是以低于道琼斯指数的价格买入该公司的股票也是错误的决策。让1935年买入这只股票的投资者的资金在翻倍后又急剧缩水的原因是，在他们本应预期这只股票的相对盈利能力急剧下降时，他们按超额增长的错误预期买入了它。

我在本书中只考虑了涨幅达到了百倍的股票，我不希望这一事实给读者留下这样的印象：我考虑的范围太窄以至于忽略了涨幅超过了百倍的股票。这不是事实。以雅芳公司（Avon Products）的股票为例。投资者本可以在1955年3月以每股83美元的价格买入它，这是当月底的报价。当年的1股现在已经变成了84.2股，市值高达9430美元。因此，任何在1955年春投入1万美元买入这只股票并一直持有的人，到了1971年其持有的该股票的价值都超过了100万美元。

如果我们的讨论到这里就结束，那么我们会忽略在1948年或1949年买入这只股票的更好机会。1948年这只股票的最低价是10.625美元，1949年的最低价是10.75美元，按这样的价格计算，当时花1万美元可以买入930—940股。

# 第七章

　　若买方一直持有这只股票，那么到了现在，他们无须多掏一分钱就拥有了88 172股，1971年这些股票的市值超过了987.5万美元。

　　我的意思不是说，当我们的先见和后见一样出色时我们会变得多富有，这样想既不会让人感到快乐也没有什么价值，纯粹是在浪费时间。我想表达的意思是，有人在1948年以10.625美元的价格买入了雅芳的股票，有人在1949年以10.75美元的价格买入了这只股票，也有人在1955年的春天以每股83美元的价格买入了这只股票，如果当初他们都投入了1万美元且一直持有该股票，那么到了今天他们个个都成了百万或千万富翁。

　　这正是365只股票1971年的价值是当年它们买入价的百倍这一事实的意义。一些人确实以低于1971年价值1%的价格买入了其中的某只股票，只不过他们中的大多数人持股的时间不够长，因此没有获得丰厚的回报，这的确是可悲的投资结果。

　　在大多数情况下，只有非常有远见或韧性的投资者才会持百倍股度过艰难时期。雅芳公司的股票是个例外，在过去20年里一直关注其相对价格走势的任何人都很清楚这一点。与道琼斯工业平均指数相比，雅芳公司的股价在过去20年里以非常稳定的速度上涨。

　　这是否意味着投资者不管买入了什么股票都永远不应该卖出呢？在低估人类的未来方面，人类犯了很多有趣而可悲的错误，以至于他们很容易像达雷尔先生的那位客户一样采用从不卖出任何股票的策略。当任何规则或公式成为思维的替代品而不是思维的辅助工具时，它就变得危险了，应该被抛弃。正如我们已经看到而且未来会一次次看到的那样，树长不到天上去。

　　如果一家公司在50年内保持20%的年复合增长率，那么50年后它的规模必定是其初始规模的9100倍。如果你预计一家销售额为1亿美元的公司有这样的增长率，那么你必须预计到这样的结果：到2021年底，该公司的年销售额会达到9100亿美元。若一家公司的年销售额现在已经达到了10亿美元，而在接下来的半个世纪里该公司的年销售复合增长率为20%，那么你必须预见到，该公司

2021年的销售额是91 000亿美元。

你会说，这样的数字太荒谬了，实事求是的人根本不会这么想。但20%的年复合增长率确实会使一家公司的规模在未来10年内扩大为起初的6倍多。在一本提倡"买对股票并坚持持有"的书中，阐明这一点的意义有两个：

1. 人类社会与自然界一样，任何事物都不会无限增长，这是一般规律。

2. 当你以一只股票盈利三四倍的价格买入它时，就像你以道琼斯工业平均指数市盈率三四倍的价格买入它一样，你不仅应该预见到你为之支付的盈利增长，而且还应该预见到超过平均水平的盈利增长。这意味着，你必须评估股票发行公司6—8年后的竞争地位，而不是现在的地位，那时公司的规模已经是现在的三四倍了。

就像下跳棋一样，要想在股市中获胜，你至少要比对方多想一步棋。

我将在"确认胜算"一章中进一步讨论这个问题。

## 第八章

# 如何看待消息

如果允许你做出假设，你可以在任何争论中获胜，明白这一点对理解股市至关重要。

没有人买股票是为了帮别人的忙，也没有人卖股票是为了让别人赚钱。大多数交易都是在同一时间内对同一股票的截然相反的观点正面碰撞的结果。我指的当然是在市场上流通的股票的交易，而不是新股融资。

通常，买卖双方都是消息灵通的。两个消息灵通的人怎么会对价格相同的同一股票得出相反的结论呢？

通常情况下，这是因为他们对这只股票的未来做出了不同的假设。有的人可能会认为，在未来几年中，这只股票的盈利将以15%的年复合增长率增长。有的人也可能会认为，这只股票的增长率正在放缓。或者有的人可能会认为美国的通货膨胀无法控制，而另一些人则可能会认为，虽然美国人民行动迟缓，但当危险变得显而易见时，他们会明智而勇敢地采取行动。

关键是，当你买入一只股票时，你买入的是未知的未来。过去的一切，即使是今天上午公布的盈利信息或一分钟前公布的股息信息，也与你没什么关系，它们与现在的股票持有者有关系。他能卖给你的只是他所持股票的未来，而且他和你都不可能知道未来是什么样的。

对富有经验的投资者来说，专家的意见没什么价值。许多投资顾问的墓碑上都应该镌刻上"经常出错,从不怀疑"这几个字。但专家意见的推理可能非常重要,这里的推理指的是专家的假设及其做出这些假设的原因。

就意见本身的价值而言,专家们曾让我大失所望。1929年秋,当道琼斯工业平均指数从381点暴跌到200点以下时,世界最大银行的负责人告诉我们说,股市经历了一次健康的调整,国家已准备好迈向繁荣了。1930年春,股市出现了反弹,但随后跌至1932年萧条期的低点。直到17年后,道琼斯工业平均指数才再次回升至200点。

在同一时期,我们从纽约证券交易所得到消息称,一名摩根的经纪人正在以190美元的价格竞购数千股美国钢铁公司(U. S. Steel)的股票。美国钢铁公司就是由摩根缔造的,没有人比住在华尔街23号❶的人更了解它了。但到了1932年,这只股票的价格跌到了21.25美元。

一天,从位于百老汇26号的标准石油公司(Standard Oil)总部传来的一则消息称,该公司的创始人约翰·D. 洛克菲勒(John D. Rockefeller)和他的儿子小约翰·D. 洛克菲勒(John D. Rockefeller, Jr.)正在会见媒体。老洛克菲勒宣布:"我和我儿子正在竞购新泽西州标准石油公司50万股或100万股的股份。"没有人比该公司创始人和主要股东更了解石油业务或新泽西标准石油公司的业务了。然而,在经历了短暂的反弹后,新泽西州标准石油公司的股价下跌至20美元。

我的意思不是说相关的人员在故意误导公众,我相信他们都是真诚的,但这三次经历让我明白了这两点:

1. 不要在乎专家的意见,它们没什么价值。要想办法了解专家意见背后的理由以及假设。

2. 没有人能预知未来。爱尔兰人曾说:"我要是知道我会死在哪里就好了,我将永远不会靠近那个地方。"如果我们不确定我们自己的生命将在何时或何地

---

❶ 摩根财团总部大楼所在地。——译者注

## 第八章

结束，我们又怎么能假定，我们能预知事物的未来发展呢？

这是绝望的忠告吗？非也，这只是在告诉大家，我们在投资者中遇到的都是概率和可能性问题，不是确定性问题。在投资中，确认胜算非常重要。

在本书所覆盖的这40年里，哈德威克·斯蒂尔斯（Hardwick Stires）一直是斯卡德尔、史蒂文斯和克拉克公司的合伙人。该公司可能是世界上最古老、规模最大的投资顾问公司了。在此期间，他也一直是商业委员会（Business Council）的成员。该委员会是华盛顿商界和政府之间的主要联系通道之一。在两次大萧条期间（一次是第二次世界大战期间，另一次是直到现在仍未得到完全解决的反通胀之战），哈德威克·斯蒂尔斯逐步发展和完善了自己的投资理念。

他说："风险是追求资本收益的投资过程中涉及的一个基本要素。不要对损失感到沮丧，要认识到不冒风险，你就不可能获得净收益。"

有传言说，莫里斯计划（Morris Plan）银行的创始人曾打电话给一位经理，要他说明自己没有遭受过损失的原因。

这位创始人在电话中说："你肯定为创造出这样的记录拒绝了放贷的好机会。明年我希望看到一些损失——提醒你，损失不要太多，但要足以表明你做判断时冒了风险。"

这并不是说风险必须总是与利润相匹配。从某种意义上说，投机的艺术是能够识别何时表面上的风险不是真正的风险，或者何时真正的风险不像股市所预期的那么大。即便如此，投资者如果认为他可以在不冒任何损失风险的情况下把1万美元变成100万美元，这只是他的幻想而已。

我知道，没有任何规则、系统或理念可以防止投资者犯错或在犯错时不遭受损失。然而，如果除了盈利胜算比较大的机会外我们从不冒险的话，我们不可避免的损失应该会很少。但我们如何确认胜算呢？

投资界最难以撼动的一大错误理念是，谁掌握了信息谁就能赚到钱。兜售信息的组织则推波助澜，强化了人们的这种错觉，这显然对它们的生意有好处。

如果只考虑每笔交易的双方当事人,我们马上就会明白这一理念是错误的。每个买家都必然对应着一个卖家,每个卖家也都必然对应着一个买家。有时,知情的买家会幸运地遇到不知情的卖家,反之亦然。但大多数时候,由于有机构的参与,买卖双方都获知了相关的信息。若信息代表一切,那么两位知情的专业人士怎么会在同一时间对同一价格的同一股票得出相反的结论呢?

原因有这么几个。一是卖方虽然喜欢他正在卖出的股票,但他有能获得更高收益的投资目标。我清楚地记得,1949年,一位非常富有的投资者几乎以最低价清空了手里持有的标准真空石油公司(Socony Vacuum)的股票。几个月后,我听说他把资金投给了上涨速度快两倍的苏必利尔石油公司(Superior Oil)的股票。

另一个原因是,无人能预知未来。由于所有关于未来的决策都必须基于假设做出,而知情的投资者可能会做出不同的假设,因此他们会在特定时刻对特定股票的买卖得出截然相反的结论。

知情的投资者之间存在意见分歧的第三个原因是,没有人获得过或可以获得所有的信息。掌握98%信息的投资者和掌握99%信息的投资者可能会得出完全相反的结论。

信息代表一切的错误理念会导致那些寻求从"确定的"内幕信息中获益的人遭受惩罚。如果你认为信息能引导你直接做出正确的投资决策,那么任何比你先获得信息的人都获得了不应被允许的优势。

1961年,应《大西洋月刊》(the Atlantic Monthly)编辑部之邀,我拟写一篇题为《股市的危害》(The Hazards of the Stock Market)的文章。我想采访约瑟夫·P. 肯尼迪(Joseph P. Kennedy)先生。25年前他担任证券交易委员会的主席时,我第一次见到了他,当时我是《华尔街日报》华盛顿分社的主编。《华尔街日报》是第一家向证券交易委员会派驻专职记者的新闻机构。

肯尼迪先生同意接受我的采访,但因为他的儿子时任美国总统,所以他要求采访必须秘密进行。现在,肯尼迪父子俩都已经去世了,采访也过去了10年,

# 第八章

我想我可以透露出这两点信息了：

1. 我问肯尼迪先生是否认为，在1961年激动人心的股市中，内幕信息是投资者面临的重大问题或风险，他大声回应道："要是我拥有因内幕信息损失的钱的话，我现在会非常富有。"

2. 关于证券交易，肯尼迪先生主动声明，自25年前担任美国证券交易委员会主席以来，他从来没有在一只股票上掉头过。他的意思是，他从来没有在卖出一只股票时寄希望于以后能以更低的价格买回它，也没有在卖出后买回。

当时，我的洞察力不够敏锐，无法推断出肯尼迪先生实际上和加勒特先生一样，奉行了买对股票并坚持持有的原则。

不要因为我关于信息的以上观点，就认为我不重视获得事实。我想表达的是，信息只是一种原材料，有些人会根据它们做出出色的投资决策，而另一些人则会做出糟糕的投资决策。1927年我刚到《华尔街日报》工作时，社长克拉伦斯·W. 巴伦（Clarence W. Barron）先生曾告诫我说："没有真相的事实是虚假的，要始终把二者联系起来。"

即使一个人得到的信息是完整、准确的，如果获得信息的时间晚了，它仍然可能误导投资。一颗被蒸汽压路机压扁的柠檬比已在股市流传的信息更多汁。新信息和旧信息之间的区别就像刚刚打开瓶盖的汽水和整夜敞开瓶盖的汽水之间的区别。正如不盖盖的汽水很快就会失去泡沫一样，被泄露的信息也会迅速成为历史或被人遗忘。

如何判断信息是新还是旧呢？正如投资业务的许多方面一样，我们没有办法确定。即使有1万名投资者在你之前听到了某个消息，但如果有1000万名投资者在你之后听到了这个消息并采取了行动，你仍然可以从这个消息中获利。

以股价走势图作为投资决策辅助手段的最佳理由也许是，经验丰富的人往往能从股价走势图中看出，利好消息是预示着股价即将上涨还是解释了已经发生的上涨。消息就像古谚中的礼物："健康时收到的礼物如金，疾病中收到的礼物如银，身故后收到的礼物如铅。"

股市还没有对其做出反应的真实新信息确实犹如黄金般珍贵。对于众多的市场参与方来说并不算意外的消息仍可能对其他人有足够的影响力，在这些人眼里，这些信息犹如白银。众所周知的信息就是铅，根据这些信息采取行动的人都不会有好结果。

由于信息从来没有被标记为A级、B级或C级，那些试图根据信息做出投资决策的人必须按自己的标准对它们进行评级。图表和图表专家绝不是万无一失的，但是，他们能够表明，当价格暴跌已经反映了利空消息或者市场上的广大投资者正热烈地预期利好消息时，有他们总比没有他们好得多。

道琼斯公司发布的信息会引发市场震荡，但信息和震荡不一定同步。阅读晨报时不要忘了这一点：当你放下报纸时，你要做的工作才刚刚开始。赫尔曼·梅尔维尔（Herman Melville）曾写道："要冷静地把信息转化为智慧。"我觉得他的话非常有道理。

## 第九章

# 确认胜算

谈及股票投资的胜算时，人们常常会提到机会风险比率。例如，如果你发现一只股票有可能上涨100点，也有可能下跌10点，那么投资这只股票的机会风险比率就是10∶1。不幸的是，确认胜算并不是这么简单。确认获利概率与亏损概率之间的比率同样重要。如果股票上涨100点的概率是十分之一，下跌10点的概率是十分之九，那么所谓的10∶1的机会风险比率就没有什么参考价值了。有意义的机会风险比率会把预期收益及实现这一收益的概率和预期损失及出现这一损失的风险联系起来。

既然我们无法预知未来，那为什么我们还要费心劳力地做这样的计算呢？难道我们不应该蒙住眼睛，随意地在《华尔街日报》的报价页上扎大头针，扎上哪只股票就买入哪只股票吗？

这个问题让我想起了一个小镇上的一名赌徒的故事，他因违反了禁止靠运气取胜的游戏的条例而被捕了。他为自己辩护说，扑克牌不是一种靠运气取胜的游戏。为了证明这一点，他和检察官、法官以及镇上的一些重要人物打了一个通宵的牌。到了第二天早上，这些人把自己的衣服都输给了他。在他把衣服归还给他们之后，他们放弃了对他的指控，还好言好语地送走了他。

这个故事告诉我们，股票投资就像玩扑克牌一样，聪明的投资者会在胜算比较大时押重注。如何才能做到这一点呢？

通过看股价上涨的概率大于普遍的预期，或者看股价反映了对所有人显而易见的利空因素。在第一种情况下，买方看到了其他人看不到的股票的价值；在第二种情况下，买方实际上是在说："既然这只股票的价格已经反映了所有的利空因素，那么它就不存在下跌风险了。而且由于利空出尽，买方得到的可能要比付出的多。"

如何获知别人的预期呢？大多数投资者相互之间不认识，谁了解数百万投资者的心思呢？

这些问题似乎没有答案，但是如果我们认同三个简单的假定前提，我们就能得到一个合理的解决方案。它们是：

1. 任何证券的价值都是所有未来支付的折现值。

2. 来自任何完全应税来源的1美元收益的价值都相等。

3. 因此，当投资者为某一来源的1美元收益支付的价格比另一来源的1美元收益的价格高时，这隐含地表示，来自第一种来源的收益流将比来自另一种来源的收益流增加得快或枯竭得慢。否则，投资者的做法就是不合理的。

波士顿斯卡德尔、史蒂文斯和克拉克公司投资研究院的院长兼合伙人罗伯特·G. 威斯（Robert G. Wiese）说得更简单直白："投资者不会为同样的东西支付不同的价格，当他们这样做了时，他们是在为不同的预期支付不同的价格。"

衡量不同预期的两个常用指标是：

1. 股票和债券的相对收益率。

2. 股票的相对市盈率。

相对价值原则至少和《圣经》一样古老。把主人给的银子埋起来的仆人虽然保住了资本，但输给了能让资本增值的仆人。❶

---

❶《新约·马太福音》中的一则故事：一位主人将去国外远行，临走之前，他把3个仆人叫了过来，按他们的才干给了他们银子，一个给了五千，一个给了两千，一个给了一千。领五千银子的拿去做买卖，赚了五千。同样，领两千的赚了两千。但领一千的把银子埋到了地里。主人归来后，将第三个仆人的银子赏给了第一个仆人。

## 第九章

所有事物的价值都是相对的,在盲人的国度里,独眼人就是国王。

债券的价值与股票的价值是相对的,反之亦然。不同股票的价值也是相对的。几年前,有一些股民不关注债券,他们中的大多数人现在都更悲伤,也变聪明了。

虽然在投资中没有什么事情是确定的,但我们能做出的最确定的假设是,当最高级别的债券到期时,发行债券的公司会还本付息。如果这类债券在10年或更长的时间内不可赎回,就像很多债券一样,那么买入利率为8.5%债券的投资者无论持有期间经历了好年份还是坏年份,投资者都很有可能在债券被赎回或清偿时获得8.5%的收益。

若有投资者买入收益率为4.25%的股票,那么他必定预计这只股票的股息会大幅增加,否则他的行为就不合理。他可能瞧不上股息,因为他是为了获得资本收益才买入股票的,但是,除非股票的盈利和股息增加,否则他的资本收益会很快消失。

1961年末,股市里一片繁荣,我对证券交易委员会的第一任主席约瑟夫·P.肯尼迪说:"人们不再关心股息了。"

"这样的人在哪儿呢?"肯尼迪先生质疑道,"我怎么没见到过一个。"

IBM的股票是最出色的成长股,20年前的股息收益率约为1.75%。显然,有人可能会认为,投资者买入这只股票并不是为了获得股息。但是,如果他们现在仍然持有他们在1951年的高点买入的这只股票,那么他们获得的现金股息将高于他们1951年买入价的70%。如果没有股息的增加,以及用来支付股息的盈利的增加,IBM的股价根本不可能实现惊人的上涨。

明智的投资者不会仅仅因为价格上涨或预期价格上涨就买入股票,他们买入股票是因为他们预期盈利和股息会增加,这会使今天股票的买入价在未来几年后显得很便宜。即使是最聪明的人有时也会误判未来的盈利和股息走势。只有傻瓜,或许还有一些专业的短线交易者才会在不考虑未来的情况下买入股票。

多年来，债券收益率与股息收益率的比较为衡量投资者的乐观和悲观情绪提供了一个参照，如图9.1所示。

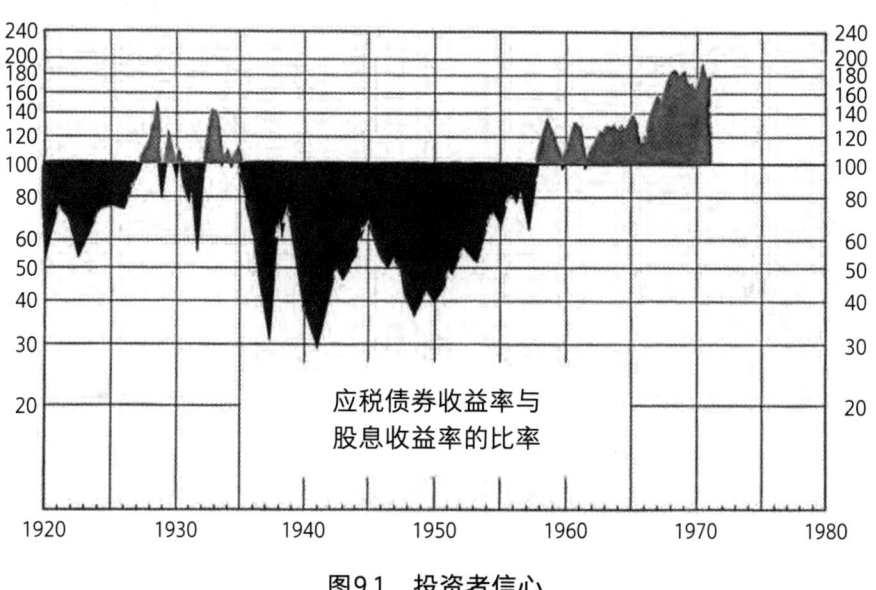

图9.1　投资者信心

在25至30年前，股息收益是债券利息收益的3倍。只有当人们假设股息非常不可靠且很可能在未来几年内会下降时，这才说得通。

但实际上，直到大约5年前，股息都没有下降，而是稳步增加了。与此同时，每美元股息的价格相对于每美元债券利息的价格上升了。按最近的峰值价格计算，投资者从最出色的公司债券中获得的收益率是从50只领先的普通股中获得的股息收益率的两倍。换句话说，在一代人的时间里，股息的价格从占利息的价格的三分之一上升到了利息的价格的近2倍。这恐怕就是证明投资者情绪从悲观转向乐观会对证券价格产生极大影响的最具戏剧性的例子了。

正如除非假设股息从长期来看会下降，否则股息的价格是利息的价格的三分之一不合理一样，除非假设股息从长期来看会增加，否则股息的价格是利息的价格的两倍也不合理。

在过去的半个世纪里，投资者在本应该对股息的增加感到悲观时抱了乐观

● 第九章

的态度，而在事后来看本应该感到乐观时却抱了悲观的态度。然而，在1934年美元贬值以及在1958年股息价格首次高于利息价格时，他们对股息的未来保持了正确的乐观态度。他们今天抱相对乐观的态度是否合理呢？恐怕只有到未来我们才知晓答案。我们现在能够确认的一点是，股息必须增加才能让今天的股票买家得到他们已支付的钱。由此看来，股市趋势不取决于股息是否增加（已体现在价格中了），而取决于股息的增加是高于预期还是低于预期。

正如股息相对于利息的价格揭示了股市对股息未来趋势的预期一样，个股盈利的相对价格也揭示了投资者对盈利未来趋势的预期。

随着时间的推移，大多数行业里都会出现一些行话，它们听起来让人感到困惑，最糟糕的是外行人无法理解它们，华尔街也不例外。由于金融界谈论债券的利息收益和股票的股息收益，要保持一致的话，还应该谈论盈利收益率。但金融界把股息除以价格的比率称为股息收益率，把价格除以盈利额得到的比率称为市盈率。例如，如果一只股票每年支付3.00美元的股息，而且其价格为100美元，那么这只股票的股息收益率为3%。如果同一只股票的每股盈利为5美元，则其市盈率为20。

当华尔街提及5%的盈利收益率时，其含义与上面的相同，只不过是采用了不同的表述而已。

当一只股票的市盈率为10，而另一只股票的市盈率为20时，得出的推论是市场（即投资者的共识）预计，股价较高的公司的盈利将比股价较低的公司的盈利增长得更快（或下降得更慢）。

采用这种方法时，投资者仍然需要猜测未来，但他可以相对精确地计算出股市对未来的预期。

稍后，我将讨论不加鉴别地使用市盈率这一概念导致的一些问题，这么做就像小孩手里拿着一盒火柴一样，可能存在致命的危险。在专家眼里，它们都是投资者必备的工具。经过适当的调整，并与道琼斯工业平均指数等优秀的大盘指数相关联，它们就成了"希望温度计"。

优秀的医生给病人开处方时不会只以温度计的读数为依据,但我很少遇见医生给我做体检时不会测量体温。

优秀的"投资医生"也会这样使用"希望温度计"。一图抵得上千言,而且人们看图的速度更快,因此斯卡德尔、史蒂文斯和克拉克公司对数千只股票使用了"希望温度计"。图9.2显示了过去20年市场对宝丽来公司股票的希望状况。从中可以看出,市场对宝丽来未来盈利的希望与对道琼斯工业平均指数中30家龙头公司股票未来盈利的希望正好完全一样。

即使是在1970年的低点,宝丽来1美元盈利的市价仍然是道琼斯工业平均指数的两倍多。要确保这样的关系,宝丽来的盈利必须是道琼斯工业平均指数

**图9.2　市场对宝丽来的希望**

图9.2显示的是宝丽来市盈率与道琼斯市盈率比值的变化图,即宝丽来的相对市盈率或相对倍数变化图。相对市盈率为1表示股市预期宝丽来的盈利增长率与道琼斯工业平均指数的盈利增长率大致相同。当相对市盈率为4时,股市为宝丽来一美元盈利支付的价格是道琼斯1美元盈利的4倍。按这一水平看,宝丽来未来的盈利必须翻两番,才能给其股票买家带来与买入道琼斯指数得到的收益一样高的收益。

## 第九章

盈利的两倍多，而且此后的盈利表现要与道琼斯指数的一样。但是，预计宝丽来将跑赢道琼斯工业平均指数没有可靠的支撑，除非宝丽来的盈利在翻了一番以后，其前景仍然比道琼斯指数的好。实际上，在1970年的最低点，宝丽来股票的买家对卖家说："我非常确定宝丽来相对于道琼斯指数的盈利将翻一番以上，我现在愿意为未来盈利翻一番以上支付相应的价格。我为什么要这样做？因为我相信，在宝丽来的盈利增加到我现在支付的价格水平之后，它们将继续以比道琼斯指数更快的速度增长。"

所有这些都显示了买方对宝丽来未来盈利的高度信心以及对自己预判能力的极大自信。两者都有道理，时间终会证明一切，但作为投资者，除非我们像上述那样界定相对价格的含义，否则我们就会盲目行事。

细心的观察者会注意到，宝丽来的股价预期其相对于30只龙头股均值的盈利会出现创纪录的增长，同期龙头股的价格预期股息会出现创纪录的增长——双重打击！

我们此前已经讨论过相对价格、相对盈利和相对市盈率或相对倍数的计算方法了，现在我们把它们放在一张图中显示出来。图9.3显示了雅芳公司股票16年间的相对价格、相对盈利和相对市盈率的变化。在这16年里，如果有投资者最初花1万美元买入了这只股票，那么到了1971年，他会成为百万富翁。

一只股票的价格上涨可能是因为它的盈利增加了，或者每美元盈利的价格提高了，或者两者兼而有之。假设一只价格为20美元的股票每股盈利2美元，那么这只股票每美元盈利的价格就是10美元。如果该股票下一年的每股盈利变成了3美元，要使其每美元盈利的价格保持在10美元，那么该股票的价格就要上涨至30美元。但是，如果每美元盈利的价格也上涨了（这很常见），比如说从10美元上涨到了15美元，那么这只股票的价格将上涨为3美元的15倍，或每股45美元。股票市场大多数的大涨都源于盈利的增加和市盈率的提高。

同样地，任何股票相对价格的上涨必定源于相对盈利的上涨以及相对倍数或相对市盈率的变化，这是简单的算术问题。

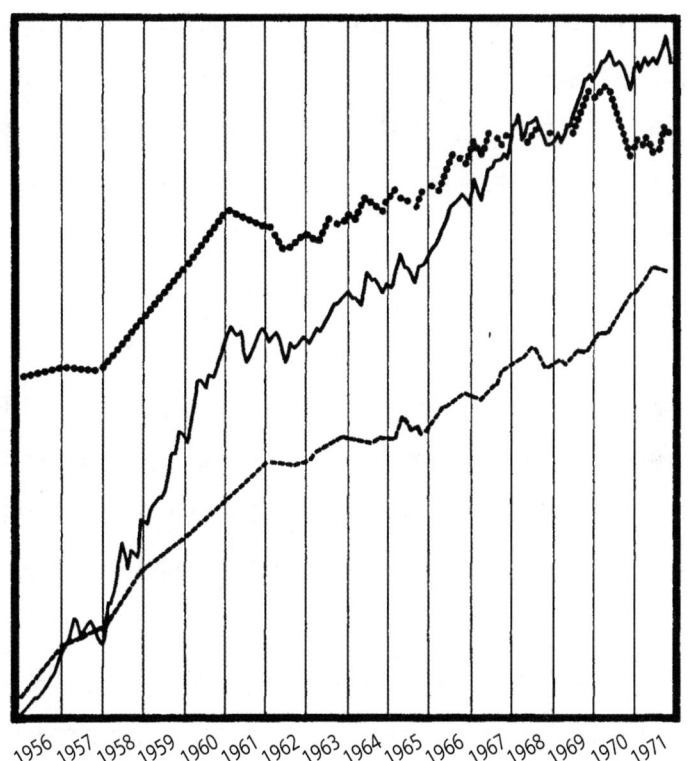

**图9.3 雅芳公司股票的相对价格、相对盈利和相对市盈率图**

正如图9.3中所示的，雅芳股票相对价格的大幅上涨以其相对盈利的持续大幅增长为基础。但是，如果没有每美元盈利相对价格的上涨，这只股票相对价格的涨幅会大打折扣，达不到实际涨幅的一半。

这是显而易见的道理，但许多投资者过于重视盈利了，没有意识到每美元盈利的市价变化往往具有更重要的意义。市盈率和相对市盈率衡量的是投资者的预期。股票价格一多半的涨幅往往是因投资者的心理变化导致的。

关注导致股价上涨的心理因素非常重要，原因有二：

1. 股价可能随着投资者预期的变化而涨跌。在报告的盈利没有任何变化时，股价有可能上涨也有可能下跌。

2. 鲜有优质股票的市盈率会高于道琼斯指数市盈率的4倍多，因此，当一只

● 第九章

股票的市盈率为60倍，而道琼斯指数的市盈率为15倍时，潜在的买家会注意到：（a）他对这只股票未来行情的乐观看法得到了市场的广泛认同；（b）由于相对市盈率进一步提高，这只股票的价格进一步上涨的可能性很小。这意味着，买家必须寻求股票盈利的进一步增加，只有这样才能承担起股价进一步上涨的所有压力。股价的上涨都是由相对盈利和相对市盈率的提高导致的。

当一只股票的盈利增加了25倍，市盈率提高了4倍时，其价格就可能上涨100倍（25×4=100）。但是，当市盈率保持不变时，股票盈利必须增加百倍，股价才能上涨百倍。当市盈率减半时，盈利必须翻倍才能使股价保持不变。

因预期相对市盈率提高而买入股票，与因预期相对盈利增加而买入股票一样可靠。不关注潮流和时尚的百货公司的股票买家是愚蠢的，不知道股价的上涨在多大程度上依赖于相对盈利以及相对市盈率的提高就贸然买入任何股票也是愚蠢的。

没有所谓"正确"的市盈率，也没有所谓"正确"的相对市盈率，一切都取决于未知的未来会给投资者带来什么。但普通的投资者也能意识到，当他买入一只相对市盈率非常高的股票时，他用现金从他人那里买入的是对遥远未来的希望。

再来看看雅芳公司股票的相对价格、相对盈利和相对市盈率走势图，请注意，截至1957年，雅芳公司股票的市盈率低于道琼斯工业平均指数的。到1969年底，雅芳每美元盈利的市价高于道琼斯工业平均指数每美元盈利价的4.5倍。

如果1955—1971年雅芳公司的股价与道琼斯工业平均指数成比例涨跌，那么其相对价格线将是一条水平线。如果雅芳的相对盈利与道琼斯工业平均指数的成比例增减，那么其相对盈利线也应该是一条水平线。最后，如果雅芳的市盈率与道琼斯工业平均指数的相同，那么其相对市盈率线也是一条水平线。从这3条线上的任何一点向前看，高于水平线的上升或低于水平线的下降都表明雅芳公司股票的价格、盈利或市盈率与道琼斯工业平均指数的相比有所上升或下降。

从图9.3中可以看出：

1. 雅芳股价的进一步上涨很大程度上取决于其盈利的进一步增加。

2. 若盈利增加的股价刺激因素不被下降的市盈率所抵消，投资者对雅芳盈利进一步增加的信心必须保持在高位或进一步提高。

3. 雅芳的销售额和盈利必须增加到历史最高水平的3—4倍才能支撑其1971年的股价，除非假设即使雅芳的规模扩大了3倍或4倍，其进一步增长的前景仍将好于道琼斯指数的。

若有读者发现这些论述与"买对股票并坚持持有"的主题不一致，欢迎提出来。除非能坚持持股，否则买对股票没什么意义。但是，除非你买对了股票，否则坚持持股非但不能给你带来好处，还可能会给你带来巨大的伤害。

当一只股票的回报是买入价的50倍时，你就可以确信你买对股票了，当其回报又翻了一番时，你就买到百倍股了。为获得这么高的回报冒一番风险是值得的。

新买家面临的问题完全不同。他必须首先回答这个问题："我买到百倍股的概率有多大？"正如我们在美国制罐公司的例子中所看到的，历史数据对我们没有任何帮助，只有对未来做出正确的假设才是关键所在。除非我们做出的假设大大好于市场对股价的预期，否则我们仍然不能从中获利。

相对价值分析没有给出最终的答案，但它确实有助于投资者确定市场预期，之后投资者可以对照市场预期，针对他选择的假设评估投资获利的可能性。

我们常常会发现股市走向了不合理的极端。对投资者来说较为安全的做法是，把这些极端情况视为人类无法预见未来所导致的结果，而非他们愚蠢的结果。事实上，在股市里，资金往往会从愚蠢的投资者流向聪明的投资者。愚蠢的整数股买家会变成畸零股买家❶，聪明的畸零股买家很快就会开始买入整数股。

---

❶ 整数股买家指的是一次至少买入100股的投资者；畸零股买家指的是一次买入不足100股（通常为10股）的投资者。由于畸零股买家支付的股价比整数股买家稍高些，因此很多买家一次会至少买入100股。

● 第九章

当投资者猜透了股市的意图时，他就与世界上最优秀的金融精英不分伯仲了。这是一个发人深省的想法。能给普通人带来希望的一个事实是，最专业、最有经验的人不断退休或死去，那些经验不足但坚持学习的年轻人往往会取得成功。

另一个令人欣慰的想法是，由于没有人能预知未来，所以人人都有权猜测未来。然而，我们不应该忘记，权衡各种信息后做出的猜测优于盲目的猜测。

那么，你如何计算相对市盈率呢？

每周一，《华尔街日报》都会在倒数第二页第一个专栏底部公布道琼斯工业平均指数的市盈率。你可以从任何报纸上获取你关心的股票的最新价格数据，用该价格除以该股票最近12个月的每股盈利便可得到市盈率。如果你是股东，你可以从最新的公司年报中查阅到盈利数据。如果你不是股东，你可以在《巴伦的股市一瞥》（*Barron' Stock Market at a Glance*）中查到公司最近12个月的每股盈利数据。如果你有《标准普尔手册》或《穆迪手册》，你可以从中查到盈利数据。你的经纪人也可能愿意为你效劳。

假设某只股票的价格为每股60美元，最近一年的每股盈利为2美元，则其市盈率为30（60÷2=30）。假设道琼斯工业平均指数的最新市盈率为15。用这只股票的市盈率30除以道琼斯指数的市盈率15可得2。这意味着市场为这只股票的每美元盈利支付的价格是道琼斯工业平均指数中30只龙头股每美元盈利价格的两倍。

我们从中可以推断出，市场（即投资者的共识）预计，这只股票的盈利将比道琼斯工业平均指数的盈利增长得更快（或下降得更慢）。采用这种方法时，你仍然需要猜测这只股票的未来状况，但你还要考虑市场对这只股票的预期。当你的预期高于市场的预期时，你就买入这只股票；当你的预期低于市场的预期时，你就卖出它。不过，你的预期和市场预期之间的差异要足够大，大到即使你预期有误你也能从中获利的程度！

我们讨论了根据市盈率做投资决策的理由，接下来我们讨论依据它做决策的一些危害。

## 第十章

# 盈利质量的差异

每个时代都有它的大众幻想,每个民族、每个国家和每个行业也是如此。虽然幻想依然存在,但揭穿皇帝没穿衣服这一事实的人是孤独的,有时揭露事实的行为是危险的,而且总是没什么好处可言的。尽管如此,我还是要义无反顾地揭露投资行业里的一大幻想,即不加甄别地使用市盈率,或者更具体地说,滥用市盈率比较个股和股票组。

出于比较目的使用市盈率的谬误源于这一隐含的假设前提:盈利与价格一样具有可比性。我们知道,只要以相同的货币表示,价格就是可以被比较的。但不同公司的盈利在质量和价值方面差异很大,比较它们就好像比较牛和马的跑速。当我看到按市盈率排名的股票名单时,我想起了一位失去了工作、举着一个标语牌乞讨的一战老兵。他的标语牌上写着:

在战壕里待了三年,

伤口两处,

妻子一位,

孩子四个,

失业七月,

● 第十章

> 一共十七，
> 请帮帮我。

---

我要说明一点，我不是在暗示市盈率可能非常具有欺骗性这一想法具有独创性或新颖性，我也不是在暗示专业的证券分析师忽视了不加甄别地使用市盈率的危险，绝非如此。我质疑的是，投资者是否充分考虑了盈利质量的差异。我们是否会在口头上承认这些差异，却使用忽视这些差异的统计步骤？在这个人人必须"务实"的行业里，我们迫切需要更快做出投资决策，这是否会诱使我们掩盖收益质量的差异？下面我们就来一探究竟吧。

有两种方法可以解决这一问题，一种是会计方法，另一种是概念方法。

会计方法更为人所知，但在我看来，概念方法可能更加重要。我这么说不是为了贬低会计变更和省略的重要性。如果股市的钟声再次在午夜响起，就像1929年9月3日所发生的那样，安达信公司（Arthur Andersen & Company）❶的董事长伦纳德·斯帕切克（Leonard Spacek）的"注册会计师马车不会变成南瓜"。在缩小"公认会计做法"的"气球"方面，他做了大量的工作。多年以来，这个"气球"把欺诈性伎俩提升到了广为接受的程度。

我缺乏会计专业知识，无法为斯帕切克先生的事业增光添彩，但看了他早期对公司租赁融资报告做出的评论，我确实想大喊赞同。某些企业的所有者和管理者之间出现鸿沟可能是因为，管理者没有像他们详细地披露其他长期负债金额和条款一样，告诉所有者租赁融资的金额和条款。

几十年来，会计界一直在逃避做这件事，他们说，把未支付的租金列为负债不是广为认可的会计做法。因此，若一家公司将其总部大楼、工厂或油轮出售给一家保险公司，然后跟保险公司签订一定年限的租约，以足够偿还全款购

---

❶ 原国际"五大"会计师事务所之一。

买价加利息的租金把它们租下来，这笔交易就变成了表外融资业务，只有企业的管理者知道交易的具体细节。

这些都是公司应该披露的重大事实，我强烈反对公司隐瞒相关信息的行为。我们以3家各有1亿美元资本的公司为例进行说明。这3家公司都希望扩大业务规模，每家公司的税前投入资本收益率都达到了20%。为了说明问题，我们假设公司的所得税率为50%。

这3家公司中的第一家增发了股票，这使其投入的资本总额增加至2亿美元。第二家公司发行了利率为8%的长期债券，这也使其投入的资本总额达到了2亿美元。在这两种情况下，不管我们是否同意，我们至少知道发生了什么。第一家公司，全部为普通股资本，投入资本收益率和净资产的税前收益率仍为20%，税后收益率为10%。

第二家公司的税前投入资本收益率仍为20%，但由于资本杠杆效应，其税后的净资产收益率为16%。计算过程如下：2亿美元的20%等于4000万美元，减去1亿美元融资债务中的800万美元利息后，剩下3200万美元，再减去50%的企业所得税，剩下1600万美元，用1600万美元除以1亿美元的股本，得16%。

第三家公司通过租赁融资的方式获得了1亿美元的设施，条件是支付10%的利息。由于租赁融资的金额和条件均未向投资大众披露，且资产负债表中没有显示租赁负债额，因此投资大众可能得出这样的结论：这家公司目前的投入资本收益率和净资产收益率为15%。计算过程如下：未扣除未披露的租金和税费的2亿美元资产的20%收益为4000万美元，减去1000万美元的租金，得到3000万美元，再减去50%的企业所得税后，剩下1500万美元，1500万美元除以1亿美元的股本，得到15%。因此，这3家公司都拥有2亿美元的资产，税前收益率均为20%，但第一家公司的净资产收益率和税后投入资本收益率显然均为10%，第二家（披露负债）公司的净资产收益率为16%、投入资本收益率为10%，第三家（未披露负债）的公司具有15%的净资产收益率和投入资本收益率。

假设3家公司的业务经营情况变得糟糕了，以至于它们的税前投入资本收益

## 第十章

率只有5%了。第一家拥有全部普通股资本的公司，其税前投入资本收益率和净资产收益率均为5%，税后收益率均为2.5%。第二家拥有1亿美元利率为8%的债券的公司，其税前投入资本收益率为5%，税后净资产收益率仅为1%。计算过程为：2亿美元5%的税前收益等于1000万美元，减去800万美元的债券利息，剩下200万美元，减去50%的企业所得税，剩下100万美元，即1亿美元股本的1%。当然，证券分析师可以预见业务下滑对第二家公司的影响，因为他们了解有关资本杠杆的相关事实。但第三家公司呢？仍然假设它与第一和第二家公司的条件一样，即税前投入资本收益率从20%下降到了5%，那么该公司的税后净资产收益率将神秘地从15%降为零。相应的计算过程为：2亿美元资产5%的税前收益（扣除表外融资租赁租金之前）为1000万美元，从这1000万美元的税前收益中扣除1000万美元的租金后，所剩额为零。

如果我们设法获知了租赁融资的细节条款（在电影里，这是反派干的事情），我们会发现，该融资租赁业务中使用的资本的回报率为5%，但由于必须支付10%的租金，该公司的股本回报率被彻底抹掉了。

管理层自然知晓租赁融资的所有数据。这些数据对投资者而言至关重要，但到目前为止，管理层、公司审计师和证券交易委员会都认为，不应该把它们视为与债务额一样的、美国企业所有者有权获知的信息。

在持续繁荣的时期，由于价格、利润和业务量都呈增长态势，喋喋不休地谈论这些问题似乎有些不合时宜。然而，如果我们忽略了这些问题，我们也有可能忽略其他问题，从此以后就只考虑股本。遗憾的是，商界和金融界没有做他们该做的事情。迟早会有一位来自外界的变革者能击中要害，打破金融界的常规，改弦更张，革旧从新。我们不能阻止他，因为我们知道，他只是在做我们早就应该做的事情而已。我们还可以举出许多其他的例子，它们都曾在新闻中出现过。

我之前说过，解决盈利质量问题的方法有两种，一种是会计方法，另一种是概念方法。下面我们来谈谈概念方法。

大多数公司会把部分盈利以股息的形式发放给股东，每1美元股息的价值是相等的。你在杂货店买东西时，杂货店从不问你付给他的钱是来自股息还是利息，他才不在乎呢！

但是，没有被用于发放股息的盈利呢？假设这些留存的盈利被偷了，那它们值多少钱呢？说得更现实一些，假设它们被投资于没有回报的项目，未能增加公司的盈利能力，那么，这些盈利应该以多少倍的市盈率价格出售呢？

我的感觉是，这些用于再投资的盈利应该与每股折旧具有相同的倍数。

你可能认为，"这纯粹是胡说八道，我们在计算股票价值时，不会使用任何折旧倍数"。

但这正是我想要表达的观点。作为投资者，假设我们买入了一只每股盈利1.00美元的股票，发行这只股票的公司每年向股东支付每股50美分的股息。在5年或10年后，该公司的每股盈利仍然为1.00美元，并且仍然向股东支付每股50美分的股息，那么公司每年的留存盈利怎样了呢？答案可能是公司需要用它们维持我们最初买入股票时的盈利能力，这跟折旧费用的计提定义很相似。那么，忽视未能提高企业盈利能力的再投资盈利是不现实的吗？

我们不要太匆忙地回答这个问题。假设有两家公司，每家公司的每股盈利都是1.00美元，且支付每股50美分的股息，留存盈利再投资没有带来盈利增长。在我们得出结论，认为这两家公司都是一样糟糕的投资之前，让我们指出第一家公司的销售额以每年10%的速度增长，而第二家公司的业务量则以每年10%的速度减少。是否有可能第一家公司一直在高效地使用税前利润"买入"额外的业务，如果我们公允地将额外的业务资本化后，调整后的盈利会出现不错的增长？同理，第二家公司也有可能以分期付款方式清算了其业务，从而将经济理论上应被算作资本收益的部分资金计入了收益账户，进而把报告的盈利维持在了最初的水平。

绝大多数人都认为第一家公司的每美元盈利比第二家公司的更有价值，至于价值高出多少，那就是另外一个问题了，答案主要取决于人们假设过去的情

## 第十章

形能在未来持续多久。有大量的证据表明，未来一段时间内的情形会像过去一样。据说几年前纽约市气象局局长退休时曾说过：通过预测明天的天气会像今天的，一个人能创造出相当好的天气预报记录，因为通常在一段时间的晴朗天气后会是雨季，在办公室里向窗外看一眼就能预测出正确的天气情况。

对于所有人来说，此刻之后（未来）的能见度为零，做出有关此刻之前的情形能维持多久的假设时必须以概率为基础，而概率数据又是以过去的情形为基础推导出来的，有可能不适用于未来。也就是说，所有对未来的估计都带有一定的主观性。

在股市投资就是现在赚未来的钱。因此，从短期来看，了解5年和10年后的销售额和盈利并不像了解其他投资者对此的想法那样重要。总的来说，一种趋势持续的时间越长，认为这种趋势还会持续更长时间的人就越多。因此，我们可能应该假设，旧趋势会比新趋势持续更长的时间，因为不管它们是否会如此，更多人倾向于认为它们会。

我们再回过头来看看这两家每股盈利为1.00美元、每股支付50美分股息的公司。在过去的5年里，这两家公司的业绩都没有改善的迹象。我们进一步假设这两家公司的相对销售额没有发生变化。当然，现在我们可以比较这两家公司的市盈率了。如果一家公司的市盈率为10，另一家的为20，很清晰地可以得出结论。但真的吗？

假设第一家公司每年都为基础研究投入每股1美元的资金，到目前为止，这些投入都是徒劳的，没有产生任何经济效益。第二家公司一直没有为基础研究投入任何资金。第一家公司的盈利显然比第二家公司的更有价值，原因有二：

1. 第一家公司随时有可能取得重大的研究成果。第二家公司不开展研究，自然没有这样的机会。

2. 第一家公司可以停止研究项目，在其他因素保持不变的情况下，目前被用于研究的资金将被计入税前盈利。第二家公司不做研究，没有机会通过取消研究项目的方式削减开支。

如果把研究换成勘探矿产或石油，对这两家公司的比较也会产生同样的结果。

有些读者可能觉得，我说的都是大家早已知道的东西；也有一些读者可能认为，我举的例子都是极端、不现实的。

后一类读者可能会说："这样的盈利质量差异根本不足以改变我的投资决策。"

一些人称，在大多数情况下，我提到的盈利质量差异都不会改变他们的投资决策，对此我也没什么好说的。开车时系好安全带很重要，正如系好安全带可能会在某个时刻救你一命一样，谨慎地关注可能存在的盈利质量差异可能会在某一天拯救你的财富。

我要再举两三种盈利价值可能存在极大差异的例子：

1. 两家公司报告的每股盈利、每股股息均相同，销售增长率、研究投入或勘探投入额都相同，但存货和应收账款表现出了截然不同的趋势。第一家公司的存货和应收账款与其业务量的关系与前几年的大致相同，而第二家公司的产能高于其销量10%，这降低了单位生产成本，但其库存大幅增加。与此同时，为了促销，第二家公司一直在以极其宽松的信贷条件销售其商品，其应收账款相对于业务量大幅上升。谁会说第二家公司每美元的盈利与第一家公司的价值一样呢？

2. 两家公司规模相同，每股盈利和股息相同，研究投入或勘探费用相同，销售增长率相同，应收账款和存货与业务量的比率也相同，因为这两家公司极为相似，所以比较它们的市盈率很有意义。

第一家公司遵纪守法，重视环保，它的废水经过净化后才会被排放到附近的河流里；它的烟囱里没有排放出难闻的烟雾；它的采矿作业区已经做了景观美化处理，并种上了绿树青草。

第二家公司在所有这些问题上都走了捷径。在公布了与第一家公司同样高的盈利数据后的第二天，该公司收到了法院的裁决。法院裁定它对造成的河流和空气污染负责；愤怒的邻居把它告上了法庭，要求它对造成的生态损害进行

● 第十章

赔偿。官司还没有打完，它的盈利就变成了及时采取了生态保护措施的第一家公司的一半。

3. 两家公司报告的盈利相同，但一家公司将关键的人员升职加薪了，而另一家公司将最优秀的员工排挤走了，留下来的员工则在准备罢工。

作为个人投资者，你会如何调整或修正报告的盈利以体现盈利质量的差异呢？在阅读年度报告时，你可以留意我刚才提到的这些因素。不过，业余爱好者做不好这项工作，尤其是在吃完一顿丰盛的晚餐之后。仔细阅读财经报刊会让你得到一些低成本的专业帮助。近年来，有关企业会计的详细评论在新闻里频频出现。在过去的一年里，《纽约时报》财经版、《巴伦周刊》和《华尔街日报》都刊登过此类文章。揭露会计"戏法"已经成了金融记者公认的工作，也成了股票分析师的重要工作。

应对记账花招的最好方法是，远离做出这种行为的企业或个人，不要与他们有任何关联。相关的讨论参见"盈利有道"一章。

第十一章

# 美国证券交易委员会监管下的操纵

70年前，查尔斯·H.道（Charles H. Dow）在《华尔街日报》的一篇社论中写道："一些经验丰富的操盘手采用的一种方法是反应法，其依据的理论基础是：市场总是或多或少地受到操纵……"《华尔街日报》的编辑威廉·彼得·汉密尔顿（William Peter Hamilton）虽然没有否认这一理论，但他宣称："一旦出现操纵股市的行为，它们就会被多次报道。所谓市场操纵是工作效率低下的记者为自己没有花心思去了解股市的变化寻找的借口。"

35年来，操纵一直被视为违法行为。证券交易委员会既监督市场，又起诉操纵者，那么操纵已成为历史了吗？

我不能说："我最要好的一些朋友就是操纵者。"我不认识任何操纵者。但就像大自然不是真空的一样，在真正的国际市场上，如果有机会进行有利可图的操纵，就一定会有操纵者，其中的一些人是政府当局和法律无法触及的。就跟在肮脏的厨房里会发现蟑螂一样，因为它们的食物就在那里。

股市中有哪些较为明显的操纵机会呢？

S. A. 尼尔森（S. A. Nelson）在《股市投机原理》（*The ABC of Stock Speculation*）一书中指出了操纵的机会："公众犯下的最大错误是关注价格而不是价值。"

这句话在今天是正确的，而且更加正确。20世纪60年代末股市盛行的业绩

## 第十一章

崇拜就是基于对价格而非价值的关注。

但关注价格而不是价值意味着什么呢？我想再次引用《股市投机原理》中的一段话强调这一点：在不断变化的世界中，人性是为数不多的常量。尼尔森写道："公平地说，在价值被明显地展现出来前，公众很少能看出价值，而价值通常是以相当高的价格展现出来的。经验表明，在投资者眼里，当一只股票的价格相对高昂时，他们更容易相信它是便宜的；而当它的价格比较便宜时，他们反而不那么容易相信它价格便宜了。"

往兔子所在的地方射击是投资者常犯的错误之一，我之前就说过这句话，以后还会反复提及。如果你朝着兔子刚跳出来的地方开枪，人们会认为你疯了，但他们却年复一年、一次又一次地在股票投资中追涨杀跌，即使是股票分析师也可能犯这样的错误。有太多的股票分析师喜欢价格上涨的股票了，而随着股价的下跌，他们越来越对股票不抱幻想了。这可能反映的是投资者的态度，但股票分析师们本应当引导投资者做出明智的行为。

股市最独特的地方可能是，吸引买家的方法是提高你想要卖出的股票的价格。相反，当一位大操盘手想积累长期增长潜力巨大的股票的头寸时，提价竞购可能是最无效的方法。相反，他可以在这只股票的价格每次出现上涨苗头时就向市场供应股票，等到一两年后投机者不再看好这只股票时，他就能以连续更低的价格获得他们手里的筹码了。

在这个伟大而不断发展的国家里，因不明智地卖出股票所损失的金额可能是因不明智地买入股票所损失金额的数倍。然而，据我所知，证券交易委员会对这类操纵或压低价格的行为视而不见，也许是因为无法找到确凿证据所致。

道曾经写道，据说罗斯柴尔德家族的投资原则是，对于价值已知的资产，当别人想卖出时，最好买入，当别人想买入时，最好卖出。

道说："这一投资原则蕴含着丰富的智慧。作为一个整体，公众会在错误的时间买入，在错误的时间卖出，原因在于，股市会部分地受到操纵。股价在操纵下开始上涨，待到上涨行情变得明显时，公众就会买入。这样，公众在操纵者想卖出股票时买入了股票，在操纵者想买入股票时卖出了股票。"

据我所知，官方尚未注意到的一个可能存在操纵和滥用内幕信息行为的领域是企业并购。大多数管理人员都会谨慎地避免对他们有朝一日可能想收购的公司的股票进行个人投资，但是，若所有人都诚实守信的话，监狱里就不会那么拥挤了。

不诚实的人在收购企业的过程中暗中搞鬼的可能性很大，仔细看附表一和附表二的名单就能发现这一点。为了利用可能的机会，高层管理人员甚至不必买入他们计划收购的公司的股票，他们可以买入朋友的公司将要收购的公司的股票，反之亦然。

许多人天真地以为，操纵者阴谋操纵股价的目的是提高股价。实际上，股价可能从来都不是操纵者的主要工具，操纵盈利数据要比操纵股价有效得多。

在20世纪20年代，《华尔街日报》的铁路记者曾想当然地认为，铁路公司在经历了高维修支出和低盈利阶段后，将迎来低维修支出和高盈利阶段，但事实并非如此。新的管理人员在检查铁路时"发现"路基状况不佳，然后进行了数年成本高昂的改善。有时，为了使轨道保持良好的状态，铁路公司必须削减或停止支付股息。毫不奇怪，铁路公司的股价下跌了。

然后有一天，路基状况变好了，维修费用减少了，公司盈利增加了，股价也随之上涨了。"了解"其中门道的投资者在盈利额较低时买入了股票，在维修率低于正常水平、盈利较高时卖出了股票。

公平地说，尽管证券交易委员会和会计行业的改革者们极力反对操纵盈利数据的行为，但一些公司仍然我行我素。

对于证券分析师来说，最难预测的莫过于行业定价政策变化导致的企业盈利的急剧变化了。多年的残酷竞争突然就让位给了行业里的"政治家"了，恐怕只有会读心术的人才能预测他们的心思。相反的情况往往更容易预测，因为它发生在由长期的繁荣引发的过度扩张之后。

这一切又让我想起了巴伦先生说过的那句话："没有真相的事实是虚假的，

## 第十一章

要始终把二者联系起来。"当你读到某家公司的股价已下跌至两三年前的三分之一的报道时,你不仅要思考这一信息是否属实,还要思考为什么该信息这么晚被发布出来。信息可能是真实的,但仍然对投资者具有很强的误导性,因为其发布的时机。优秀的记者知道这一点,他们会尽量避免被"利用"。投资者也必须自行做出最终的评判。

就像在非洲没有羚羊就不会有狮子一样,没有易轻信他人的人就不会有操纵者。

# 第十二章

# 注意"随机游走"的股票

买卖双方之所以买卖股票，是因为他们希望从中获利，而不是为了帮对方的忙。买卖双方为达成交易在同一时刻对同一只股票采取了相反的行为，这充分说明他们对股票的想法不一样。若没有这样的意见分歧，股票市场就不可能出现。

在一个一直以截然相反的意见为基石的行业里，对买卖决策存在意见分歧不足为怪。有关投资理念、方法、技术和程序的不同意见有很多。据我所知，在这些分歧中，最让人头疼的是基本面派和技术派之间的分歧。

我觉得这两个阵营的意见都有道理。经过44年的观察和研究后，我得出的结论是，技术分析不是基本面分析的替代，相反，它是提供补充信息的手段，对达成有利可图的投资决策具有重要价值。

我认为，专业的投资者无论在什么时候都不仅要知道股票市场应该发生什么（由基本面分析决定），还要知道股票市场正在发生什么（由技术分析决定）。好的图表仅描绘了任何知情的投资者都应该掌握的信息，只要投资者能获得这些信息，信息是以图表形式还是以数字形式呈现都不重要。不过在我看来，一图胜千言，看图省时间。

基本面派证券分析师需要技术分析作为辅助的原因有两个。首先，无论证券分析师有多优秀，他们都不可能了解一切。当一只股票的走势与我掌握的信

## 第十二章

息持续不一致时,我就知道,我遗漏了一些信息,我得努力找到它们了。

基本面派证券分析师需要技术分析的另一个原因是,后者能帮助他们确认,什么时候他们是最先得到利好消息的人,什么时候是最晚得到利好消息的人。这有什么区别呢?区别在于他们是用这些信息预测价格上涨还是解释价格上涨的原因。价格变化永远伴随着交易双方。对于买家而言,价格越低越好;而对于卖家而言,价格越高越棒。

为什么价格走势有时会揭示出前期调查没有发现的信息呢?因为除了操纵者,没有人会对自己的经纪人撒谎。一个人可能会误导他的竞争对手,欺骗他的股东,背叛他的妻子,但当他拿起电话告诉经纪人买入或卖出的决定时,他表达了他所知道的、希望的和所恐惧的一切。所有这些结合在一起反映了投资者都不能忽视的事实。

投资者也不能只依赖于市场分析。当经验丰富的猎人在谷仓周围发现大象的脚印时,他会停止追踪大象,转而寻找恶作剧者。

要理解价格波动的意义并不容易,有时我觉得,它跟我了解任何精炼工艺一样复杂和困难。有数以百计的个人、数十家公司完善了关联市场数据的方法,这些数据被他们视为商业秘密。尽管我怀疑其中涉及大量重复性工作,但我不想对其妄加判断。

对于个人投资者而言,知道以下两点就足够了:

1. 价格走势图一般有两类:

    a. 实际价格走势图

    b. 相对价格走势图

2. 最精明的读者在审视完股价走势图后也只能预测出市场可能的走势,至于市场走势是否正确则完全是另一回事。

只要预先知道了市场的走势,谁还会在乎市场走势是否正确呢?

但我认为,任何想使自己的投资增值百倍的人都必须重视这个问题。即使投资者买对了股票,如果他不能忽视许多不合理的市场波动,他也无法实现自己的目标。

事后来看，1946年5月至1949年6月的股市下跌颇具迷惑性，希望在股市中获利的投资者不应该理会它。

相对价格是把一个绝对价格表示为另一个绝对价格的百分比的表达方式，这种方式是我从弗朗西斯·I.杜邦（Francis I. du Pont）那里学到的，他是我有幸与之共事的三四位杰出人物当中的一位。

杜邦说："经济和金融中存在的一大问题是，我们总是在使用肮脏的试管。"杜邦先生很了解试管，因为E. I. 杜邦公司（E. I. duPont de Nemours）的研究部门正是由他一手创立的。

运用相对价格可以使我们去除经济和金融"试管"中的一些污垢。这是因为，当我们将一家公司的股价（或盈利）除以任何综合指数的平均价格（或盈利）时，我们就从该股票的记录中剔除整个经济共有的价格涨跌，剩下特有的股价涨跌。

不仅可对价格采用这种分析方法，对盈利和市盈率也可以采用这种分析方法，这样可以揭示出许多被隐藏的事实。

正如你所预料，当你把一只股票的价格除以道琼斯工业平均指数、把无关的因素从其价格历史中剔除时，由此得到的相对价格走势线能展现出比绝对价格走势线更为持久的趋势，这不应让任何人感到惊讶。公司就跟个人一样，行为具有一贯性。图12.1显示的是联合水果公司（United Fruit）的相对价格走势图。我之所以选择一只现在不再交易的股票，是因为我想举一个不会给出隐含"提示"的例子。

图12.1涵盖的时期是从第二次世界大战结束到1968年底。1968年底，联合水果公司被并入了AMK公司，即现在的联合品牌公司（United Brands）。黑色粗线表示的是每个月底联合水果公司的股价占道琼斯工业平均指数的百分比，即联合水果公司的相对股价，当联合水果公司的股价与道琼斯工业平均指数成比例地上下波动时，其相对股价线是一条水平线。

## 第十二章

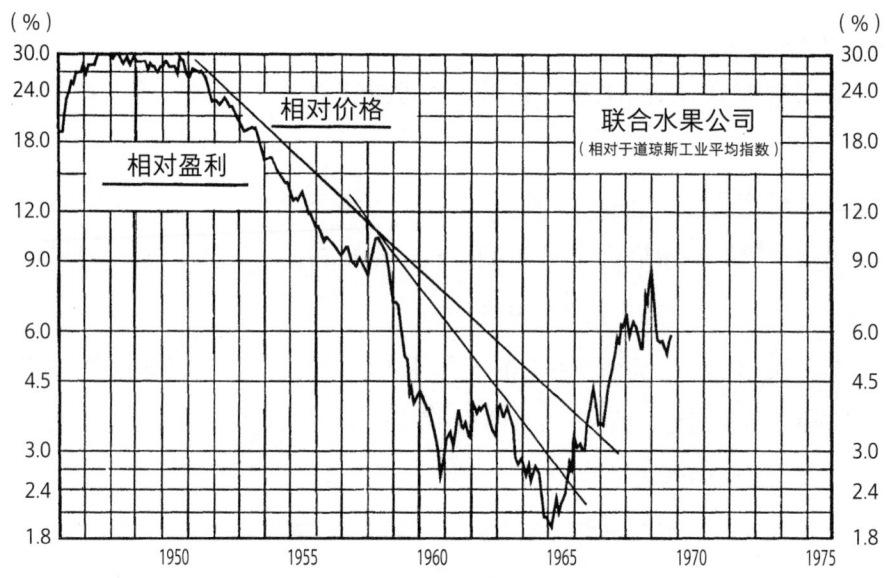

图12.1　联合水果公司的相对股价图

请注意，1950年，联合水果公司的股价开始出现持续性的下跌。我真希望我能说，直到其价格在15年后达到低点，我一直避开了这只股票。不幸的是，我和该公司的管理层一样，希望不断恶化的局面能得到扭转。

请注意看相对股价下跌趋势被打破后发生了什么。为了凸显下跌趋势以及趋势逆转时发生的变化是多么明显，我在图中画出了两条直线（A和B）。

我们不仅可以用相对价格研究法确认长期趋势，还可以用它来监测股市的预期。为了证明我的观点，我们来看看1955年6月13日（周一）股市的情形。联合碳化物公司（Union Carbide）股票当日的收盘价为100美元每股，这相当于1965年按1∶2的比例拆股后的股价为每股50美元。当日道琼斯工业平均指数报收于440点。现在假设，我们能精准地预测盈利增长率，换句话说，我们假设我们知道1966年联合碳化物公司的盈利将比1954年的高出146%，创下新的纪录，而且我们知道道琼斯工业平均指数的盈利将增长102%，或者，换一种说法就是，假设我们在1955年就知道联合碳化物公司的盈利在未来12年内将以7.8%的年复合增长率增长。

在这样的假设条件下,你会买入联合碳化物公司的股票吗?

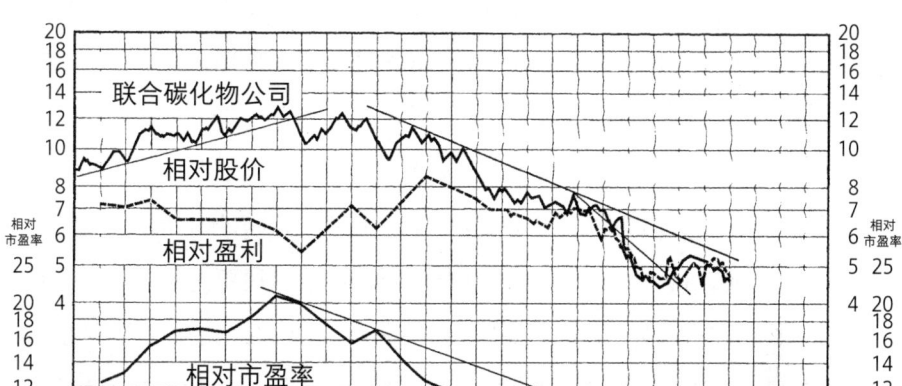

图12.2　联合碳化物公司股票的相对股价、相对盈利和相对市盈率图

很多人都买入了。然而,到了1966年底,尽管联合碳化物公司的盈利增长了146%,但其实际的股价却比1955年6月13日的降低了5.5%。而同期道琼斯工业平均指数的涨幅超过了78%。

怎么会这样呢?从表面上看,这样的结果似乎对基本面证券分析师不公平,应该有法律禁止股票市场的这种行为。但先不要急着下结论。当我们观察相对市盈率时,我们发现,1955年市场为联合碳化物公司每美元盈利支付的价格几乎是道琼斯工业平均指数的两倍。

从1955年中期的相对价格来看,市场预计联合碳化物公司的盈利增速远远高于道琼斯工业平均指数的,因此,尽管联合碳化物公司的买家一开始得到的比较少,但在可预见的未来,他们要比道琼斯工业平均指数的买家得到的更多。事实上,联合碳化物公司的盈利增速确实比道琼斯工业平均指数的快,但是还不够快。

这样的市场反应让人想起了两个男孩过圣诞节的故事。这两个男孩收到了

● 第十二章

相同的礼物——一辆自行车，一个男孩感到很高兴，因为他原本只想要一根棒棒糖；但另一个男孩哭了，因为他以为自己会得到一辆跑车。相对市盈率衡量的是预期，只有先确认股票的表现是好于预期还是差于预期，投资者才能做出看涨或看跌的判断。

我现在如何看待联合碳化物公司的股票呢？我写出"现在"一词的时间和你们读的"现在"一词的时间可能相隔了几个月甚至几年的时间。问问你的投资顾问吧。然而，我可以肯定地说，市场不再预期这只股票的盈利增速比道琼斯指数的快了。在这样的预期前提下，如果联合碳化物公司的相对盈利在未来10年内提高，市场可能会对其股票做出相当好的反应。十几年前，市场对联合碳化物公司充满了期待，最终却等来了令人失望的结果。现在，市场对联合碳化物公司的期望很低，这意味着最终可能出现令人愉快甚至是振奋人心的好结果。

为了再次强调相对市盈率有时候比任何其他投资因素都重要，我绘制了图12.3。该图显示的是1954—1966年间标准普尔化学品平均指数的相对价格走势与标准普尔电子产品平均指数的相对价格走势。从图中可以看出，1954年卖出化学品股转而买入电子产品股的投资者将是多么地赚钱。投资者当时怎么会知道该这么做呢？一个自然的猜测是，若投资者知道这两类股票的盈利状况，他们就可以做出正确的投资决策。

实际上，这两组股票的盈利起算日期和终止日期都是一样的。大多数时候，化学品股的表现都比电子产品股的好。

也许你会想，只要我们一直关注相对销售额的变化，我们就能从中得到线索，进而做出正确的决策了。事实并非如此，这样做没有多大益处。

那么真正发挥作用的是什么呢？一开始时，化学品股的市盈率是道琼斯指数的两倍，而电子产品股的市盈率是道琼斯指数的一半。12年后，化学品股的市盈率与道琼斯指数的大致相同，而电子产品股的市盈率变成了道琼斯指数的两倍。

注意"随机游走"的股票 ●

现在我们来看看绝对价格走势图,观察它们是为了找到吸筹或派筹的信号,以及市场行为和反应法则的表现。为了展示长期趋势,我绘制了道琼斯工业平均指数50年的走势图(如图12.4所示)。连接1932年和1942年的低点,注意观察市场是如何在这条线的上方上涨了四分之一个世纪的。道琼斯指数在这条线的上方意味着,在超过35年的时间里,该指数以每年近9%的年复合增长率增

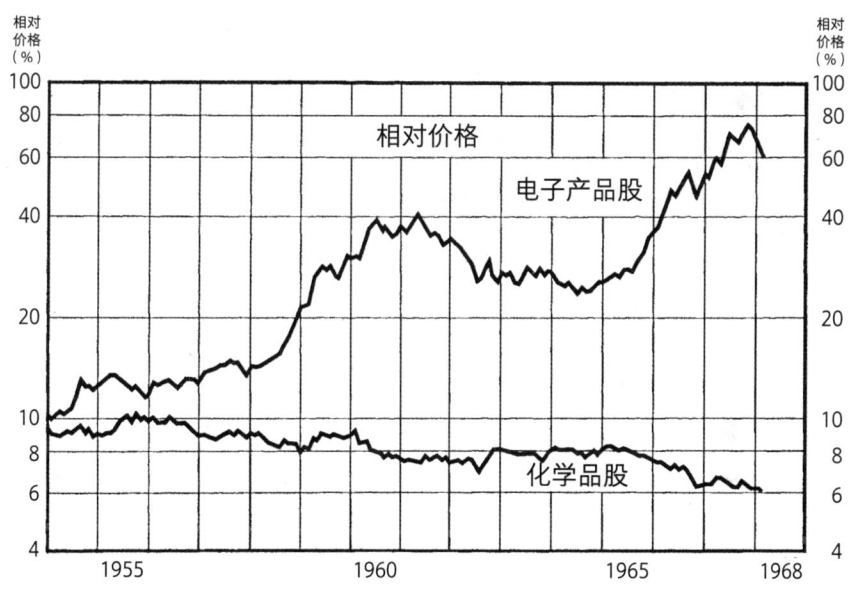

图12.3 什么导致了股价上涨

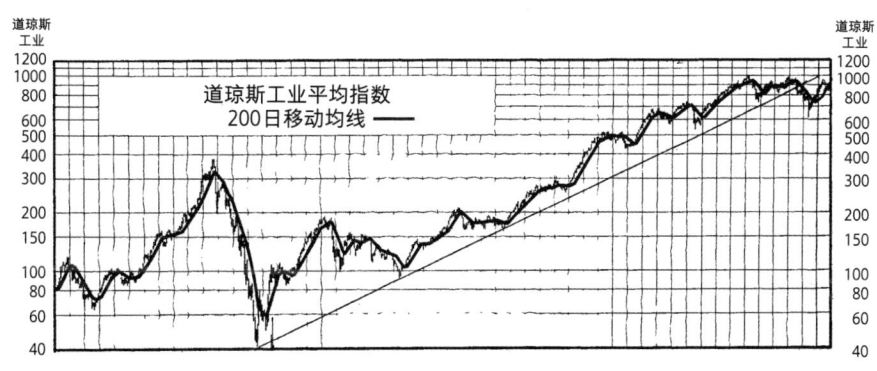

图12.4 道琼斯工业平均指数200日移动均线

● 第十二章

长。由此可知，金融界里正走向成熟和领导地位的这一代人只经历过这一种趋势。有些人认为这是理所当然的，就跟经历夏天和冬天一样自然。

保存股市价格记录最古老、最简单的方式可能就是绘制点数图了。这种方法只记录价格波动，不考虑时间因素。如果一只股票一年当中每天的价格都一样，那么在点数图中就不会做新的标记。当市场活跃时，点数图中一个月内做的标记可能与20世纪40年代5年内的一样多。

交易者发现点数图特别有助于找到吸筹或派筹的信号，或行为与反应的迹象。我认为，在目前被普遍使用的技术工具中，点数图可能是最具争议的，也很有可能是被滥用最多的，因此我只举了点数图的一个例子。而且为了避免有人怀疑我试图用点数图证明一些个人观点而不是在尽记者的本分，我选择了联合水果公司股价的点数图。我们在分析相对价格时曾提到过这家公司，该公司位于波士顿，现在是联合品牌公司的子公司。

喜欢用点数图的行家们说，股市中一种典型的形态是头肩顶形态，图12.5就显示了这种形态。请注意，左肩为1947年7月25日的59.75美元，左锁骨为1949年6月7日的44.25美元，头顶为1951年2月21日的73.625美元。你会发现，右肩为1955年5月9日的60美元，比左肩高出了25美分，而右锁骨比左锁骨刚好低了25美分。

头肩顶形态并不总是对称的，但左右之间如此完美地对称绝非没有先例。基本面分析师"知道"这只是巧合。但是，当图表行家们看到这样的顶部时，这意味着下跌多少呢？他们先计算出左锁骨到头部的距离，然后用左锁骨处的数字减去距离数字。在本例中，股价从左锁骨的44.25美元处上涨至头部的73.625美元处，上涨了29.375美元，用44.25美元减去29.375美元得到14.875美元。这恰好是该股的价格在近10年后（1960年12月）达到的最低点。当时看好这只股票的人很少。然而，采用这种方法的人在当时和当时的价格上可以得到一个暗示，那就是这只股票值得特别研究。处在低点的股票基本上都是这样，有关它的新闻和对其前景的预测都很糟糕。

注意"随机游走"的股票 ●

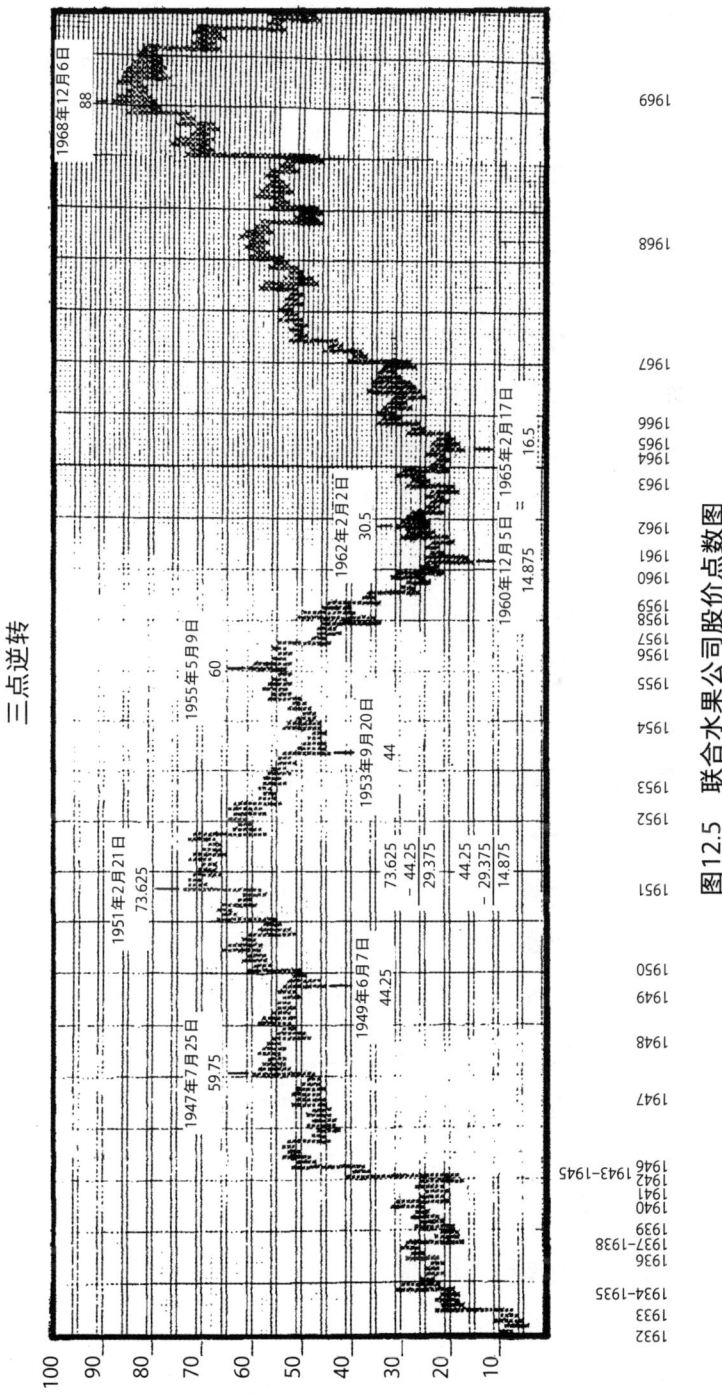

图12.5 联合水果公司股价点数图

● 第十二章

　　即使有人嘲笑图表本身，基金甚至银行都在广泛地使用图表。这一事实也表明，投资者应该对它们给予一定的关注。有时，它们提供了解释股市异常行为的唯一线索。

　　图表应该受到欢迎，因为它为那些了解基本面的人提供了投资机会。当投资者了解了不明智的买卖背后的技术因素变化时，对暂时被忽视的基本面保持信心要容易得多。

　　对投资者来说，对图表的误解可能与对利润率、回报率和销售增长等基本面信息的误解一样常见，一样代价高昂。在我看来，图表最大的危害是，人们试图把它们作为交易指南，而忽视了买对股票和坚持持有的原则。

　　我们再回过头来看看联合水果公司的股票。假设你有幸以1932年的最低价10.25美元买入了该股票。投资1万美元后，你将获得975股，之后这只股票按1∶3的比例分拆。假设你一直持有该股票，直到头肩顶形态得到确认时，你才以43.25美元的价格卖出了它，即以比1949年6月7日的44.25美元低1美元的价格卖出了它，那么，你将获得12.6506万美元的收入，在扣除总计为30%的佣金和资本利得税后，你将获得9.1555万美元的净收益。假设你在1960年12月5日以14.875美元的低价再次买入这只股票，那么你可以买入6154股。

　　进一步假设，你在1968年以当年的最高价88美元清仓了这只股票。你可能通过以下方式得到这个数字：将这只股票的前期高点即1967年2月13日的213美元减去前期低点即12月5日的125美元（213－125=88）。你的总收入为54.1552万美元，扣除佣金和资本利得税后的净收益为40.6553万美元。

　　在股价波动时把握好时机能使你的初始资本增加40倍，而与此同时，有数百只股票上涨了100多倍。你瞄准的目标正确吗？

　　"等等，"你可能在想，"用上涨行情结束日期减去开始日期来确定目标价格太不可思议了，这样做没有任何道理！"

　　这个主意不是我想出来的。我观察到，这只股票从6月7日开始上涨，到次年2月13日上涨行情结束。开始上涨时的股价是44.25美元，行情结束时的股价是73.625美元。213减去67得146，而14.875美元是下一波下跌行情中的实际低点。

我想："如果上涨行情结束日的数字减去上涨行情开启日的数字'预示'着下一波下跌行情的底部，那么下跌行情开启日的数字减去下跌行情结束日的数字就'预示'着下一波上涨行情的顶部。"

确实如此。

注意观察，你会发现随机游走的股票就跟肆意漫步的鸟儿一样有趣。

## 第十三章

# 经验有时会误导投资

我们曾养过一只拳狮犬，它的名字叫"王子"。它外表看起来傻乎乎的，但一点都不笨。在寒冷的天气里，它喜欢躺在客厅里的沙发上，因为躺在沙发上要比躺在地板上舒服得多，不过这对沙发不好。为了阻止它，我们在沙发上放了老鼠夹。当它躺到沙发上时，鼠夹就会夹住它的下腹，它会痛苦地尖叫着，从沙发上跳下来。在接下来一两周的时间里，它都不敢再去沙发上了。

要是"王子"的智商更高一些的话，它会把疼痛与鼠夹联系起来，而不是与沙发联系起来。当沙发上有鼠夹时，它会躲开那里；而当沙发上没有鼠夹时，它会躺到上面。

由于智商没那么高，"王子"混淆了记忆和推理，并依据记忆行事。

在股市里，许多人似乎也在这么做。事后来看，他们现在做的是10天、10个月或10年前条件完全不同时有利可图的事情。他们是在朝兔子所在的地方开枪，我自己也曾这么做过。1927年，年少懵懂的我来到了华尔街，不久之后我便经历了1929年9月至1932年7月的股市暴跌。

为了说明这次大跌对我的思想产生的深刻影响，我举一个具体的例子。在1929年牛市达到顶峰的几个月前，我以每股140美元的价格买入了南方铁路公司（Southern Railway）的普通股。在短短的几周后，我以每股160美元的价格卖出了这些股票，每股获得了20美元的收益。我开始对J. P. 摩根滋生出了兄弟般的感情。据传有人问摩根,他的游艇"海盗号"(Corsair)的日常维护费用是多少,摩根回答说,"如果这个问题对你很重要,你就负担不起"。我真希望我说过这句话,而且当我拥有我的游艇时我就打算这么说。

我们中的一些人从《华尔街日报》中看出股市即将大跌,在大跌开始时,我卖空了几只股票。随着下跌变得更加严重,华盛顿的政客们开始抨击华尔街,我们社长禁止新闻记者做出任何卖空行为。为配合这一禁令,我以每股90美元的价格买入了柯蒂斯出版社(Curtis Publishing)的股票(买回了我卖空的股票)。到1932年,这只股票的价格下跌到了7美元。

当《华尔街日报》的新闻记者不能卖空股票时,我们至少可以远离市场。在南方铁路公司的股价跌至8美元前,我一直是这么做的。1929年我以每股160美元卖出这只股票时该公司支付的年度股息就有8美元。

当股价跌至8美元时,为了获得股息再次买入这只股票似乎是明智的做法,我觉得至少能获得50%的收益,因此我投入了所有的闲余资金,以每股8美元的价格买入了这只股票。几个月后,这只股票的价格暴跌至2.50美元,我之前的收益被全部回吐。

我当时的损失不太大,因为我的买入价不算高,不过我从中汲取的"教训"让我付出了数百万美元。此后,我变得小心翼翼,不敢冒较大的风险了。我持股的时间都很短,卖出得都比较快。尽管在1935年我听了罗斯福总统阐述的计划通胀理论,尽管在黄金保值条款被宣布失效的那一天我正在美国最高法院采访,我的记忆仍然压制了我的理性,导致我继续按旧规则行事。数百万人皆是如此。

我以经纪人的身份与之开展业务的一个大学捐赠基金多年来一直在执行这样的计划:卖出道琼斯工业平均指数中股价上涨至200美元的股票,买入股价不足100美元的股票。事后看来,在1934—1946年间,运用该计划可以赚很多钱。但在1946—1966年期间,道琼斯指数从160点上涨到了1000点,执行该计划的结果是灾难性的。事后来看,捐赠基金"现在做"了他们在10年前应做的

## 第十三章

事情,因而付出了沉重的代价。

1932年4月,我生平第一次买到了百倍股:我在1.125－3.75美元的价格区间以畸零股的方式买入了100股铝业公司(Aluminium Ltd.)的认股权证。到这些认股权证到期时,该公司[现名为阿尔坎公司(Alcan)]的股价已超过了50美元。在不额外投入资金的情况下,我让我的经纪人以每股30美元的价格行使了认股权证。1937年3月,我清仓了最后持有的10股该股票,每股获利100多美元。8个月后,这只股票的价格在60美元以下。显然,我能获利似乎是明智决策或幸运女神眷顾的结果。然而,如果我一直持有这只股票,那么我的这10股将变成300股,到了1971年,它们的市值几乎是我最初投资的700倍。如果我坚持持有这只股票,我不必支付资本利得税或经纪人佣金,但需支付300美元保证金的利息。

早期投资南方铁路公司普通股的经历让我以为,"低买高卖"就是致富之道,但事实证明我大错特错了。与那些买对股票并长期持有的人相比,低买高卖、擅长做波段交易的人赚得太少了。

## 第十四章

# 为什么计算机不能主宰世界

近年来,我们听到和读到了很多有关计算机将主宰世界的消息。然而,我们的祖先在没有语言、逻辑或数学的情况下存活了数百万年。我们一些人今天之所以能存在,那是因为我们的一位先祖在鸟儿停止鸣叫时开始奔跑,而不是等着数印第安人的人数。难道我们现代人要依靠摆弄数字来确定所有问题的答案吗?

在你的电脑上试试这三条基本的经济学法则:

1. 所有的市场价值都在人的心里。除非有人对某件物品有需求,否则它就没有价值。无论该物品是多么难以找到,也无论其制造成本有多高,其价值都与人们愿意支付的价格相同而不是更多。

估计商品或服务市场价值的方法有很多,基本的思想都是人们对它们的需要有多么迫切以及获得它们有多难,经济学家把它们称为需求和供给。

我们大多数人都想活下去,因此,对生活必需品的需求是相当恒定的。空气、饮用水和食物市场的需求是有保障的,唯一不确定的是供给。如果现有的空气仅刚够用,比如说在月球上的一个塑料圆顶棚殖民地里,在没有其他选择的情况下,每个想活下去的人都会为之付出一切。

如果空气的供应变得如此充足,以至于每个人都可以免费得到它,那么它将不再具有市场价值,因为没有人会为它付出任何代价,除非用它给轮胎充气,

### 第十四章

或者用它给房间制冷或制造干冰，即便如此，真正在市场上交易的也不是空气，而是以压缩、冷却或固化的空气表现出来的能源。

如果水的供应变得异常充足，以至于没有人想要更多，就像诺亚方舟时代一样，那么水本身也将不再具有价值，尽管冰、蒸汽和落水仍然可能因为它们自身含有的能量找到买家。如果水的供应充足，但水受到了污染，以至于饮用后会让人感觉不舒服或不安全，那么纯净水将具有市场价值，现在很多地方都有纯净水出售。这样的想法很可怕，但照目前的趋势来看，我们当中的一些人很有可能看到这一幕：有人买下纯净空气后，在家和办公室里释放出它们，就像有人现在购买纯净水一样。

食物也是如此，只是随着食物种类变得更加丰富，我们可以吃到更多喜欢的食物了，我们甚至有可能完全不吃某些食物了，那么这些食物就不再有市场价值了，或者如果我们找不到把它们变成我们仍然想要的东西的方法，它们就失去市场价值了。给牛喂青贮饲料就是一个好例子。即使玉米秆很新鲜，人也必须到非常饥饿的程度时才会吃它们，但是若用它们喂牛，牛会吃得津津有味。

我们需要记住的一点是，生产任何物品的成本几乎没什么意义，除非你知道人们现在和未来愿意为它支付的价格有多高。做生意时，告诉人们他们应该要什么而不是给他们想要的东西不会有好结果。这就是我们所说的顾客为王的意思，跟顾客对着干永远不会有好果子吃。

2. 所有的法律都是可以改变的，只要有足够多的人认为改变法律后他们的生活会变得更美好。美国《宪法》、《大宪章》、联合国和某个小镇的分区条例皆是如此。

3. 任何人对任何财产的所有权或权利的价值，都比不上他的同胞捍卫它们的能力和意愿。我之前就曾引用过这条法则，它非常重要，无论怎样强调都不为过。

第三条法则的意思是，任何人对任何财产的所有权都不能损害制定法律的人，即使是为了公共利益也是如此。一个人拥有的财产过多时，人们会拿走其中的一部分，就像我们国家通过累进所得税和遗产税拿走一些人的财产一样。对于了解投资心理的人来说，这样做是对是错无关紧要，就像生物学家不会评判鹟䴕吃虫子是否道德一样。人类总是在无人拥有任何东西（我们的先辈们尝试过）到人人拥有一切之间折腾。两种极端都让人感到不舒服，人类仍然在这两者之间寻觅，而且寻觅将永远持续下去。当赢家不能保留任何成果时，就不会有人想努力成为赢家了，游戏也就变得无趣了；但是，当赢家通吃时，游戏就无法继续玩下去了，事实就是如此，因为若赢家拥有一切，输家很快就会团结起来反抗现状，唯一的赢家根本无法独自捍卫胜利的果实。

你不需要成为数学家就可以理解这三条基本的经济学法则，数字是后来才出现的。但是，当你发现一家公司不知道或者在经营中无视这三条法则时，你就要三思了。你要赶紧远离它，卖掉你持有的它的股票，而且不论其股价有多低，你都不要再买回它们了。

## 第十五章

# 盈利有道

我之前说过，投资方法有两种，一种是心理方法，另一种是统计方法。但实际上，投资方法有三种，而且从长远来看，第三种方法才是最重要的，即道德法甚至精神法。

服务最佳者获利最多，从长远来看，企业和个人都是如此。要当心身居高位的愤世嫉俗者，要避开赚快钱的"艺术家"，要远离不择手段的卑鄙小人。记住，能为你偷东西的人也会偷你的东西。扪心自问，你打算投资的公司是否有助于让这个世界变得更加美好？如果答案是否定的，你就要像躲避瘟疫一样远离它。

追求投资收益的过程实际上是与世界上最优秀的人才竞争的过程。只有傻瓜才会认为自己足够聪明，可以通过交易虚假的商品骗过所有其他人。

"永远不要和你不信任的人做生意。"这条规则本可以挽救很多财富，让许多人避免遭受令人心痛的损失。无论前景有多么诱人，无论快速获利的可能性有多大，都要远离做出过欺诈行为的人、公司和企业。如果你曾经在开阔平坦的地方俯瞰过铁轨，你会发现你两侧的两条铁轨会在地平线附近相遇。同样，从长远来看，正确的事情和最有利可图的事情也是重合的。半个世纪以来，各种各样的报道都让我确信：与其说骗子是自私的，不如说他们是短视的；与其说骗子是贪婪的，不如说他们是愚蠢的。

如果说这听起来像不切实际的理想主义说辞，那么我们不妨看看留下了3500万美元巨额财富的詹姆斯·卡什·潘尼（James Cash Penney）是怎么做的吧。他是个非常正直的人，一直按照黄金法则经营自己的企业。再看看创造出巨额财富的亨利·福特是怎么做的。对比一下这两位与一些操纵数据的企业领导者的职业生涯有何不同，后者通过财务花招把1美元的盈利变成了2美元。

35年前，我以《巴伦周刊》总编的身份拜访了一家汽车制造商的高管。这位高管刚从通用汽车公司的研究部门离职，因此我问他在这家公司研究什么。他的回复很经典：

"一旦更优秀的汽车问世，我们就会模仿它们。"（当时，别克汽车公司的广告语是"一旦更优秀的汽车问世，别克就会制造它们"。）

毫无疑问，他是在开玩笑，也许我应该一笑置之，但自那之后的几年里，无论是按1936年的低点计算，还是按1936年到1971年的高点计算，通用汽车的股价涨幅都是另一家公司的3倍多。投资者决不能对这样的差异一笑置之。

伯纳德·基尔戈尔（Bernard Kilgore）在担任道琼斯公司的董事会主席时，该公司发展势头迅猛。他常把这句话挂在嘴边："欺骗一个诚实的人很难。"当然，他想表达的意思是，心里有鬼的人更容易被骗。抱着让同胞受益的心思经营企业或做投资的人不太容易受骗。在许多让骗子轻易得手的欺诈案中，骗子开出的最诱人的条件就是让受骗者能"不劳而获"。

新闻报道中的正直是《华尔街日报》取得巨大成功的坚实基础。我和巴尼·基尔戈尔（Barney Kilgore）加入该报社时，肯尼斯·凯西·霍格特（Kenneth Casey Hogate）是报社的负责人。在此后的11年里，我担任了华盛顿分社的主编，后来又做了《巴伦周刊》的总编。在此期间，我的报道工作从未受到过干扰，多年来，我一直对凯西和他领导的《华尔街日报》怀有崇高的敬意。

当然，服务人类的方式有很多种，人不单靠面包生活。看看过去40年里有多少家公司因满足了人们内心深处的渴望而增值了百倍的。化妆品行业里的龙头企业之所以能取得巨大的成功，是因为人们渴望能永葆青春。电视犹如一面

## 第十五章

魔镜，让我们看到和听到了数百或数千英里之外发生的事情。几乎所有人都渴望拥有一种能包治百病的灵丹妙药，这是制药公司取得成功的基础。从T型车到波音747，人类对魔毯的渴望为运输方式改进带来的每一笔财富提供了保障。电脑为人类思维提供了七联靴❶，它不能做任何人脑做不到的事情，但它可以以极快的速度做任何人脑能做到的事情。

强调投资的道德或精神因素主要是出于三个方面的原因。首先，从一个很重要的方面来看，公司类似于人体。

假设你今天遇到了一位15年未见的老朋友，生物学家说，你们身上的每一个细胞都不是上次见面时的细胞了，然而，你们很容易认出对方，而且能回忆起上次见面时双方都感兴趣的事情。生物学家说的没错，因为你们身上逝去的每个细胞都被一个同类细胞取代了。

企业也是如此。无论我们的胸怀是多么宽广，无论我们多么致力于机会的平等，我们都倾向于雇用和提拔"与我们类似的人"。

道德败坏的人登上大公司的高层宝座一段时间后，他们的恶劣影响甚至会延续到他们卸任之后。他们会不可避免地把与他们臭味相投的人带进组织，并提拔他们。由此滋生的道德毒瘤不能简单地通过去除邪恶的高层人员来根除。在管理良好的前提下，要清除毒瘤可能需要一代人的时间。因此，认为管理层缺乏道德原则的组织能实现快速的转变是不明智的。

反之亦然。我曾在美孚石油公司工作过11年，在此期间的大部分时间里，B.布鲁斯特·詹宁斯（B. Brewster Jennings）都担任该公司的CEO。当公关部向我汇报工作时，该公司卷入了一场严重的纠纷。我记得我当时准备了一份驳斥反对意见的公开声明，当我把它提交给詹宁斯先生时，他仔细阅读了它，然后说："从技术层面看这样说是正确的，我认为法官会采信它，但石油行业里的人不会这么认为，懂行的人会提出质疑。我们试试不同的方法吧！"他这么说

---

❶ 欧洲民间传说中的一种靴子，穿着这种靴子的人能以极快的速度穿行很远的距离。

不是为了给其他人留下深刻的印象，因为当时房间里就我们两个人。直到现在，我从未公开讲述过这件事，但它深深地影响了我。詹宁斯先生就是正直诚信的楷模。

要避免投资管理层可能缺乏道德观念的公司的第二个原因是，管理层可能会想方设法粉饰缺陷，掩盖公司真实的行为和结果。由于同样业务的收益报告方法差异很大，会计行业正处于自省的痛苦中。倘若连专业的会计师都很难就正确的做法达成一致，那么无注册会计师资格的投资者们又怎么能辨别公司管理层无德但不违法的做法呢？

人是最难待在监狱里的生物，因为监狱是由人建造的。有人搭台，就有人拆台。不管通过了什么法律，也不管证券交易委员会有多少人员，总有人能欺瞒和哄骗他人。防御这类人最好的方法就是，第一次看到不好的苗头时就尽快远离他们。在美国，可供投资者挑选的股票有5万多只，因此，买入由诚信度可疑的人经营的公司的股票不仅是不必要的，而且是彻头彻尾的愚蠢之举。

投资时讲道德的第三个好处是，这样做可以避免这一陷阱：在买入某只股票时就希望或打算把它们卖给不如自己聪明的人（当然，卖价要高出很多）。这基本上是对投资的博傻理论的应用，信奉这一理论的人都要承担找不到更大的傻瓜的风险。

我曾经这样敦促我的员工："买入股票时，你要抱着未来10年内所有市场都是关闭的心态。"在业绩意味着一切的时代，抱这样的心态会被视为老迈的表现，但我仍然认为，抱这样的心态很有意义。当我们出于信任而买入股票且希望在余生持有它们时，其他人也很有可能会看好它们。然后，当有一天我们真的决定卖出它们时，它们会吸引最明智的买家，从而形成一个永远具有流动性的市场。

请记住，我所有的评论指向的都是在投资中赚钱。交易很有趣，就像打赌注很大的桥牌或扑克牌一样，它可以转移你的注意力，让你暂时忘掉更棘手的问题，但对大多数人来说，这么做是在走向致富之路的死胡同。

## 第十五章

大多数人都想获得更好的物质享受，要想获得高于平均水平的物质享受，我们就必须在竞争中以某种方式超越那些满足于平均水平的人，企业和个人都是如此。就跟比赛一样，第一名得到的奖励和第二名或第三名的差距很大。

专有技术是降低竞争的利器。掌握你投资的公司的专有技术需要的时间越长，该公司的竞争对手就越少。勤奋是另一个降低竞争的因素。诚信也是如此。事实上，绝大多数对其他人有帮助的古老的美德也都是降低竞争的因素。

你的投资会成功吗？扪心自问，你投资的公司提供的产品或服务的供给与需求相比如何。如果许多人想要这样的产品或服务，而只有你投资的公司能提供它们，那么你的投资就能成功。唯一符合公共利益的不受监管的垄断是拥有独特的知识、才能或技能，成为这样的垄断者可能是每个人、每家企业的目标，其美妙之处在于，这样的人或企业不必担心其他人或企业的竞争。在大多数行业里，迈向这种垄断的显著进展都会被视为成功。

为了获得最大的收益，为了找到一本百利的投资对象，不要买入那些把赚钱视为唯一目标的公司。在生活中，两点之间距离最短的不是直线，因为凡要救自己生命的，必丧掉生命。凡为我丧掉生命的，必得着了生命。❶

要把宝押在对满足人类需求、解决人类问题充满热情的人和组织身上。仅有良好的意图是不够的，但是，当良好的意图与不懈的努力和非凡的智慧结合在一起时，利润就不是必须追求的东西了，相反，它成了人们在探索美好世界的过程中的一种意外收获。

---

❶ 出自《圣经》。

## 第十六章

# 自我中心主义与投资

自我中心主义（egonomics）指的是根据对自我的好处判断每一个问题、做出每一个决定。真正的自我主义者绝不会不谋私利。即使他表面看上去很慷慨，他也已经在内心盘算过表面上表现出慷慨的公关或广告价值、算计过相关得失了。在他眼里，重要的是他在商业和社会等级中的地位——他的自我。

下面这位学生的回应就很好地体现了自我主义者的思维方式。

"二加二等于几？"老师问道。

"我是买方还是卖方？"这名学生回答说。

自我中心主义与投资有什么关系呢？它们之间的关系非常密切。我不喜欢自我中心主义，也不希望它在现实中存在，但正如我的前合伙人哈德威克·斯蒂尔斯所说的，"事实就是这样"。

让我们从较高的层面，即从管理我们所投资的公司的人开始谈起吧。他们是否把自我中心主义置于经济学之上？我们又如何知道这一点呢？

切记不要直接问他们，当你这么做时，这也意味着这是你最后一次问他们了。不管怎么说，记住行胜于言，如果我们足够明智，我们就应该看他们做了什么而不是说了什么。

公司自我中心主义者更看重的是扩大公司的规模而非增加公司盈利，他们会用股东的钱进行扩张，而不是提高公司的盈利能力。当你看到一家公司年复一年地获得较低的投入资本回报率,却"为了提高竞争地位"而不断增加资本支出时,该公司很可能奉行自我中心主义理念。当你看到一家公司更多地关注总部,而不是销售额和利润率或其他重要事项时,这可能是自我中心主义作祟的结果。

我曾听到一些人大声疾呼,企业必须承担更多的社会责任。我也曾这么呼吁过,但我希望我所投资的公司能在赚钱的同时做到这一点,而不是承担了社会责任却不赚钱。

在自由社会里,把老百姓的钱投资于回报率远远低于平均水平的企业的人是在破坏我们的经济,不管他们是否知道这一点都是如此。在我们的经济体制下,利润率和投入资本回报率应该起到调节器的作用,即在利润率高的时候需要追加投资,在利润率低的时候需要减少投资或者根本不需要投资。坚持向长期以来利润率低、回报率低于正常水平的企业投资是对物力和人力的不当使用。

当你看到你投资的公司年复一年地把留存盈余再投资于利润率过低的业务时,你应该收回对该公司的投资。想看个例子吗?我们就来看看钢铁行业吧。

表16.1显示了行业领导者美国钢铁过去10年的投入资本回报率和净资产收益率数据。

**表16.1 美国钢铁近10年的投入资本回报率和净资产收益率**

| 年份 | 投入资本回报率(%) | 净资产收益率(%) |
| --- | --- | --- |
| 1970 | 4.2 | 4.1 |
| 1969 | 5.4 | 6.1 |
| 1968 | 6.0 | 7.3 |
| 1967 | 4.6 | 5.2 |
| 1966 | 6.1 | 7.6 |
| 1965 | 6.5 | 7.3 |
| 1964 | 5.8 | 6.5 |

续表

| 年份 | 投入资本回报率（%） | 净资产收益率（%） |
| --- | --- | --- |
| 1963 | 5.1 | 5.6 |
| 1962 | 4.2 | 4.5 |
| 1961 | 4.7 | 5.3 |
| 1960 | 8.0 | 9.1 |

如果把留存盈余投资于债券的话，1970年的投入资本回报率会高出一倍。

我虽然不是钢铁行业的专家，但我这个门外汉也很关注该行业内劳动密集性强、工会过于强大和国外进口钢材等问题。希望被推迟实现会让人心痛。管理层面临的挑战是迅速提高回报率，或停止把股东的钱投资于这类业务。

35年前，斯卡德尔、史蒂文斯和克拉克公司发布了一本名为《鲜有建造了纪念性建筑物的企业发放股息》(Monuments Rarely Pay Dividends)的小册子，这本小册子声称："当企业开始大搞面子工程时，明智的投资者会悄悄地抽身，因为建造了纪念性建筑物的企业鲜有发放股息的。"

"几乎每一家大铁路公司都建造了一座巨大而荒谬的'陵墓'来纪念逝去的收入。郁郁寡欢的银行董事们在宏伟庄严的礼堂里回忆着昔日的辉煌。一家大型纺织企业集团在倒闭前夕正在建设供高管使用的价值数百万美元的高尔夫球场和宝贝宫殿模范村。华丽的工厂行政大楼标志着股息发放的结束。

"成立时间短的企业总是危险的。十分之九的企业在不到6年的时间里消失了。这样的企业不能保证其产品能在竞争中取胜、能在长期赢得公众的认可；不能保证其财务结构能经受住岁月和不可预见的困难的冲击；不能保证其管理层的领导力能提高。把钱投资于这样的公司纯粹是在投机。

"但有的企业会不时地证明它的生存能力，它是竞争中的强者而非弱者。它主导了自己所在领域的市场。它的生产由一位能力非凡、有决心保持领先的天才指导。它由一位勇敢、富有想象力和意志坚定的斗士领导。它由一个现实主

● 第十六章

义者管理财务。它是一个由一群精力充沛的年轻人形成的组织，他们尝到过胜利的甜头，不惧竞争。它身处新兴领域，前途一片光明。

"在对的时间以对的价格投资于这样的企业能够积累财富。

"但是，企业在经历想法前卫、行动迅速和回报丰厚的创业期之后，往往会经历骄傲自满、故步自封、死气沉沉的时期。之前斗志昂扬的领导者变得守旧、陈腐和傲慢。曾经富有创造力的天才，随着视野变得狭隘，越来越不能容忍新创意了。曾经的现实主义者变得贪婪或卑鄙，这阻碍了企业的进一步发展。组织为过去的成功所累，步入中年的领导者渴望获得个人声望和回报，他们的诡计撕裂了组织。

"人类最后消逝的情感是自豪感。一个富有成就的人，当他人生中最富有创造力的时期即将过去时，他似乎会萌生出这样的渴望：建立一些能证明其成就的有形的、持久的和美好的东西，这是一种高尚的欲望。

"因此，一个多年来团结一致、主导了一个行业并盈利丰厚的组织自然也会有这样的自豪感，而且它也想通过一些能够持续存在的实物展现其领导力和实力。

"但这正是企业不能做的事情。企业不是一成不变的，它是不断变化、发展的。它的过去毫无意义，未来才是最重要的。它绝不能固守于旧观念、旧信念和旧标准，也不能被自豪感所束缚。

"企业最不应该变得陈腐、守旧。

"行动迅速、随机应变的企业总是能吊打'僵化'的企业，不管后者有多强大。

"守旧的企业往往依赖先例和传统。它对改变没有耐心，往往忽视不断变化的大众品味。它的声誉不断下降，它先前生产的优良产品变得过时。经销商不再忠诚，被更积极活跃的企业所吸引。新一代人开始登上历史舞台，对他们来说老旧的企业算不上什么。为了保持昔日的尊严，老企业的行动变得迟缓，但昔日的尊严不能带来回报。

"在理解企业隐藏的价值之前,投资永远不会超过猜测和预感的水平。投资者应该只受一个因素的影响,即公司的长期盈利能力。财务报表中几乎显示不出盈利能力。成堆的砖块和石头毫无意义。利润是人类精神和努力的回报,是卓越领导的回报。"

但对投资者而言,奉行自我中心主义会面临比自命不凡更大的危险。

我曾与一家大公司的两位高管共过事,他们都很能干,但他们对待同事和下属的方式截然不同。

当你向第一位高管提出一个想法时,他会想方设法改进它,并把完善后的创意归功于你。

当你向第二位高管提出一个想法时,他会吹毛求疵,放大瑕疵,并对你大加鞭挞。

当然,第一位高管得到的建议比第二位的多得多,第二位高管在乎的是在同事和下属面前显示自己的智力优势。公司的团队精神很难在第二位高管身上体现出来,这对公司的发展是很不利的。

奉行自我中心主义的投资人士面临着特殊的问题。一个是不愿意接受他人的想法,另一个是通过重申他人的错误来安抚自己的自尊。

汉密尔顿·M. 蔡斯(Hamilton M. Chase)多年来一直担任斯卡德尔特别基金公司(Scudder Special Fund)的CEO,拥有业内最佳的长期记录之一,他的成功秘诀之一就是待人宽厚。在我与他交往的30年里,我从未听他提及别人犯过的投资错误。

如果说正直是投资者评判管理层的第一个非统计因素(见第十五章的内容),那么第二个非统计因素就是心平气和。

投资者如何确认管理层是否心平气和呢?

我认为这不需要请精神科医生帮忙做诊断。在经常看财经报道的人看来,有很多方法确认受自我中心主义驱动而非经济学驱动的管理层。其中的一种方法是深入分析管理层的特点。在高管层中,能干的人超过一个吗?还是只有

● 第十六章

CEO处于公司的聚光灯之下？如果是这样的话，他不仅要努力保持对竞争对手的领先地位，还要让自己确信，他的水平配得上六位数的薪水。要当心一言堂的公司，这类公司离陷入麻烦只有一步之遥。自私贪婪的CEO会伤害公司。最优秀的人才会离开，因为他们知道，只要这位CEO在任，他们就不会有出头之日，他们的任何成就都得不到认可。这位CEO会毫不费力地在公司内部安插对他唯命是从的人，一些敢于提出异议的人会被他扫地出门。

几年前，我拜访了一家公司的CEO，当时该公司早已被另一家公司收购了。在一间十分宽敞但光线昏暗的办公室里，他背对着一扇朝南的窗户坐着，在光线的作用下，他可以看到我，而我只能看到他的轮廓，不过这些无关紧要。我用了不到30秒的时间就决定不对这家公司进行投资，因为它的CEO无论是面对手下的员工还是外部人士，都想在气势上压人一头。我的判断是正确的，后来的事实证明，无论当时以多低的价格买入该公司的股票都是不值得的。

相反的例子是现年81岁的约翰·W. 希尔（John W. Hill），他是世界上最大的公关公司希尔和诺尔顿公司（Hill and Knowlton, Inc.）的创始人和大股东。在头脑几乎是唯一资产的竞争激烈的行业里，希尔多年来一直在向他的同事推荐公司职务、客户和公开露面的机会。正如他所说，他的目标一直是让比他更能干的人聚集在他周围。这个目标体现了他非凡的管理智慧，但让人对他实现这一目标的能力产生怀疑。

我对自我中心主义的一些评论似乎显得有些琐碎了，但从警示效果来看，一缕烟雾可能比火警报警器更管用。

1927年我到《华尔街日报》社工作时，当时报社的老板克拉伦斯·W. 巴伦非常重视对个人行为的分析。在面试求职者时，巴伦有时会让年轻人从当天的报纸上剪下来一篇报道。如果求职者表现得笨手笨脚，修剪好几次才能完成这一任务，他就会被淘汰。在巴伦先生看来，这样的人不仅粗心大意、浪费资源，而且不善于观察、不够聪明……如果他能盯着剪刀的刀刃咬合处，而不是它们的尖端看，那么他就可以顺利地剪下报道，还不会使相邻的部分受损。

## 第十七章

# 没有控制通胀的良药

### ■ 货币

去东方旅行时,我在进入圣地之前通常必须脱下鞋子。在西方,没有人或只有少数几个专家懂货币,这个事实表明,普通人在讨论它之前都应该先补习相关知识。

既然有如此多的民主政府承担或接受了对经济形势的责任,那么广泛而深入地了解货币知识就显得非常有必要了。对投资者来说,这一直是个至关重要的问题。投资本身可能增加货币价值,就像小羊羔长成大羊一样。或者,一项投资本身没有发生变化,但其货币价值可能会因为计量单位缩水而增加。

为了明智地进行投资,我们必须尽可能务实地回答以下问题:

是什么赋予了货币价值?

是什么改变了货币价值?

对此我们能做什么?

目前我们正在做什么?

我无意假装自己是几位懂货币的人中的一员,但我就上述问题冒昧地做出了如下的回答:

货币的价值主要取决于以下三个因素中的一个或多个:

## 第十七章

1. 内在价值
2. 税收
3. 法令或价格和工资管制

内在价值是最古老的因素。最初的货币本身就具有价值，黄金、盐（salt，"薪水"salary一词就源于此）、贝壳串珠、象牙和曾经在雅普岛上被当作货币使用的中心钻有一个洞的石头都是如此。使用这种货币交换商品和服务是以物易物，但它们是通过一个共同特征进行以物易物的。

货币的价值取决于它的内在价值，任何货币都具有的一个基本特征是，多生产一单位货币所需的工作量应与使用一单位货币所能购买到的相等，因此，货币的价值反映的是这一事实：供应成本的增加值就等于货币的价值。不存在通货膨胀的诱因，因为通货膨胀没有利润，也就是说，没有不劳而获的机会。

在美国，内在价值不再直接决定货币的价值。5美元的钞票就是5美元，它不能保证什么，也不可赎回。一些5美元的旧纸币上印有"美国将在持票人要求时向其支付5美元"的文字，但这一承诺可以通过返给你同样的一张纸币来兑现，因为它就是5美元。

直到最近，只有外国央行可以用它们的美元兑换黄金。这些外国央行现在知道，只有在我们愿意时，它们才能得到黄金。过去它们以约21美元兑换一盎司黄金。直到1971年支付暂停之前，它们以35美元兑换一盎司黄金，当然，我们也可以选择给它们一些新成立的国际货币基金组织（IMF）的"纸黄金"。在富兰克林·D. 罗斯福（Franklin D. Roosevelt）总统的领导下，我们的政府自行改变了黄金价格，而且它还可能再次这么做。其他国家的元首也可以这么做，他们中的许多人已经这么做了。永远不要忘记，一个主权政府和一个未成年的孩子永远也无法签订对它们有约束力的合同。

可以说，决定货币价值的是你能用它买到的东西。但我们需要了解是什么因素决定了你能用货币买到的东西。货币的购买力是衡量货币价值的尺度，而不是决定货币价值的因素。

可以说，相对于货币需求，货币供给更能决定货币的价值。但我们先要了解是什么决定了货币供给，什么决定了货币需求。从德国人或日本人的视角看我们的货币可能有助于说明问题。在他们看来，一张5美元的钞票没有内在价值、不能兑换任何具有内在价值的东西，这并不重要，也就是说，这并不重要，如果他们可以用这张钞票购买他们想要的，并且他们在其他地方买不到或无法以更便宜的价格买到。他们不需要，也不会接受无限量的美国货币，他们想要的货币数量只需要足够他们从我们这里购买想要的东西即可（当然包括投资）。但正是我们商品和服务的价格和质量决定了其他国家想从我们这里购买的数量。要理解货币，我们就必须先了解是什么决定了我们商品和服务的价格和质量。

这就引出了货币价值的第二个决定因素——税收，或者更准确地说是相对于政府支出的税收。如果我们能强迫同胞们用四叶草纳税，我们就可以把四叶草看作货币。我们可以通过相对于四叶草的供应量增加或减少用四叶草纳税的额度，进而提高或降低四叶草的价值。即使有人想办法把四叶草的供应量增加了一倍，如果我们按比例提高了税收额，我们仍然可以保持四叶草的价格稳定。

我想说的是，如果税收额相对于货币的发行量足够大，税收可为无内在价值，甚至没有交换价值的货币注入价值。

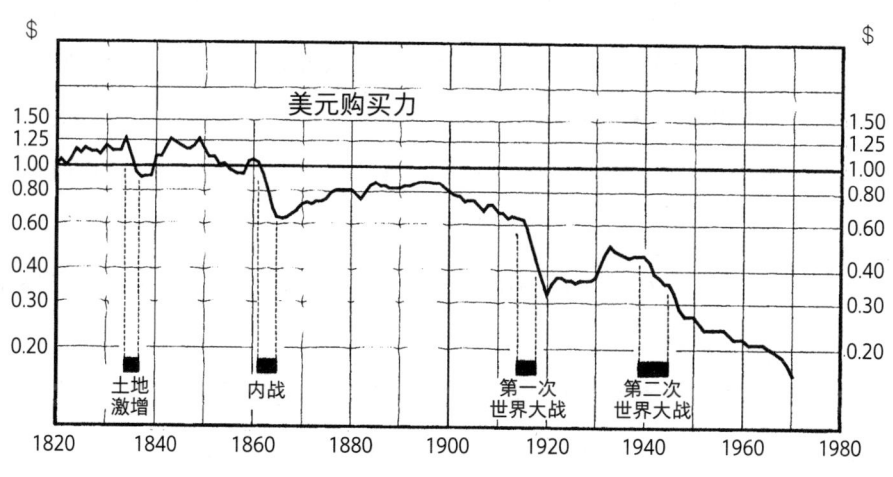

图17.1　美元购买力下降

## 第十七章

20世纪20年代我在刚果就看到过这样的情形。比利时法郎在西方人眼中是好货币，但在当地人眼里却毫无价值。他们几乎不需要衣服；妇女照料花园和羊群。当地还长着许多野生香蕉树。当地人为什么要费心劳力地获取他们不需要或不想要的货币呢？通过税收和诱导的交易价值解决了这个问题。刚果征收可享有特权呼吸新鲜空气的人头税。同时，男人们受邀带着家人去有百货商店、免租金的公司大院（村庄）。没过多久，一些当地人就把猪卖了，用得到的钱来支付人头税。而女士们要买百货商店里出售的服装。很快，税负就成了当地人最小的经济问题，而比利时法郎变得跟盐一样不可或缺了。有时我会想，广告对我们的影响是否与百货商店对那些刚果人的影响一样大。

货币价值的第三个决定因素是法令。这是什么意思呢？我给你举个例子吧。假设我蒙着面，胳膊下夹着一把冲锋枪，我声称要买你们的手表，并愿意为每一块手表支付1美元。我补充说，不愿意按我的条件卖手表的人会被我击毙。如果你们认为我是认真的，你们中的一些人会把手表卖给我。在抢劫中以1美元的价格卖掉手表和无偿交出手表这两者之间的区别在于程度，而不是原则上的区别。其他所有迫使我们以低于内心认定价值的价格卖出商品或服务的安排也是如此。

在价格和工资管制下，人们被迫接受在自由社会中他们会拒绝的交易。最初，反抗者很少会被枪毙，只是会被带上法庭。从历史来看，枪决在后面出现，是为了镇压对制度不公的反抗。

当一个政府放弃了其货币的内在价值，其货币的购买力大幅下降，而政府又不愿意或不能征收足够的税收来遏制这种下降时，通过实施管制措施，它在公开承认其政治上的无能和道德信用的破产。两党越是一致地做出这样的决定，说明国家的状况越可悲。

在战争时期实施管制无可厚非。就连人都可被征召入伍，货币有什么不能被管控的呢？但在和平时期，除了为应对政府多年不负责任的行为导致的可怕后果而采取临时紧急措施外，管制是无法让人接受的。

从某种意义上说，即使是在没有管制的情况下，法令也是决定货币价值的一个因素。你口袋里的每一张纸币上都印着两句话，一句是"我们信仰上帝"（In God we trust），另一句如今更有意义，即"这张纸币可以合法支付任何公共及私人债务"（This note is legal tender for all debts, public and private），这意味着债权人无论是否愿意，他都必须接受这种纸币的付款。如果债权人借出的是需要以特定重量和纯度的黄金偿还的美元，那么他可能会拒绝接受债务人以纸币还款。

习惯，或美国社会体系的僵化，减缓了货币购买力的变化，但并不决定其价值。即使你可以施魔法让所有货币的价值在一夜之间减半，所有商品的价格也不一定能在第二天翻一番，因为价格调整需要时间。在工资和物价上涨之前，许多人根本无力支付两倍的房租和食物价格。还有一些人会在一段时间内习惯性地接受旧价值的货币。最终，基本因素将占主导。

从国际层面来看，只要美国政府能够并愿意满足国外央行对黄金或"纸黄金"（每盎司35美元）的所有需求，美元的内在价值就能得到保证。但外国对美国黄金的索要远远超过了美国的储备，因此维持合理的国际收支迫在眉睫。这意味着，我们既不能把出口产品的价格定得过高以至于在国外没有市场，也不能过度放纵我们对外国商品和国外旅行的需求。自1893年以来，美国的出口额一直大于进口额，但到了1971年，美国的进口额首次超过了出口额，形势变得不妙了。

尼克松政府试图通过平衡预算和放慢印钞机的速度来稳定美元的购买力。利率和失业率急剧上升，物价继续上涨。为了降低利率，美联储用印刷的钞票购买政府债券。通货膨胀就这样发生了。为了解决失业问题，政府在预算中编列了巨额赤字并提议减税，这些举措也导致了通胀。为了遏制通胀，总统动用了工资和物价冻结措施。

这样的局面让人想起了维克多·雨果（Victor Hugo）讲的一个故事。在这个故事里，上帝创造了一只老鼠。

● 第十七章

他喊道："哎呀，我干了件蠢事。"于是他又创造了一只猫来对付老鼠。尼克松总统动用的冻结措施就是猫。让我们一起祈祷它不会变成一只吃人的老虎吧！

问题的根源在于我们的这一愿望：在不引起通货膨胀的情况下做会引起通货膨胀的事。到目前为止，尚无人找到能实现这一目标的良策。

## ■ 通货膨胀

是什么导致了通货膨胀？做什么能消除通货膨胀？

通货膨胀是欺骗。

它完全是不付代价而得到一些东西的行为导致的结果。

当政府给穷人或在越南的军队发了一些东西，同时从你我这里拿走了等量的东西时，通货膨胀不会出现。穷人或军队拥有的多了，你和我拥有的变少了，供需平衡没有改变。

当政府给所有人发钱却不收钱时，相对于供给而言，需求增加了，物价就会上涨，通货膨胀就会出现。

问题和补救措施再简单不过了，只要我们停止不付代价而得到一些东西的做法，我们就能终止通货膨胀。

国会投票决定的每一美元支出都具有欺骗性，除非国会投票决定通过征税的方式筹集这一美元或者政府从老百姓身上借这一美元。用印出来的钱资助任何好项目都是在拆东墙补西墙。

这并不意味着政府应该增加征税来支付每一个好项目，也不意味着国债可以无限增加。税收有危害性，会伤害纳税人。它会降低我们的生产性投资能力，降低我们教育孩子的能力，还会降低我们的养老能力。而借钱只会推迟纳税的时间，最终增加了税收。

因此，政府必须综合考虑每一个好项目的好处与为了筹集项目资金进行征税所造成的危害。但最重要的一点是，在投票表决一个项目时，要权衡其益处与征税的成本。否则，不可避免的税收将以更高代价的形式被征收。

通货膨胀是最残酷的税收。

并非所有不付代价而得到一些东西的行为都会导致通货膨胀。如果我要求两倍的报酬，我可能会失业。银行劫匪和骗子也没有导致通货膨胀的嫌疑，他们只是把钱从你我的账户里转到了他们的账户里而已，货币供应总量不受其邪恶活动的影响。

但我们经常听到的成本推动型通货膨胀又是怎么回事呢？当有组织的劳工的工资增幅超过了生产力的增幅时，他们是否对通货膨胀负有责任呢？或者，雇主提高商品卖价以支付雇员更高的工资会导致通货膨胀吗？

劳工和雇主都没有责任。当工会的要求过高时，其成员会失业；当雇主的要价过高时，其商品就会卖不出去。经济理论就是这么说的，但是漂亮的理论终究敌不过残酷的事实。

问题出在哪里了呢？

首先是《1946年就业法》(Employment Act of 1946)。政府的既定政策是无论如何保持人们就业。

其次是我们分不清集体谈判和胁迫的区别。当然，这里的胁迫指的是一些工会声称它们在达到目的之前，有权停止提供基本的公共服务。

这是个老问题了。35年前我在担任《巴伦周刊》的总编时，曾与联合煤矿工人协会（United Mine Workers）的负责人约翰·L. 刘易斯（John L. Lewis）共进过午餐。在那几个小时里，刘易斯先生一直在向我解释他把静坐罢工视为劳工谈判中一种适宜和必要的武器的原因。将近下午4点钟的时候，他仍然坐在午餐桌旁侃侃而谈。他放下紧握的拳头称："当发电厂里有100个人能扳动开关让一座城市陷入瘫痪时，他们的讨价还价能力就非常强。你看不出来这一点吗？"

我用一个问题回应了他："这么做和100个人站在战略位置、拿着机关枪把

## 第十七章

自己的意志强加给整座城市有什么区别？"

刘易斯先生听了我的话立马起身离开了，从此以后我再也没有见过他，我的问题也一直没有得到回应。

当然，关键的问题是，把人的头按在水下要其签订协议的行为是赤裸裸的胁迫，这样签订的协议也不是讨价还价的结果。如果出台《1946年就业法》的目的是让联邦政府通过增加货币供应量的方式促进工资增长，让雇主支付从经济上看不合理的高工资，那么通货膨胀加剧就是不可避免的。它来得有多快只取决于关键地区的工人提出了多高的要求。他们的要求高不奇怪，要求不高才奇怪呢。一切权力都会滋生腐败，绝对的权力滋生绝对的腐败，无论权力是由雇主行使还是由雇员行使。

通货膨胀就跟犯罪行为一样，可能会伴随我们很长一段时间。一次，我问卓越的历史学家阿诺德·汤因比（Arnold Toynbee），在他研究过的这么多已知的文明中，有哪个文明的货币的价值在长期内一直在增加，他回答说："没有，这种情况从来没有发生过。"

更现实的问题不是通货膨胀是否会出现，而是通货膨胀的幅度有多大和通货膨胀来得有多快。这对普通股意味着什么呢？

简单来说，通货膨胀会导致股市上涨。然而我在5年前参观阿根廷布宜诺斯艾利斯证券交易所时，看到了比索汇率与阿根廷大盘指数同时下跌的情形。在此前的4年里，阿根廷大盘指数的跌速超过了其币值的降速。看看美国的数据我们也能发现，通胀并不总是会导致股市上涨。1966年2月9日，道琼斯工业平均指数创下了1001点的盘中新高，在近6年后，即1971年底，其盘中最高点为895点。

"通胀对普通股会产生什么影响呢？"这一问题的正确答案是："这要看通胀对公司的盈利和股息产生了什么影响。"

在严重萧条之后，通胀最可能导致牛市，而且通常会让人始料未及。对商品和服务不断增长的需求可以通过闲置生产设施的运转来满足。工人还没有料想到生活成本会进一步增加。当工厂需要增加产能时，不断上升的建设成本可由现有设施产生的利润承担。

但是,当通货膨胀持续的时间较长,以至于每个人都感受到了它的存在时,当通货膨胀率高到一定程度,成了华盛顿当权者的政治负担时,它就不能促进企业增加盈利了,相反,它可能会阻碍企业实现盈利。

美国目前正处于这种状况。一些公司可能仍会从通货膨胀中受益,但随着控制通胀措施的实施,越来越多的公司会受到伤害。通货膨胀不能保证所有企业的利润都增加,无论它们是强还是弱,也不管它们的管理水平如何。而且从目前的状况来看,恐怕只有最优秀的企业才能应对面临的挑战。20世纪60年代的选股很重要,20世纪70年代的选股更为重要。我将在第二十八章"如何发现和评估真正的增长"中详细介绍应选择什么样的公司。

## ■ 利息

利息是时间的价格,它衡量的是较早地拥有我们想买入的东西或做我们想做的事情的成本,因此,用借来的钱买东西要比用自己的现金买东西贵,无论借款人是男是女,是公司、城市、州还是国家,事实都是如此。

时间的买方有义务在未来某个约定的日期或在贷款人要求时归还所借的财产。需承担这一义务的包括借据、债务、负债、贷款、抵押、公司债券或公债,它们本质上是同一事物。对于现在拥有钱的权利,借款人同意支付使用费,并承诺以后还本。从理论上说,"租"钱和租汽车没什么区别,借方必须承诺归还所借的东西,而且要支付租金。

尽管有"别借债,莫放债"的清教徒式禁令,但债务和利息本身无所谓好坏。许多人因债务而破产,还有许多人靠举债发了财。关键要看买来的时间是否被合理地利用了。我认为,商人在可获利的情况下不借钱和在无利可图的情况下借钱都是犯了严重的错误。这一条仅适用于商人吗?不,它适用于所有人。

1954年,我为了支付诊疗费卖出了150股宝丽来公司的股票,获得了

## 第十七章

7415.97美元的收入。下面附上了当时的卖出确认书、13个月前买入这只股票时的确认书以及收到50%股息时的通知书。如果我当时通过其他途径借到了这笔钱（可以借到），按每年8%的复利计算，我1954年支付的7500美元诊疗费到1971年底将变成27 750美元。在天性和家风的影响下，我当时没有借债。

我的做法精明吗？当年的150股宝丽来股票现在变成了7200股，1971年的

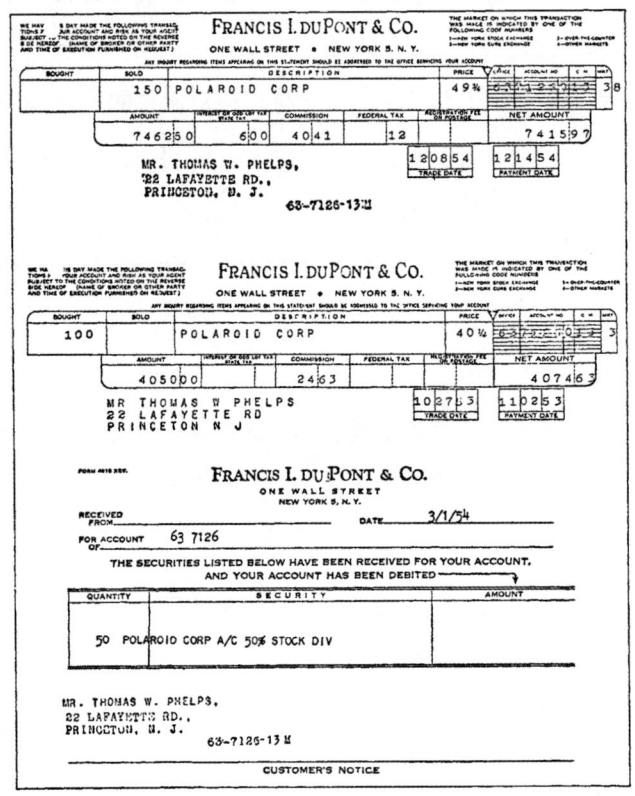

图17.2　宝丽来买入、卖出确认书和股息通知书

如果我能坚持持有18年，那么我在1953年11月2日花4074.63美元买入的100股宝丽来股票将增加至7200股，1971年它们的市值为84.33万美元。为了支付诊疗费，我于1954年12月8日卖出了这些股票，获得了7415.97美元的收入。1954年2月宝丽来派发了50%的股息，相当于50股股票的价值。

市值为84.33万美元，也就是说，我不借债的代价是80多万美元。即使我在1954年以每年30%的复利借入了这笔钱，到了1971年，我持有的宝丽来股票的价值也会比我的欠债多出20万美元。

像我在第二十四章里提到的赫伯特·特里普（Hulbert Tripp）这样经验丰富的投资者也受到了传统观念的束缚，他为了支付建造新房的费用，卖出了持有的施乐公司股票。他虽然没有因建造新房借债，但他卖出的施乐公司股票现在的价值高达100万美元了，知道了这一信息后，他的满足感恐怕会大打折扣。

只有上帝知道在买入了百倍股的早期投资者中，有多少人为了避免举债而过早地卖出了这些股票。我仿佛能听到他们在仲夏宁静的夜晚吟唱着：

> "口头说的也好，
> 笔头写的也罢，
> 最令人悲伤的语言莫过于：
> 也许当初可以那样。"

当任何规则、公式或程序成为思维的替代品而不是思维的辅助工具时，它就变得危险了，应该被抛弃。有太多的人从小就认为欠债是邪恶的，没人教导他们举债是自由社会中的一种合法选择。我们在付出了惨重的代价后才明白了这一点。举债可能导致我们破产，也可能让我们发财，结果完全取决于我们用借来的钱赚到的钱是否多于我们支付的利息。

几个世纪以来，因不想过与自己收入相称的生活而举债已经毁了很多人，在未来几个世纪，这样的做法无疑会继续产生这样的后果。现在放纵、以后付钱的危害几乎和毒品一样大。一些人信奉"先买后付"的生活理念，但实际上这样做并不能使他们如现买现付的人那样尽兴。我们举个例子来解释个中原因。

两对夫妇的度假预算都是500美元。史密斯夫妇是赚够了钱再出去旅行，而

● 第十七章

琼斯夫妇是借钱旅行，等到第二年他们有钱了时需要偿还第一年借入的500美元旅行费用以及100美元的"融资费用"。由于琼斯夫妇的度假预算只有500美元，所有这些钱都被用于支付第一年的借款了，为了能在第二年继续旅行，他们不仅要借入第二次旅行需要的500美元费用，还要借入未列入预算的第一次旅行借款的100美元融资费用。

第三年，当节俭保守的史密斯夫妇开启了预算为500美元的第二次旅行时，琼斯夫妇已经开启他们的第三次旅行了，预算支出仍然是500美元。他们不得不再次借入这笔钱，同时还得多借入220美元，以支付未纳入预算的前两次旅行借款的利息费用。

第四年，琼斯夫妇第四次度假，他们又借来了500美元的旅行费用，此外还借入了因前3次旅行导致的364美元的利息费用。

到了第四年年底，当琼斯夫妇准备第五次出行时，他们发现，他们不仅欠着500美元的第四次旅行费用，还欠着前4次旅行导致的536.80美元的利息费用。而此时史密斯夫妇一共旅行了3次，没有一分钱的欠款。

琼斯夫妇为了还清债务，在接下来的两年里一直没有外出旅行，而节俭的史密斯夫妇则继续像往常出行度假。因此，在这6年当中，放纵的琼斯夫妇的旅行次数比克制的史密斯夫妇的少了一次，但两对夫妇花的钱一样多。

琼斯夫妇提早一年过上了想要的生活，但他们以5次的价格旅行了4次。

每个借钱的人都应该扪心自问，他买下的时间是否物有所值。对于年轻人而言，在必要的时候借钱接受教育是明智的做法。接受过训练的工人购买需要的工具也是如此。工厂可以利用贷款购买所需的设备，这有利于其顺利运转。

通货膨胀使利息和债务问题变得更加复杂了。

如果制造商预计或担心所需的设备会在一年内涨价20%，那么即使他们的借款利率高达10%，他们也会毫不犹豫地借钱购买。与此同时，放贷者会要求借款人对预期的资金购买力的下降做出补偿。如果你借出东西时用夸脱计量，别人还你时用品脱❶计量，那么你必须收取100%的利息才不吃亏。

一般来说，通货膨胀率越高，购买时间的成本就越高，换句话说，利率就越高。当今最可悲的一大错觉是：在自由社会里，政府可以在降低利率的同时继续扩大货币供应量。贷款人和借款人不会愚蠢到让这样的结果出现。通货膨胀率较高时，贷款人觉察到自己有可能会遭受损失，因而会与借方讨价还价，收取更多的利息，借款人也会乐意支付。正如林肯所说，你不可能一直愚弄所有人。

正如20世纪20年代德国出现的状况一样，通货膨胀率很高，为了自己的利益，每个人都想成为借款人。只有现在购买，以后支付，个人才能免受货币购买力迅速下降带来的伤害。由此产生的潜在借款人的激增加剧了对货币的需求，与此同时，贷款人为了使自己免受预期的货币价值进一步下降的不利影响不断提高利率。在这样的背景下，从理论上看，利率的提高是没有上限的，政府试图通过印更多的纸币来控制借贷成本的做法是徒劳的，就像用汽油灭火一样。

历史的教训很明确：利率反映通胀。只要贬值的货币还有价值，利率就能反映出借款人和贷款人对其进一步贬值的预期，没有什么能推翻市场的无情裁决。

直到货币变得一文不值时，我们才会看到债务人追着债权人还债，就像20世纪20年代在德国发生的那样，之后新的货币会出现。

从逻辑上讲，现在没有理由认为利率会永远处于高位，就像20世纪40年代没有理由认为利率会永远处于低位一样。（事实上，25年前，有许多人确实相信利率会一直处于低位。否则，他们为什么会购买收益率为2.5%或更低的长期债券呢？）

如图17.3所示，高等级赎回保护公司长期债券的收益率从1921年的高点（近6%）下降到了1946年的低点（不足2.5%）。在经历了如此长时间的下降之

---

❶ 1夸脱=2品脱。

## 第十七章

后,大多数人都可能把记忆和推理混为一谈了,进而认为利率永远不会再提高了。

但是,正如我们后来看到的,利率从这一低点提高到了1970年5月的最高点,当时优质公司债券的收益率约为8.5%。在经历了如此长时间的上升之后,把记忆和推理混为一谈的人又认为利率永远不会下降了。

事实上,当现在购买的好处不明显时,人们就会做出推迟支出的决定,借贷成本就会下降。因此,利率可能因这两个原因下降:(1)利率已到了一个过度低估了现在购买的好处的水平;(2)通货膨胀率下降或者利润前景恶化,或者二者共同降低了现在购买的好处。

说利率永远处于高位,就相当于说现在买而不是以后买的好处永远存在。这一观点假定:(1)通货膨胀率持续居高不下;(2)投入资本回报率永远高于之前的水平;(3)两者兼而有之。

显然,当通胀率增速放缓时,现在购买的好处就会减少,人们更容易做出推迟支出的决定。同样明显的是,当盈利前景恶化时,无论恶化是因为外国竞争、产能过剩、税收还是成本价格挤压导致的,企业为进入新业务或扩大现有业务而借款的意愿都会降低,它们对货币的需求也会随之减少。

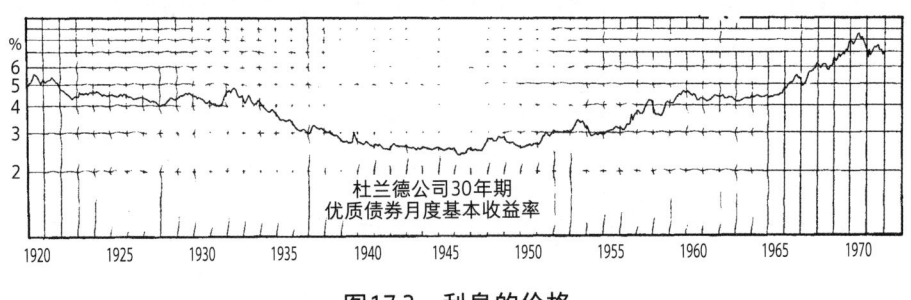

图17.3 利息的价格

我们非常需要资金,但需要与有效需求不是一回事。如果我们以印钞的方式供应货币,通胀就会有加剧的风险,而且通胀率本就已经达到了让企业的盈利前景变得黯淡的程度。为满足需要而征税只会把购买力从一些人和一些行业转移到其他人和其他行业，不会为提高整体的盈利能力奠定基础。

投资行业最严重的职业危险是我们试图把一切合理化和我们无法预见未来。谦虚之心应该让我们对永久利率水平假设持谨慎的态度，因为几乎没有人能明智地预见未来。我们很容易做出支持长期高利率预期的假设，但事实并不一定如此。

## ■ 债券 vs. 股票

当你持有一家公司的股票时，你就是这家公司的合伙人。当你持有一家公司的债券时，你就是它的债权人。

作为股东，你拥有企业的一部分；作为所有者，无论董事投票决定分配什么，你都有权分得一杯羹，但你得不到任何承诺。

作为债权人，无论公司是否盈利，你都有权得到偿付。然而，到目前为止还没有人找到能从石头里挤出血的方法，因此，谨慎的债券买家不仅要审视自己的权利，还要审视发行债券的公司履行协议的能力。

吉卜林（Kipling）写道："东是东，西是西，两者永远不相遇。"在1929—1932年的大萧条之前人们常说，债券持有人是债券持有人，持股人是持股人，两者泾渭分明，互不相犯。实际上，债券持有人不了解股票就像眼科医生不了解人体其他部分一样。从某种意义上说，股票是保护债券免受厄运的无情捉弄和折磨的缓冲器。对这些缓冲器中的"贫血症"比较敏感的债券持有人持有违约债券的概率非常低。他们总是能在优先证券的支付受影响之前看到问题所在（债券就是优先证券，因为债券持有人的要求会优先得到满足，然后才能轮到股东）。

无论一家公司多么兴旺发达，其债券持有人得到的只是约定的利息和到期时偿还的本金。既然债券持有人无法分享公司之福，那么他冒险分担公司之祸确实是愚蠢之举。弱小的公司往往通过高利率吸引债券买家。根据我自己的经

## 第十七章

验，我主张投资者只购买最优的债券或最差的债券，要避免购买处于两者之间的债券。可能有人觉得这听起来自相矛盾，我来解释一下原因。最优债券有公司强大的盈利能力和资产做保障，几乎不可能违约。我记得1929年发行的评级为AAA的债券中，有3只在1932年违约了，但它们都是例外情形。在1929年发行的所有AAA级债券中，违约债券的比例很小，仅为1%。无论如何，再次出现1929—1932年这样的大萧条都极不可能了，因为自那以后，世界已经发生了翻天覆地的变化。

当然，最差的债券就是那些违约的债券。很多时候，就像前面提到的里奇菲尔德石油公司和泛美石油公司的债券一样，在最终重组后，违约债券持有人都获得了相应的公司股权。因此，当我买入违约债券时，我是在买入我希望和期待的重组公司的股权。我是在以便宜的价格买入一种叫做债券的"股票"。

据说，蠕虫是唯一不会跌倒的生物，违约债券与蠕虫有共同的特点。最坏的情况已经发生了，在重组前它们可能已经违约数年了，或者发行债券的公司已经被清算了，违约债券的持有人不必再担心会听到坏消息了，因为不会再有更坏的消息了，靴子已经落地了，他持有的债券已经没有什么风险了，它们最终升值的可能性很大了。

可转换债券呢？这些债券可被兑换为发行公司的股票，股票价格通常高于债券发行时的股票市价。当股票价格持续大幅上涨时，可转换债券的持有人会从中获利。另一方面，当公司陷入困境，股票价格下跌时，可转换债券持有人通常会继续收取利息，并享有某种程度的保护。然而，当股价上涨时，股东赚到的钱要比可转换债券持有人赚到的多。当股价大幅下跌时，可转换债券的跌幅往往比最高级别的"一般"债券大得多，有时还会违约。

有些机构投资普通股受限制，对它们而言，可转换债券是理想的投资对象。对于个人而言，投资可转换债券时不必在股票和债券之间做艰难的选择。但与做出正确的决策相比，这种逃避的代价往往是高昂的。

当国家正遭受通货膨胀的蹂躏时，为什么会有人买入债券呢？因为利率是由供求关系决定的。借出人收取利息，借入人支付利息，利率不仅反映了货币的租赁价值，还反映了其购买力的预期下降率。从理论上讲，如果货币的租赁价值为4%，每年的通货膨胀率预计为4%，那么利率将为8%左右。如果最优质的债券能够提供涵盖了货币租赁价值和预期通胀率的收益，那么当实际通胀率低于预期时，买家将获利。

在过去的两三年里，一些人之所以买入债券，是因为他们相信美元的购买力每年会下降5%或6%，这是美国社会结构能够承受的通货膨胀率水平。当最优质的应税债券的收益率为9%及以上，而最优质的免税债券的收益率为7%及以上时，这些人买入了债券，他们预期政府会出台一些遏制通胀的举措。无论尼克松的"冻结"策略能否成功，它至少证明了债券买入者的预期是对的，即美国政府不会对6%的持续通货膨胀置之不理。

最高级别债券的价格只是反映了利率的变化。例如，当一般的利率水平为6%时，利率为6%的20年期债券会按面值（1000美元）出售。当一般的利率水平上升到8%时，同样的债券将以大约800美元的价格出售。按这个价格计算，买家可以获得7.5%的当前收益率和高于8%的到期收益。到期收益是按20年后"多"收取的200美元的现值逐年计算的。记住，我们谈论的是最高级别的债券。买家认为，当这些债券到期时，他们收到的不是他已支付的800美元，而是面值为1000美元的债券。

如果利率在未来5年里降到了4%，那么原先在利率水平为8%时以800美元的价格出售的利率为6%的顶级债券预计此时将以1220美元的价格出售，价格涨幅高达50%以上。按1971年的水平来看，根据你对未知未来的假设，投资债券的收益率可能高于投资普通股票的。

当然，有一个问题需要注意，那就是赎回保护（call protection）。发行债券的公司自然想兼得鱼和熊掌，因此，当其他企业在支付高利率时，为了吸引买家，它们也会提高债券的利率，但它们保留了在利率下降时赎回债券并发行新债券的权利。你可能拥有一张1990年到期的利率为9%的债券，但如果它可

● 第十七章

在3年内被赎回,你就别指望持有它3年以上的时间了。如果到了1975年,一般的利率水平下降到了6%——这完全有可能成为事实——你持有的利率为9%的债券可能会被赎回,到时你将不得不以6%的"现行利率"进行再投资。许多债券在很长一段时间内不可赎回——10年期的赎回保护并不少见,有时甚至有更长期的赎回保护。要记住,当利率出现了对你不利的变化时,可赎回债券会被赎回。

我们如何比较股票和债券呢?假设我们以每股50美元的价格买入了一只每股盈利1美元的股票,而且盈利以每年20%的速度增长。假设发行股票的公司只支付股息,并将所有的盈利用于再投资。再假设我们在买入这只股票时,还可以买入收益率为8%的赎回保护优质债券。

投资这只股票的人要获得买入价8%的收益需要花多长时间呢?如果盈利年增长率保持在20%的话,答案是7到8年。

但是,即使我们相信这家公司能在这么长的时间里保持这么高的盈利增长率,我们也不能断言股票是比债券更好的选择,因为我们还面临着其他未得到解答的问题。

其中的一个问题是:"七八年后,优质债券的收益率会是多少?"如果收益率下降到了4%,而且我们当年可买入的收益率为8%的债券在10年内可赎回或到期,那么此时投资债券的吸引力会大大降低。

在决定是否应该以50倍市盈率的价格买入股票之前,我们必须回答的另一个问题是,我们预计七八年后股票会是多少倍的市盈率。如果股票的盈利如我们预期增长了4倍,但股票的市盈率是12.5倍,那么我们的投资既不会产生资本收益,也不会产生收益。显然,购买利率为8%的债券是更好的选择。

如果每股盈利翻了两番,但股票市盈率为25倍,那么股价就翻了一倍。股价在七八年内翻番相当于年复合收益率为10%。根据这一假设,买入股票比买入收益率为8%的债券更为明智。

如果市盈率为50倍,股票以买入价的4倍卖出,那么投资股票的年收益率将高达20%。这些都是至关重要的"假设"情形。

还要考虑税收和收益方面的规定。当联邦所得税税率为50%时，个人要把8%的债券收益中的一半用来缴税。养老基金收益是免税的。

个税税级为50%时，个人每年要从8%的债券收益中拿出一半的钱来缴税。如果他买入了成长股，并卖出了一定数量的股票以支付每年4%的成本，那么在扣除资本利得税后，他能赚多少钱将取决于他每次卖出股票的价格。我们无法提前获知股价是多少，然而，我们知道这一点：股价较低时卖出的股票数量较多，股价较高时卖出的股票数量较少。

你可能会觉得我举的这些例子冗长而复杂，但与每天遇到的实际投资问题相比，它们还算是简单的。我想表达的意思是，我们无法用数学逻辑证明投资是如何进行的。你的电脑配置越先进，程序越复杂，你可以评估的假设就越多样化。但说到底，未来是未知的，而且永远都是未知的。这正是做假设和确认胜算对投资成功至关重要的原因。

## 第十八章

# 选对股票

发现买对股票并坚持持有这条致富原则是一回事，做到它又完全是另一回事。

怎样才能买对股票呢？

《伊索寓言》里提到，夏末，一只蚂蚱向蚂蚁求教。它对蚂蚁说："你做得很漂亮，你盖好了过冬的房子，还储备了粮食。我之前玩得很开心，但现在夜里天气变冷了，我很担心，我该怎么办呢？"

蚂蚁回答说："很容易，你把自己变成一只蟑螂，进入人类的房子，在那里你可以找到过冬的食物和温暖的住处。"

蚂蚱说："谢谢，我如何才能变成一只蟑螂呢？"

蚂蚁说："我已经给你做好了总体规划，细节要由你自己决定。"

我们的总体规划就是买对股票并坚持持有，细节问题要由自己决定，最终一些人可能会和蚂蚱一样在寒冷的日子里忍饥受冻。

我不知道是买对股票更难还是坚持持有更难。从数学逻辑来看，如果你用在报价页上扎针的方式决定买入哪只股票，那么即使未来的条件与过去一样，也有数百只百倍股存在，你扎中其中一只的机会是不确定的。而且在你买入了股票后，华尔街一些最聪明的人会试图说服你卖掉它们，转而买入其他股票。很多时候他们的建议是对的，至少从短期来看是这样。当他们每次的建议都正确时，你下次就更容易听从他们的建议了。下一次当你持有的百倍股的价值仅上涨了一倍时，他们可能会建议你卖掉它，他们就是这样建议加勒特先生的。

但是，既然我们把一本百利的投资问题分解成了两部分，那我们就要先考虑选对股票的问题。

为了做出明智的选择，我们就必须对未来做出一些假设，否则，我们就会做出错误的选择，成为输家股的投资者。

为了对未来做出明智的假设，我们必须设法感知事态的发展趋势。在我们开始比较各种证券的价值之前，我们需要考虑货币、利息、通货膨胀、债券和股票以及整体的政治局势等各种因素。

这需要你具有强大的想象力，即看到目前尚不存在，但很快就会对你产生巨大影响的事物的能力。

## 第十九章

# 去哪里寻找大赢家股

约翰·韦斯科特（John Westcott）是我所认识的最优秀的市场分析师之一，他曾向我谈起过他与伯纳德·M. 巴鲁克（Bernard M. Baruch）的一次交流。韦斯科特偶然向巴鲁克提到，他最近想入手一些蓝筹股，可能是美国电话（American Telephone）公司的股票，也可能是通用汽车公司的股票。

巴鲁克说："你怎么要以这么高的价格买入这些股票，我是不会这么做的。"

巴鲁克的话反映了一种流行的观念：投资者只能在低价股中发现获利潜力巨大的股票。不知何故，很多投资者认为1美分变成1美元要比1美元变成100美元更容易。然而，事实上，在过去的40年里，投资者从高价股中赚取百倍收益的机会有很多。

低价股就跟穷人一样永远存在。许多低价股实现了大幅的上涨。然而，我没有发现有任何证据表明，1美元或价格更低的股票比10美元或价格更高的股票更有可能上涨百倍。一些人产生这样的错觉很可能只是因为，低价股的数量比高价股的多得多。对于寻求资本收益最大化的投资者来说，只看价格的话具有误导性。

另一种流行的观念是，股票市场上真正的好机会更有可能出现在场外交易市场，而不是纽约证券交易所或美国证券交易所。持这种观念的人认为，与场外交易市场里数量多得多的股票相比，纽约证券交易所的股票受到专业证券分析师更多的审视。

因此,投资者认为,与其他市场相比,纽约证券交易所忽视股票价值的可能性较小,但这一点没有得到数据的验证。在过去40年里至少上涨了百倍的360多只股票中,有很多是在纽约证券交易所交易的,数量比其他任何地方的都多(见附表一)。原因可能是,由于任何投资者在任何地方买入的都是未知的未来,因此在纽约证券交易所买入比预期好得多的未知未来的可能性与在其他任何地方买入的一样大。

需要注意的是,这并不意味着我相信投资者用蒙眼往《华尔街日报》的报价页上扎针的方式选股比用其他方法选股得到的结果好。并非所有上涨了百倍的股票都能给投资者带来同样有利的机会。投资者投资某只股票赔个精光的风险可能是他投资另一只股票的数倍。

那么,我们在哪里寻找百倍股呢?过去40年的数据表明,我们应该关注这些领域:

1. 能使我们做一直想做但从未做过的事情的发明。汽车、飞机和电视就是这类发明的例子。

2. 能降低做必做事项的难度和成本、加快做必做事项速度的新方法或设备。计算机和土方机械就是这类例子。

3. 能改进或保持服务质量,同时减少或消除提供服务所需的劳动力的程序或设备。例如医院里使用的一次性注射器和垫单、冷冻食品以及施乐公司保持领先的各个系列的复印机。

4. 更便宜的新能源,如煤油取代鲸油、燃油取代煤炭、原子能发电等。

5. 在较少或不破坏生态环境的情况下从事旧有工作的新方法。例如,用昆虫绝育技术来消灭害虫,而不是使用有害化学品等。

6. 回收人们所需物质(包括水)、不产生大量废物和污水的新方法或设备。

7. 不需要运输人员或不产生垃圾的情况下将晨报发送至订阅者家中的新方法或设备,订阅者可根据需要随时查看晨报内容。对大多数人来说,几乎没有

● 第十九章

什么东西比昨天的报纸更不值钱了,但每天都有数以百万计的报纸被印刷出来,少数想保持永久记录的订阅者会把它们装订起来并保存多年。为了印刷这些报纸,我们砍伐了森林。

8. 在陆地上运送人和货物的新方法或无轮设备。长期以来,火和轮子一直被视为把人类带离野蛮深渊的发明。我有时会想,我们对轮子的敬仰之心是不是保持得太久了。它自身存在的一个问题是,它的转速越快,它产生的离心力就越大。为了在空中实现超音速飞行,人类必须找到一种比轮子更好的设计。总有一天,这样的目标会实现——也许是用气垫,也许是用磁力,也许是用其他目前还想象不到的想法、方法和设备。

在第一次世界大战中,伊迪丝·卡维尔(Edith Cavell)告诉对她行刑的刽子手说:"光有爱国主义是不够的。"我在这里要说,光有发明也是不够的。金融史上有很多因管理不善而导致明智的想法不得善终的例子。汽车行业确实赚得盆满钵满,但有时我会想,在1900—1920年间买入了所有汽车股的投资者,他们的投资回报是否比得上把钱存入银行得到的利息呢?同样的道理,石油开采业的总投资回报率也是个很有意思的数字,我们甚至没有计入盲目开采油井者遭受的损失。尽管发现石油的人发了财,但有争议的税额扣减和无形钻井成本的费用化意味着国会在一定程度上认识到了提高成功概率的必要性。就像彩票中奖者一样,那些找到油并赚了大钱的人并不能代表所有的参与者。

在没有进行全面调查的情况下我们就找到了在过去40年里市值增加了百倍的360多只股票。其中,许多股票的市值增加百倍用时为40年,一些股票用时35年,一些股票用时30年,有相当多的股票用时25年或20年,有更多的股票用时20年、10年或更少。即使是那些花了整整40年的时间才使市值增加了百倍的股票,其收益或资产的增幅也远远超过同期任何有记录的专业管理基金。

总的来说,似乎有四类股票可成为百倍股。我想用"有"而不是"似乎有",但我没这么做,因为我想起了一个故事。有人对一位大词源学家说:"你有没有注意到,在英语中,sugar是唯一一个'su'的发音为'sh'的单词?"

词源学家回应说："真的吗？"

这四类股票是：

1. 大涨的主要原因是，股价从美国历史上最大熊市的底部回升。经历了其他恐慌和萧条期的股票也属于这一类。

2. 大涨的主要原因是，一种基本商品的供求比率发生了变化，反映在商品的价格出现了大幅的上涨。

3. 大涨的主要原因是，在长期的业务扩张和增长背景下，资本结构的巨大杠杆效应显现。

4. 大涨的主要原因是，再投资回报率大大高于平均的投入资本回报率。

由于自身或行业特有的问题，个别公司的股价时有下跌。但是，要是再出现像1932年和1933年银行假日前那样的低价，就需要再次出现全球性通货紧缩和失业问题。但是，从政治层面来看，再次出现这样的状况是不可能的。综观整个西方世界，我们会发现这一点：如果人们必须做出选择，那么他们会选择有工资和价格管制的通货膨胀或没有工资和价格管制的通货膨胀，而不是经历另一场大萧条。因此，现在想找到第一类百倍股似乎是不现实的——至少在人类重新认识到把通胀视为经济万灵药是错误之前是不现实的，但人类认识到这点恐怕需要多年的时间。

显然，石油或矿产的重大发现可在短期内使股票的价值翻好几倍。在澳大利亚发现镍矿之后，波塞冬公司（Poseidon）的股票价值在一年内上涨至其最低点的100多倍。（这只股票随后回吐了大部分涨幅。）这样的发现几乎是不可预料的，因此而发财的投资者是非常幸运的。

我并不轻视运气因素。不聪明的人也能发财，他只需要知道自己需要付出多少代价并采取行动就可以了。

把宝押在自然资源的重大发现上就像是赛马中的双赌法（一日内赌两场赛马中的优胜者的赌法），你可能一辈子都押不中。但也有其他的情况，比如已知地下存在矿产资源，但需要改变矿物价格才能使采矿变得盈利。拥有巨大铁燧

● 第十九章

石储量的梅萨比铁矿（Mesabi Iron）就是这种情况。自20世纪30年代大萧条以来，一些股票增值了百倍的煤炭公司也是如此。有朝一日，铀矿体、油页岩和沥青砂以及建筑用材公司也可能会出现这种情况。

当对公司盈利或资产的优先索取权超过了盈利或资产的价值时，普通股就没有了现值，杠杆投资机会就可能出现。当这种情况持续了多年且没有明显的变化迹象时，普通股可能会按比正常价格低得多的价格出售。20世纪40年代三洲公司的普通股和认股权证就出现了这种情况。当大型企业的盈利长期低迷时，有时会出现所谓的销售额杠杆。例如，若有人以每1美元的当前股价买入了10美元甚至20美元的公司销售额，只要利润率能提高到使5%的销售额归于普通股股东的程度，他就能获得可观的投资回报，这是个简单的算术问题。

投资者很容易找到利用资本杠杆获利的机会，困难的是确定由此增加的获利可能性是否大于由此增加的风险。就跟保证金账户的使用一样，当你以50%的保证金买入了一只股票且它的价格翻了一番时，你在这笔投资中赚到的钱是你直接买入股票的两倍。

但是，当股价下跌了50%时，你就失去了股票。当资本结构中优先证券比例极高的大公司的业务量和利润出现了大幅但暂时性的下滑时，投资者要多加小心。显然，如果投资者能以整个企业价值5%或10%的价格买入其股票，那么当企业价值翻倍时，投资者手里持有的股票的市值会增加10到20倍。

一种相对新颖的杠杆投资对象被称为"双重用途基金"，它尚未经历过真正的大萧条的考验。这类基金由现任斯卡德尔、史蒂文斯和克拉克公司CEO的乔治·S. 约翰斯顿（George S. Johnston）先生在美国首创。通常情况下，这类基金的一半资金由那些寻求持续增长的高收益的人提供，而另一半资金则由那些只对资本收益潜力感兴趣的人提供。根据约定，第一组投资者可以获得混合基金所有的收益，甚至会以第二组投资者为代价确保第一组投资者获得最低收益。

另一方面，在第一组投资者获得约定的收益和投资本金后，第二组投资者有权获得混合基金的所有资本收益。

实际上，双重用途基金的资本收益股东拥有比例至少为50%的保证金账户。换言之，只要基金投资的股票的价格有所上涨，他们就能从中获利。这些股东不会获得股息或利息，但他们也不必为"借方余额"（基金资产中超过他们支付金额的部分）支付任何利息。举个例子，假设一只双重用途基金含有10美元的收益股资产和10美元的资本收益股资产，收益股的权益就是10美元，资本收益股的增值可能性与50%保证金账户的大致相同，而且没有追加保证金或强行平仓的风险，那么对于任何相信股市会上涨的人来说，购买这些资本收益股就像在桥牌游戏中加倍。

在过去的一年里，有时可以用这类双重用途基金资产总值三分之一或更低的价格买入资本收益股。例如，假设适用于收益股的资产价格为每股10美元，适用于资本收益股的资产价格为每股6美元。进一步假设资本收益股在纽约证券交易所的价格为每股5美元，1971年就出现了这样的情形。若股市的平均价格像1949—1964年间那样上涨了5倍，而且双重用途基金的资产增值速度与市场平均水平同步，那么到了1986年，这些资产的价值将是16乘以5倍，即每单位收益股和资本收益股的市值将达到80美元。由于收益股的权益仍然是10美元，所以剩余的70美元将成为资本收益股的资产价值。因此，以5美元的价格买入这类股票的人，将拥有初始投资的14倍。

即使是这么高的收益，它也与我们在过去40年里看到的和正在寻求的百倍股投资收益存在较大的差距。但是，假设战争、战争威胁或完全不可预见的大萧条导致股价下跌到了5美元，下跌到了1美元甚至50美分会如何呢？经济和政治形势的突然好转可能会带给我们梦寐以求的百倍股投资机会。一只双重用途基金的投资组合也可能有比较亮眼的表现，即使其资本收益股的价格此前没有出现大跌也是这样的结果。

表现出百倍升值的第四类股票来自那些连续多年来投入资本回报率远高于平均水平的公司。关于这些股票，投资者会做出简单的计算，时间老人会站在他们一边。然而，即使是投资这一类股票，也没有免费的午餐可吃，没有"板上钉钉的事情"。首先，较高的投入资本回报率可能会吸引大量的竞争对手。有太多人涉足时，行业会遭受破坏。至关重要的是，高回报率受一道"大门"的保护，这道"大门"会使"后来者"无法或者难以进入这一行业。这道"大门"可能是专利、以卓越的研究和发明为基础的持续创新、拥有独特优势的原料来源、知名的品牌等，还有其他因素。不论是什么，只要它们能确保这道"大门"高而坚固即可。我们大多数人在日常生活中想要的物质享受几乎相同，比如美味的食物、漂亮的衣服、好地段的房子、教学质量高的学校。为了获得高于平均水平的享受，我们做的事情就必须多于平均水平，或者我们做的事情要高于平均水平。如果我们只会帮别人洗衣服，那么总会有人愿意以比我们低两美分的价格干同样的活儿。

在过去的40年里，有成千上万的投资者会时不时地持有这类受"大门"保护的百倍股。能一直持有这类股票直到其价值增加百倍的人也许不到千分之一。

当然，所有人都希望他们能一直持有这类股票。然而，假设过去发生的事情会永远持续下去是巨大的错误，现在就为所有可预见的增长买单也是如此。

要想在40年内增值百倍，股价就必须以12.2%的年复合增长率上涨。在不到40年的时间里使股票价值增加百倍所需的增长率分别为：

35年——14%

30年——16.6%

25年——20%

20年——26%

15年——36%

从数学逻辑来讲，任何一家公司的股价都不可能以这样的比率无休止地上涨下去。投资者面临着两个很实际的问题：一是这样的增长可能会持续多长时间；二是这样的增长必须持续多长时间才能证明目前的股价是合理的。

首先，为了结束股价能否以这样的比率无休止地涨下去的争论，你可以先思考这个问题：按5%的年复利计算，你1971年前投入的1美元到今天值多少钱？斯卡德尔、史蒂文斯和克拉克公司的经济部门副总裁路易斯·科利博士（Dr. Louise Curley）给了我一个答案。这个数额非常巨大，在1965年，如果按每盎司35美元的黄金支付，那么你最终得到的是一个直径约为9000万英里的（几乎是从地球到太阳的距离）的实心金球。科利博士在麻省理工学院获得了经济学博士学位，所以我相信她的计算结果是无误的。当我让她把数据更新到1971年时，她说实心金球的直径会变成1亿英里。

我们还是务实一点吧。如果我们正在寻找未来15—40年内可能增值百倍的股票，那么我们就必须估计它们的盈利能够继续以12%—36%的年复合增长率增长的可能性。长期资本增长与长期盈利增长息息相关。投资者实现比上述增长率更多增长的唯一途径是抓住股市情绪从乐观转向悲观再从悲观转向乐观的机会。如果他误判了这些转变，那么他的资本增长可能会大大低于盈利的增长。

这一思路有助于我们评估通用汽车和IBM等大型公司的增长前景。如果通用汽车公司的盈利比1965年的历史最高记录增长了百倍，那么通用汽车公司的净利润将远远超过2000亿美元。即使该公司销售净利润率为10%，这也意味着其销售额高达2万亿美元。即使在40年后，通用汽车公司的业务量也不可能达到目前美国国民生产总值的两倍，这是很客观的论断，并不会贬低该公司的产品或管理层。

同样，IBM公司1969年的盈利乘以100后得到的数额超过了110亿美元。即使该公司的销售净利润率维持在1969年的水平，其业务量也必须超过7000亿美元才能获得这么高的利润。

那些看好IBM公司发展的人可能会认为我在使用反证法。在《机构投资者》（Institutional Investor）发布的最新报告中，IBM公司的股票仍然名列最受共同基金欢迎的股票名单榜首。1972年，《机构投资者》针对基金经理和证券分析师做了一项调查，请他们选出自己最喜欢的股票，这份股票名单由此出炉。基金经理和证券分析师们应该知道自己在做什么，也许他们计划持有这只股票，直到它的股价再次翻倍。如果该公司要在未来5年内实现这一目标，那需要非常可

● 第十九章

观的盈利。IBM的股价翻倍后将变成700多美元,这样的话,其盈利就必须翻倍,或者它的市盈率就必须随着盈利的增加而提高。IBM的盈利要在未来5年内翻一番,它就必须以15%的年复合增长率增长,在过去,它的增长率好于这个15%。但是,股票市场对IBM公司1975年每美元盈利的估值高于它现在对该公司1970年盈利的估值是有前提的,即盈利在1975年的水平上进一步增长的前景好于现在的或者利率会降低,抑或是两者兼而有之。从IBM公司1919—1971年的相对股价图(见图19.1)中可以明显看出,半个多世纪以来,该公司的股价一直在上涨,现在几乎所有人都知道这一点了。

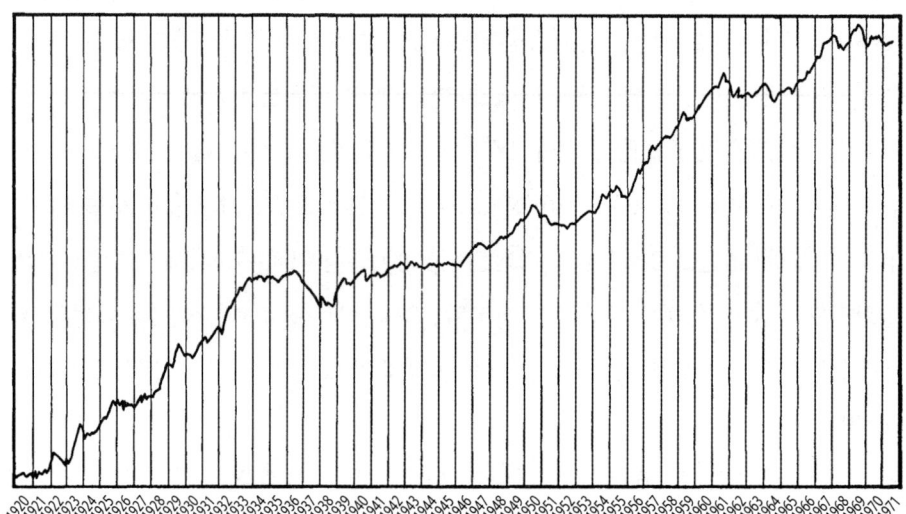

图19.1　IBM公司的相对股价图

## 第二十章

# 对外投资

有时候国内的投资问题似乎无法解决,导致我们想把资金投到国外,但对大多数人来说,在国外投资相当于把资金从能看到危险的地方投到了看不到危险的地方。这样的资本流动往往是美化后见之明,而非表明远见。

我清楚地记得,在20世纪30年代,很多"老练"的投资者为了逃避新政和美元贬值的风险,把钱汇到了阿根廷和法国。虽然没有任何数据记录作证——人们在谈到自己的收益数据时往往会夸大其词,而在谈及自己遭受的损失时轻描淡写——但我非常怀疑,这些人在外国投资中赚到的钱不如他们投资国内的廉价证券赚到的钱多。

十几岁时,我常常到明尼苏达州的农场里避暑。当时我发现,在郁郁葱葱的牧场上,牛会冲破带刺的铁丝网,跑到远处的草地上去吃草。对它们来说,篱笆另一边的草看起来更鲜嫩,它们的主人也是这么想的,距离果然产生美。

在第二次世界大战中,我明白了对外国投资应持谨慎态度的另一个理由。我的一些客户是英国公民。1942年,在市场处于底部时,英国政府为了获得美元支付战争费用,"扣押"了英国公民持有的美国证券并出售了它们。

我从中得到的启示是:

1. 永远不要为了逃避国内的风险而在国外投资,除非你准备和你的钱一起去国外。

● 第二十章

2. 只有当国外的投资机会比你在国内能找到的任何机会都大得多时，你才可以到国外投资。这个"大得多"将覆盖你了解到的本国投资机会与你对另一个国家期望的投资机会之间的差异。你可能只是曾经偶尔到访过这个国家，在距离很远的地方断断续续地进行研究。

你可能会想，"当革命爆发时，白俄在法国的投资拯救了他们又怎么说呢？德国犹太人呢？他们在国外的投资使他们能在希特勒力不能及的地方从头再来"。这两类人之所以能从对外投资中获利，仅仅是因为他们愿意并可以带着他们的钱去国外。

一些人可能会说："但是，当对国外投资的需求变得显而易见时，你就不可能再进行这些投资了。"

所有的投资都面临这样的问题。当需求或机会变得显而易见时，利润潜力就已经体现在价格上了。

在理想的情况下，对外投资应该是投资者在全球寻找最优相对价值的结果。因此，由此获得的防范国内毁灭性社会和政治变化的保险实际上是免费的，而且免费的保险总是很划算的。

如果英国加入共同市场❶，而且一个经济和/或政治上联合的欧洲发展起来，那么这个新的"超级大国"应该能给投资者提供巨大的机会。

在世界的另一边还有一片有待开发的大陆：澳大利亚。

澳大利亚股市在过去的75年里上涨了60倍，是道琼斯工业平均指数的两倍多。在经历了1929—1932年的全球经济大萧条之后，美国、加拿大和英国的股市用了25年才回升至1929年的高点。澳大利亚股市则在5年内就到达新的高地。为什么差别如此大呢？

澳大利亚幅员辽阔，它的面积有多大呢？在阿拉斯加州归入美国之前，美国面积最大的州是得克萨斯。得克萨斯州比澳大利亚面积最大的州西澳大利亚

---

❶ 指1958年成立的西欧共同市场。

州还小10万平方英里。

澳大利亚不仅国土广袤,而且人口相对稀少。澳大利亚的国土面积大约相当于不包括阿拉斯加和夏威夷的美国国土面积。然而,美国的人口是澳大利亚的16倍。

除了地广人稀外,澳大利亚尚未得到开发。从许多方面看,它的发展落后于美国半个多世纪。

美国有200多万口油井,但澳大利亚仅有2000口。这是澳大利亚勘探程度极低的明证。澳大利亚有300万平方英里的陆地面积和100万平方英里的大陆架,这将为大规模的地下勘探带来可观的回报。

到目前为止,澳大利亚的许多重大发现都是人的无心之得,而不是采用先进的技术大规模勘探的结果,大规模的勘探才刚刚开启。

澳大利亚人讲述过他们在卡奔塔里亚湾(the Gulf of Carpentaria)西部发现戈夫(Gove)铝土矿矿床的有趣故事。第二次世界大战期间,澳大利亚人在那里修建了一条飞机跑道。为了建造这条跑道,他们不得不用推土机把地上的红色石头铲走。战争期间那里曾驻扎过5000人,包括澳大利亚人、英国人和美国人,但没人问过这些红色的石头是什么。

战争结束一两年后,一群地质学家听说澳大利亚北部的一些岛屿上有铝土矿,于是乘飞机来到了这里。由于飞机的发动机出现了故障,飞行员想起了那条已被废弃的跑道,就飞到了那里。飞机发动机的状况非常糟糕,要修好它得花四五个小时。地质学家们为了活动活动筋骨,都从飞机里走了出来。他们在地面四处走动,其中一人仔细观察了一下脚下的石头。5亿吨的铝土矿就这样被"发现"了。

同样引人注目的事件是,有人在西澳大利亚发现了铁矿。

发现铁矿石的是朗·汉考克(Lang Hancock),他从中赚了很多钱,金额是从哈默斯利(Hamersley)发运的所有铁矿石销售总额的2.5%,这也使他成了澳大利亚缴纳所得税最多的人。他发现铁矿的过程是这样的:他驾机和妻子

● 第二十章

在季末从哈默斯利北部的一个牧场向南飞行时遭遇了一场大风暴。他没有"盲飞"仪器，为了不迷路，他不得不靠近地面飞行。暴风雨太大了，他在山间飞来飞去。当他在倾盆大雨中躲着小山头向前飞行时，他看到一座小山的一侧有几条斑斑的锈迹。他记下了那座山的位置，一有机会就回来查看。最终他发现这是一座氧化铁小山。整座山的氧化铁纯度比当时澳大利亚高炉里所用的氧化铁的纯度都要高。

除了地广人稀、未被开发外，澳大利亚还是科技进步的主要受益者。新技术使许多资源的开发成为可能。这些资源虽然在不久之前已为人所知，但由于使用当时的方法和工具开发它们不划算，因此它们被忽视了。

澳大利亚人用履带式拖拉机清理土地。他们不像我们的祖先在佛蒙特州（Vermont）和新罕布什尔州（New Hampshire）那样，一次砍伐一棵树木，一两年后再挖出树桩。他们像拔杂草一样拔掉树木，把它们堆在田边焚烧。两个人一天可以清理出500英亩的土地。

如果没有今天的设备，开采哈默斯利和纽曼山（Mount Newman）的铁矿石就很不划算（每辆铲车一铲能装24吨矿石，每辆卡车能装100吨矿石——4大铲装满一辆卡车，一人驾铲车，另一人开卡车，他们把铁矿石倒入一台破碎机，破碎后的矿石落入一列由两人驾驶的有150节车厢的火车中）。

航空运输业是另一个说明运用现代技术使开发变得可行且划算的范例。与二三十年前从纽约到加利福尼亚的距离相比，现代技术使澳大利亚与纽约的距离更近了。

技术对澳大利亚的显著影响也体现在地下水的开发上。在50—100年以前，当地人会因干渴致死，到了现在，他们可以从地表以下300英尺处取水，而且水质很好，无须抽水，水就可实现流动。

空调也正在彻底改变这个国家的发展潜力，尤其是位于热带的北部地区。过去，白人男性无法在热带地区从事农业生产，因为在这些区域从事农业生产需要艰苦的体力劳动，而且气候对妇女和孩子不利。如今他们可以处处使用空调了，甚至连机器的操作室里都安装了空调。

澳大利亚的很多重大开发项目大多由日本提供资金，尤其是铁矿石、铝土矿和煤炭开发项目。未来面临的一个大问题是："日本人想用这些廉价的澳大利亚原材料做什么？"日本人非常机敏，在第二次世界大战中，他们用轰炸机击沉了澳大利亚达尔文市（Darwin）的很多船只。战争结束后，他们又来了。他们买下沉船，把它们打捞上来，带回日本取废铁。

在投资中没有什么是确定的，但从概率来看，进一步开发这片土地上的自然资源似乎是有利的。这片土地是世界上温带地区人口最稀少的土地。澳大利亚的法律与英国的同宗同源，澳大利亚人尊重私有产权，这使得开发前景愈加光明了。

## ■ 地狱之城

货币、利息和通货膨胀都会对你喜欢的投资目标所处的投资环境产生重要的影响，但最重要的因素是当地的人和他们的观念。他们的希望、目标和信仰是什么？他们想要自己的孩子过什么样的生活？他们想建设什么样的国家？他们会为什么而战？有多少人在尽己所能地帮助地球治愈创伤、帮助人民追寻更美好的生活？

第二次世界大战之后，一切都变得模糊起来了。正如现在的空气污染让乘飞机抵达的游客很难透过黄棕色的云层看到曼哈顿的高楼一样，道德污染也让人难以辨别是非，尤其是当许多人共同做出了错误的行为时。

这一点在大城市里表现得最为明显。大城市提供了近似隐形的匿名。这意味着，当人们知道没人注意自己时，他们就有可能我行我素。当美国出现了道德崩溃时，这一点必定首先在大城市里表现出来。其他任何地方都没有如此强的相互依赖性，也没有如此明显的机会在不被发现的情况下行骗。而在其他任何地方，大规模生产和专业化的优势都不会被效率低下的警务和检查成本的上

● 第二十章

升所抵消。

贪婪的人把不幸的黑人当作囚犯和奴隶带到了美国，播下了种族冲突的种子，破坏了我们的民族团结。让他们贫困的后代在到达大城市的那一天继续领取救济的政治制度加剧了居民纳税人的外流。在20世纪60年代，纽约市流失了61.7127万名白人，增加了70.2903万名非白人。在截至1971年11月的10年里，领取救济的人数增加了89.2917万人，从而使总数达到了124.2785万人。领取救济的白人和非白人各有多少呢？相关的数据"不存在"。

一些人可能会指责我说，我借着写书的机会谴责政府对穷人的帮助，这样的指责是不正确的。我想谴责的是，由于救济标准和支付的地理差异，大规模的移民受到了不合理的鼓励。如果我们的救济机构没有为穷人提供令他们迁移到大城市的经济诱因，我猜他们不会蜂拥而至纽约曼哈顿。在那里，他们的孩子成了毒贩的替罪羊，父母自己也常常缺乏教育和培训，无法胜任他们急需的工作。国会多久之后才能认识到这个问题的严重性呢？

悲观主义者说，大城市已经没有吸引力了，因为随着通信和交通的改善，人们已经不需要大城市了。（人们应该尝试着通勤。）也许有取代大城市的更好模式。不过，有两点应该引起投资者的思考。第一点是，有证据表明，我们的大城市与其说是在死亡，不如说是在被谋杀。第二点是，从历史上看，所有国家在任何时候都把城市视为文明的焦点。

实事求是地说，大城市一直被视为政治机体的头脑。当头脑死亡时，身体还能存活吗？

明确了问题就解决了一半的问题。如果大城市的危机真如我想的那么严重（不仅对城市而言很严重，而且对整个国家而言也很严重），那么人们肯定会很快看出这一点并开始采取有效的措施，这些措施会对工业和商业产生影响，尤其是在公共交通、住房、教育和卫生方面。

不要看空大城市，黎明之前总有一段最黑暗的时光。

## 第二十一章

# 为时未晚

未来10年、20年、30年或40年的前景与过去有何不同呢？我们现在已经知道，在1932—1967年间的几乎任何一年里，我们都有通过买对股票并坚持持有轻松地赚取100万美元的机会，以后我们还有这样的机会吗？

一些非常重要的因素已经发生了变化，这是无可争辩的事实。股市大涨行情于1932年7月8日开启，当日道琼斯工业平均指数的盘中低点为40.56点，1966年2月9日指数达到顶峰，盘中高点为1001点。股市上涨是由以下因素推动的：

1. 从萧条到繁荣的巨大心理转变。

1932年，道琼斯工业平均指数仅为其账面价值的一半，1966年，该指数是其账面价值的两倍。

1932年，股票的收益率是债券的两倍，而在1969年的巅峰时期，股票的收益率约为债券的一半。当人们对商业前景感到悲观时，尽管债券的收益率仅为股票的一半，他们也更喜欢投资债券而不是股票，"因为债券更安全"。当人们对商业前景感到乐观，同时又担心通货膨胀时，尽管债券收益率几乎是股票的两倍，他们还是喜欢投资股票，"因为股票收益和股息都在增长"。

即使其他因素自1932年起没有发生任何变化，仅这种关系的转变就足以解释股市上涨了4倍的原因了。在未来几年内，股市无法再从这种转变中受益了，因为它已经从中受过益了。

## 第二十一章

2. 第二次世界大战摧毁了除美国以外的所有大国的大部分生产能力。

到战争结束时,美国不仅要满足国内被推迟的需求,还要帮助重建英国、法国、德国和日本的生产设施,更不用说对许多欠发达小国的援助了。

但在未来的几年里,美国根本指望不上这类因素了。在帮助这些国家重新站稳了脚跟后,美国正面临并深切地感受到了来自这些国家的竞争。

3. 战争结束后,美国拥有世界上大部分货币性黄金,它们的价值超过了260亿美元,这使我们多年来为巨额政府赤字提供资金的同时,不明显削弱美元的外汇价值。当我们的货币性黄金储备减少到100亿美元时,我们停止了黄金支付。我们再也不能指望这个因素发挥作用了。

4. 我们总计1400亿美元的援助项目促进了旨在消除贸易壁垒的国际合作。当合作符合自身的利益时,人们总是会选择合作。当援助放缓时,人性也开始恢复如初了。国际贸易战的危险是真实存在的,竞争性保护主义会导致世界贸易萎缩和通货紧缩。

鱼和熊掌不可兼得,我们不能再靠这几个因素刺激股市了,我们已经感受过它们的影响了。

那我们靠什么呢?

15年前首届原子和平会议在日内瓦开幕时,会议主席、著名的印度原子科学家霍米·巴巴(Homi Bhabha)说,人类经历了三个伟大的时代。第一个时代以肌肉力量为基础,持续了数万年;第二个是化学能时代,持续了大约300年;第三个是于不到30年前在芝加哥斯塔格体育场(Stagg Stadium)开启的原子能时代。

巴巴先生说,人类从第一个时代进入第二个时代导致的变化是无法想象的,但与我们进入第三个时代导致的变化相比,那简直是小巫见大巫。

这次会议预测了原子能的三大发展方向。

1. 当聚变反应得到控制时,人类将获得无限的能源。

2. 辐射引起物质分子结构发生不可逆的变化,新材料诞生。

3. 通过辐照植物和动物"种子"加速进化过程，新生命形态诞生。

地球就跟潜艇一样，人员越来越多，需要的能源就越来越多，他们要获得足够的氧气来维持和改善生活质量。

这些被预言的新材料和新生命形态虽然不那么广为人知，但非常重要。

投资者在这三个领域里都应该能找到一本百利的投资机会，就像过去电灯、汽车、飞机、广播和电视、避孕药等几乎每一项重大的发明都提供了这样的机会一样。

正如亨利·J. 凯泽（Henry J. Kaiser）所说，困难是穿上工作服的机遇。污染治理领域将为某些人提供重大的投资机遇，更广泛的一次性用品的生产也是如此。

激光的潜力刚开始遭到怀疑，即使是在军事领域也是如此。战争史表明，今天不可抗拒的进攻性力量明天会屈服于牢不可破的防御性力量，比如进攻性的火药战胜了防御性的城堡、护城河和盔甲，而在第一次世界大战中，防御性的战壕战胜了进攻性的火药。洲际弹道导弹恢复了进攻性力量的霸主地位，但它们也会如太阳一样落山，到时候新的防御性力量将崛起，并给人们带来一本百利的投资机会。

全息技术能使人隔着遥远的距离看到彩色三维空间中的对方，这可能会减少他们对旅行"会面"或商务会议的需求和欲望。

从理论上讲，以几乎零功率损耗传输电力的过冷电缆已经使国家电网通过功率和效率极高的电站供电成为可能。

能识别各种语言印刷体和手写体的机器会把文字转换成计算机能够识别和理解的电脉冲。

工厂制作的饭菜可能比许多母亲费心劳力制作的饭菜的味道更好，而且以后工厂制作的饭菜的味道可能会越来越好。我无法给出一个完整的菜单，没人知道有哪些菜。这只是发展前景比较确定的几个例子。

只是有一个问题。亚当和夏娃的子孙们一直梦想着回到伊甸园，我们一直

● 第二十一章

在为此而努力。在伊甸园里,所有人都能过上富足的生活,工作只是保持身心健康的一种途径。我们可以打开伊甸园的门栓重新进入,除非我们斗得筋疲力尽只为看看谁会第一个进入!

这是空想吗?是不切实际的幻想吗?我是在用水晶球预卜未来、在胡说八道吗?可能吧,但别忘了,在过去的40年里,缺乏信心和想象力、怀疑一切和愤世嫉俗让我们付出了什么样的代价。

我赌世界末日不会来临,即使赌输了也没什么大不了。

股市的表现越糟糕,我们就越要奉行买对股票并坚持持有的原则。当股市血流成河时,罗斯柴尔德家族为什么要买入资产呢?不是因为他们喜欢红色,而是因为当形势变得如此糟糕时,接下来形势只会变好了。我希望并祈祷你和我都不要有这样的投资机会,但若真有这样的机会来临,我们一定不要错过它!

第二十二章

# 7只百倍股的分析

一头饥饿的狼在小溪边遇到了一只正在喝水的小羊。

狼咆哮道："你把我喝的水弄脏了，为此我要吃掉你。"

小羊回答说："我没有弄脏你的水，因为我在你的下游。"

狼说："你是昨天弄脏的，为此我要吃掉你。"

小羊解释道："我昨天不可能弄脏水，因为我今天早上才出生。"

狼说："那是你妈妈弄脏的，为此我要吃掉你。"

按伊索的说法，狼最终吃掉了小羊。

我复述这个故事是为了宽慰一些读者，因为他们可能认为自己出生得太晚了，错过了买入百倍股的机会。我记得在过去10年里有7次买入机会，毫无疑问，未来还会有更多这样的机会。

在生活中，命运就是那头饿狼，为了打败它，我们必须采取行动，而不是为自己找借口。

若有投资者在1961年买入了马斯科螺钉制品公司（Masco Screw Products）的股票，那么到了1971年，他的每一美元投资都会变成100美元。

若有投资者在1963年买入了天际之家（Skyline Homes）的股票，或在1964年买入了美国实验室（American Laboratories）的股票，或在1965年买入了自动数据处理公司的股票，或在1966年买入了弗里特伍德产业公司

● 第二十二章

(Fleetwood Enterprises)的股票,或在1967年买入了美国住宅与开发公司(U. S. Home & Development)或美国开发公司(Development Corporation of America)的股票,他们都可以实现同样的目标。也就是说,只要投资者在相应的年份里投入1万美元买下了这7只股票中的任何一只,他的这1万美元投资在去年都会增加为100多万美元。

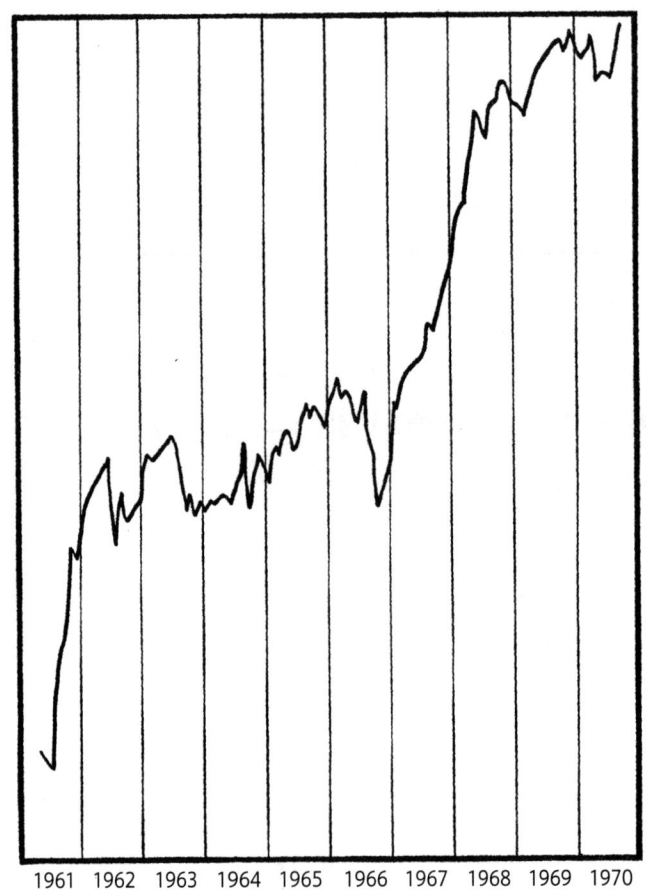

图22.1 马斯科螺钉制品公司的相对股价图

在这7只股票中,有1只必须在底特律证券交易所购买,1只必须在美国证券交易所购买,另外5只必须在场外交易市场购买。

我们怎么能预见到这样的投资机会呢？我们先来看看这7家公司是做什么的以及当它们的股票价格是去年高点的不到1%时的表现，也许我们能从中得到一些有助于我们识别下一只百倍股的启发。

在1961—1971年间的这7只百倍股中，有5家属于建筑业，1家从事自动化工资单和经纪行记录保存业务，第七家公司是现在的美国医疗国际公司（American Medical International），拥有并经营着急症护理医院和一个中央医疗实验室，提供吸入治疗设备，还制作患者咨询类电影。

我们按时间顺序逐个分析这几只回报高达百倍的股票：

如果投资者于1961年2月在底特律证券交易所以每股6.25美元的价格买入了马斯科螺钉制品公司的股票，那么当初买入的每一股现在都变成了18股，去年的最高市值为729美元，是1961年买入价的116倍。

如果投资者在1961年之前买入了这只股票，那么他获得的收益可能远远超过百倍。自1937年以来，马斯科螺钉制品公司的股票一直在底特律证券交易所交易。1938年和1939年，其价格仅为每股55美分。任何以这一价格买入并持有到1971年的人都会发现，他当初投入的每1美元都增加为了1325美元，即1万美元变成了1325万美元。

投资者要想长期持有这只股票，就必须具有非凡的毅力，尤其是其价格在创下了55美分的低点20年后（即到了1946年）才上涨至5美元的高点。到了1949年，其价格下跌了75%，仅为1.25美元。这是一只几乎把所有人都折磨得疲惫不堪的股票。1961年股票分析师们会如何评价它呢？

1953年该公司的销售额为900万美元，但到了1956年，其销售额较1953年的下降了一多半。1960年该公司的销售额恢复至640万美元。该公司1952年的每股盈利为1.07美元，1956年降为11美分，1960年创下了1.28美元的新高。

这只股票在哪些年份里表现比较出色呢？我们可以从表22.1列示的数据中找到线索。

# 第二十二章

表22.1 马斯科螺钉制品公司股票1956—1960年相关数据

| 年份 | 每股投入资本（美元） | 每股账面价值（美元） | 投入资本回报率（%） | 账面价值回报率（%） | 每美元投入资本销售额（美元） |
|---|---|---|---|---|---|
| 1956 | 6.16 | 6.16 | 1.7 | 1.7 | 1.80 |
| 1957 | 6.32 | 6.32 | 6.7 | 4.7 | 2.20 |
| 1958 | 6.52 | 6.80 | 5.0 | 4.5 | 1.60 |
| 1959 | 7.36 | 7.64 | 13.2 | 12.9 | 2.00 |
| 1960 | 8.72 | 8.44 | 15.1 | 15.1 | 2.00 |

从1956年到1960年，每股账面价值增加了37%，每股投入资本增加了41%，每股销售额从10.88美元增加至17.44美元，增幅高达60%。然而，尽管出现了这些显著的改善，但马斯科螺钉制品公司1960年的股价仅为每股盈利的2.7—6.9倍。

1961年，这只股票的价格大幅上涨，从每股盈利的2.9倍上涨到了每股盈利的26.9倍，1969年的价格超过了每股盈利的38倍。

从中我们再次领悟到了在市盈率较低时买入股票的重要性。从1960年到1969年，即使每股盈利没有增加，其市盈率（价格除以每股盈利）的提高也能导致其股价上涨为原来的14倍（但实际上，这一时期该公司的每股盈利大幅增加了）。但关键的一点是，若每一美元盈利的价格上涨为原来的14倍，每股盈利本身只需要增加为原来的7倍多一点就能使股价上涨为原来的近百倍（14×7=98）。另一方面，当市盈率保持不变时，每股盈利必须增加到最初的100倍才能使股价上涨到原来的100倍。

一些分析师更关注销售额和利润率而不是投入资本及其回报率，这其实没什么区别。销售额乘以利润率必须等于投入资本乘以投入资本回报率，它们只是以不同的形式表达（和分析）了相同的盈利数字而已。（10美元的销售额乘以

30%的税前利润率等于3美元，当税率为50%时，净利润为1.50美元。7.50美元的投入资本乘以20%的回报率等于1.50美元。）

若马斯科螺钉制品公司1956—1960年间的改善势头没能持续下去，其股票就不会产生如此戏剧性的市场结果。以下是该公司近10年来的一些数据：

表22.2　马斯科螺钉制品公司股票近10年的相关数据

| 年份 | 投入资本回报率（%） | 净资产收益率（%） | 每美元投入资本销售额（美元） |
| --- | --- | --- | --- |
| 1961 | 20.0 | 20.2 | 1.80 |
| 1962 | 26.7 | 27.5 | 2.10 |
| 1963 | 27.7 | 27.6 | 2.20 |
| 1964 | 29.8 | 29.8 | 2.20 |
| 1965 | 28.4 | 28.3 | 2.20 |
| 1966 | 26.9 | 26.2 | 2.30 |
| 1967 | 21.9 | 24.4 | 2.00 |
| 1968 | 22.7 | 23.5 | 2.20 |
| 1969 | 12.2 | 20.7 | 1.20 |
| 1970 | 11.0 | 18.5 | 1.10 |

"投入资本回报率"衡量的是投入到企业的所有资本的盈利能力，无论这些资本在资产负债表上被显示为债券、优先股还是普通股和盈余。"净资产收益率"衡量的是投资于企业的、在资产负债表上显示为普通股和盈余的资本的盈利能力。

当公司没有发行债券和优先股时，其投入资本回报率和净资产收益率自然相等。当一家公司的净资产收益率高于其投入资本回报率时，这意味该公司显示为债券和优先股的资本的收益高于优先资本的成本。比如，一家公司为其债券支付5%的利息，为其优先股支付5%的股息，而它从投入资本中获得了10%的收益。相反，当一家公司支付的优先证券的利率或股息高于其资本收益时，其

● 第二十二章

净资产收益率必定低于其投入资本回报率。

销售额与投入资本的比率（每美元投入资本销售额）有时会发出竞争压力加剧的预警信号。当管理层发现公司不得不投入大量的资金"以保持竞争力"而不是增加产量时，问题就出现了。

我之前就说过，在市盈率较低时寻找百倍股很重要，因为一旦股票的市盈率比较高了，买家就无法再通过该比率的提高获利了。因为其他人已经从中获过利了。类似地，虽然较低的投入资本回报率不是好迹象，但回报率的提高可能促进盈利的增加。一旦实现了高回报率，通过提高它获利的机会自然就消失了。

数字永远无法揭示公司的一切。《穆迪工业手册》直到1959年还把马斯科螺钉制品公司描述为"从事汽车和其他行业用螺钉产品制造的企业"。但到了1961年，水龙头的销售成为该公司的主要收入来源，这主要是因为其生产的德尔塔（Delta）单柄水龙头非常畅销，该公司现在还有一条中档价位的双柄水龙头生产线。

其他6家百倍股公司的状况如何呢？天际之家公司建造移动房屋、旅行拖车和折叠型帐篷车，还改良组合式房屋，使之更适合永久居住。这只股票1963年1月的价格为每股11美元，当年的每股盈利为1.70美元。因此，这只百倍股最初的市盈率不到6.5倍。1963年的1股到后来变成了19.8股，去年的估值为1183美元。到了1971年5月31日，这只股票的市盈率达到了31倍，创下了历史新高。

1964年，美国医疗国际公司的股价为75美分，不到后来公布的当年每股盈利的4倍。到了1971年，当年的每一股变成了3.4股。1971年，其股价为最新公布的每股盈利（1970年）的44倍。由于1971年的市盈率是1964年的11倍，要成为百倍股，每股盈利就必须增加至1964年的9倍。事实上，这只股票盈利的增幅超过了这个数字，其1971年的最高价是1964年最高价的172倍。

自动数据处理公司是计算机处理业务领域杰出的企业，主要从事工资单处理和经纪记录业务。1965年，这只股票在场外交易市场的报价为每股7美元。当时的1股变成了现在的9股，按去年的峰值价格计算，这些股票的价值为704美

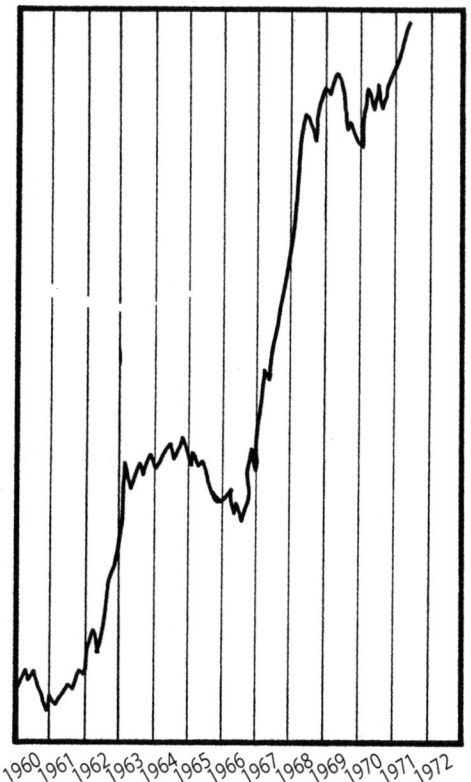

图22.2　天际之家公司的相对股价图

元。1965年,该公司的每股盈利为56美分,因此这只股票当年的市盈率为12.5倍。1963年,其股价曾下跌至1.5美元。按截至1971年6月30日的1971年峰值价格计算,其股价是每股盈利的90倍。

另一家房地产企业弗里特伍德产业公司主要生产移动房屋和旅行拖车。1966年,这只股票的价格是其当年每股盈利的6倍多一点。1966年的每一股到1971年底变成了16股,1971年的价格是最新公布的每股盈利的37倍,其市盈率大约是1966年的4倍。因此,这只股票价格的上涨主要得益于盈利的增加。

美国住宅与开发公司在新泽西州和佛罗里达州建造独栋住宅和公寓楼,也投资开发土地。1965年,这只股票在场外交易市场的最低价格为每股56.25美分,1966年为每股50美分,1967年为每股62.5美分。1967年的每一股到现在变成了

### 第二十二章

两股，1971年的最高市值为78美元。截至1967年2月28日的财年的每股盈利为20美分，因此这只股票当年的市盈率最低值仅略高于3倍。

美国开发公司在新泽西州和佛罗里达州建造独栋公寓和社区，并从事其他房地产业务，还生产铝门窗。1967年，这只股票在场外交易市场的价格为38美分。当年的1股后来变成了2.2股，去年的市值为74美元。

1963年，美国开发公司以每股1美元的价格从一名前高管手里回购了29.7582万股股票，这一事实充分说明了所谓内幕信息的价值是很有限的。这些股票现在变成了65.4680万股，去年的最高市值为2200万美元。

美国开发公司1967年的最低股价与1966年每股盈利的比值略高于3，与1967年每股盈利的比值小于2。该公司1971年的最高股价是其1970年每股盈利（50美分）的67倍，但该公司公布的1971年前9个月的每股盈利是1.07美元。

我们从中得到的启示是很明确的：在过去10年里上涨了百倍的股票的市盈率一开始都比较低，它们的价格大幅上涨是盈利持续增加的结果。盈利增加了，每美元盈利的市场价格也提高了。

（这并不意味着市盈率较高的股票就不可能上涨百倍，这只是意味着，当你几乎无法指望或根本无法从市盈率的大幅提高中获益时，你必须预见到更大幅度的盈利增加才能确保股价实现百倍的涨幅。）

一切都靠运气吗？

那些买入了这7只股票中的任何一只并从中获利百倍的人当然不是全靠运气。他们不受其他建议和临时措施的干扰，坚持持有股票，展现出了与众不同的精神品质。但他们买入这些股票是靠运气吗？

回顾20世纪60年代的历史后我发现，我当时应该预见到工厂制住宅行业股的大涨。陈旧的建筑规范和建筑行业工人猛涨的工资已经使数以百万计的人负担不起自己建造房屋的成本了，这导致了工厂制房屋的流行。

工厂制住宅公司的股价普遍上涨进一步强化了这一猜测。国民家园公司的股票也在百倍股名单上（见附表一），它是世界上规模最大的家庭组装房屋制造

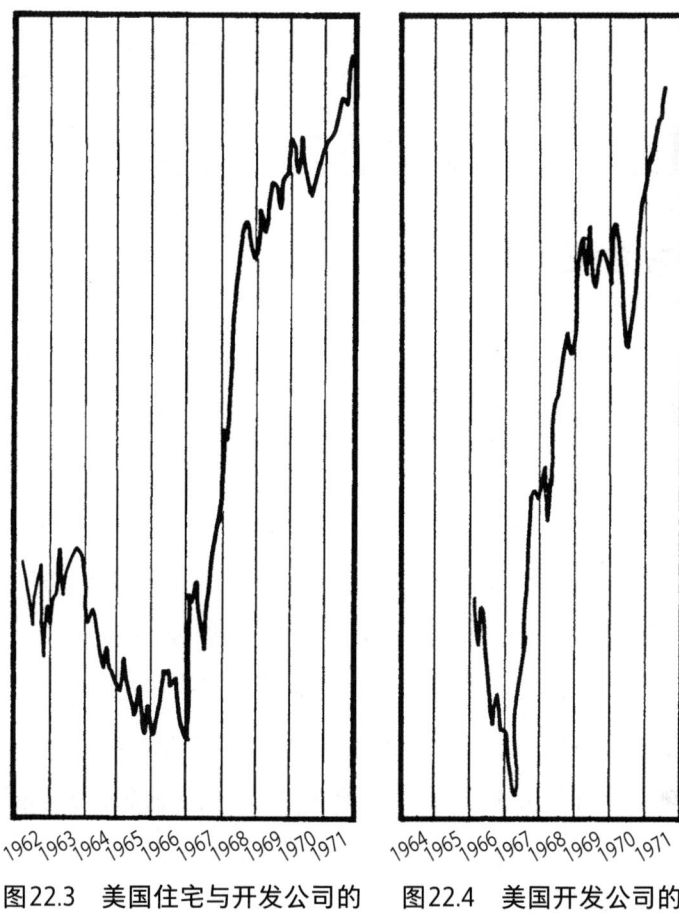

图22.3 美国住宅与开发公司的相对股价图　　图22.4 美国开发公司的相对股价图

商。冠军住宅建筑商公司（Champion Home Builders）的股票虽然不在百倍股名单中，但它1971年的价值是它1967年最低价的43倍。

一个行业的股价出现了如此剧烈的变化凸显了区分概念投资与统计投资的重要性。等到你能证明工厂制住宅是未来的潮流时，在该领域赚大钱的机会已经不复存在了。

当你预先知道解决方案时，人类面临的每一个问题都是一个投资机会。若不是为了防小偷，有谁会去买门锁呢？

第二十三章

# 如何避免错失机会

为什么每年有这么多大好的机会摆在我们面前,我们却很少能抓住它们呢?这个问题不容易回答。我暂时想到了六个原因,可能还有其他的。

鲜有人能以1美元的投资赚到100美元的基本原因是,我们从未尝试过这样做。从某种意义上说,我们已经被洗脑了,总是去寻找和处理与投资额增值百倍无关的信息。我们就像在一片成熟的瓜田里狂热地寻找一两颗花生的小男孩。口味问题没有什么好争论的。如果我们更喜欢获得交易利润而不是发财,那就顺其自然吧!但是一个成熟的甜瓜要比一粒花生,甚至两三粒花生所含的"财务卡路里"多得多。

我敢肯定,很多人从未着手做过让他们的资本增值百倍的事情,因为他们不知道自己有这种能力。从想增加资本而不是想"参与市场"的角度来看,许多投资研究都是具有误导性的。应该为此承担责任的人有很多,包括投资者、经纪人、金融服务公司、新闻媒体,甚至学校的老师。

经纪人以交易佣金为生,我做了11年的经纪人,而且还是合伙人,我对这一行再清楚不过了。经纪人收取佣金的业务有两类,一类是提供极优质的服务,包括投资建议,吸引越来越多的人来经纪行买卖证券;另一类是向经纪行已有的客户阐明他们应卖出手里持有的股票并买入其他股票的原因。这两类业务我都做过。以临近年底的亏损来抵消当年早些时候积累的应税利润就是个好例子。

如果更有可能从一名"冒险投机"基金经理处获得业务，那么这可能预示着他所青睐的某只成长股即将被按下暂停键了。没有什么比以50美元的价格卖出50 000股一两个月后就看到这只股票的价格下跌到40美元给人的感觉更奇妙了。实际上，在卖方以足够低的价格更换股票以支付资本利得税和佣金之前，他并不知道自己是赚还是亏。正如乌龟对兔子所说的那样，在越过终点线之前，谁领先并不重要。人生的终点线是死亡，到时候所有未实现收益的潜在资本利得税义务都会被免除，至少按1971年的法律是如此。

我之所以说新闻媒体对一些无利可图的过度交易负有责任，是因为一些媒体的报道确实起了推波助澜的作用。举个例子，如果你是《每日号角》（the Daily Clarion）的读者，你可以通过在利空消息出现时卖出股票，在利好消息出现时买入股票来赚钱。这样的行为在短期内往往会产生预期的结果，但这是市场预期导致的结果。

在真正的长期投资者眼里，这些消息大多是无关紧要的。有些新闻表面来看意义重大，实则不然。精明的投资者将利空消息视为以便宜的价钱买入好股票的机会。这就是在市场急剧下跌之后，我们经常看到最出色的股票率先上涨的原因。

我不是在批评或诋毁消息的作用。从某种意义上说，消息是文明社会的神经系统。我所提防的是如果你有了消息，你就自动有了投资决策这一错觉。

通常情况下，消息为投资者提供了换股的理由或借口。从理论上讲，投资者有可能在卖出一只出色的股票后买入了一只更出色的股票，然而，投资者经常忽视的一点是，买入的股票与卖出去的股票相比优势有多大才能使这种转换有意义。例如，假设你以100美元的价格买入了一只股票，之后你以1000美元的价格将其卖出。虽然各州的税率各不相同，但可以假设，联邦、州、城市征收的资本利得税和佣金至少占毛利的30%。按这个税率计算，你的净利润不会超过730美元。假设你以1000美元的价格卖出的股票此后又上涨了50%，那么如果你没有卖出它的话，你现在持有的该股票的价值就是1500美元了。要与这

## 第二十三章

样的涨幅匹敌，你用730美元的净利润买入的股票的涨幅就得高于105%。换句话说，你新买入的股票的涨幅必须是你卖出的股票的二倍以上。

我并不是反对你卖出无可救药的股票，我想表达的意思是，当你想用一只更出色的股票更换一只你从中获利丰厚的股票时，这只新买入的股票的表现一定要比大多数人所设想的好得多。

让人感到有悖常理的是，试图将资本额增加至百倍的投资者所冒的风险实际上要比试图使资本额翻一倍的投资者小。其中的原因至少包括以下五个方面：

1. 最好的东西总是有市场的，因为注重品质的人似乎都是有钱人。股票和债券是如此，房地产和古董也是如此。

2. 以实现最大幅度的长期增长而买入股票可以避免落入低估他人实力的陷阱。当你买入某只股票是因为你预期在未来的20年、30年或40年里其盈利和股息会增加百倍时，你不会想把这只股票卖给一个不如你聪明的人。

3. 当你买入利润率高、资本回报率高于平均水平、销售额增速快于行业或国家水平的公司发行的股票时，时间就站在了你这一边。永远不要把宝押在可能性一边而对确定性不屑一顾。时间在流逝，并将继续流逝，这是确定无疑的。如果你的股票没有明显的增长上限，时间终会纠正你之前犯下的许多错误。

4. 有句谚语：如果你造的捕鼠器比别人的更好，全世界的人都会找上门来。让你造出更好捕鼠器的是玉米，并且是高蛋白玉米。有时候，一些人不承认这一点，他们说，若没有美国广告商的帮助，更好的捕鼠器制造商会无人问津。但在现实生活中，能制造出更好捕鼠器的聪明人都不会满足于现状。

5. "不要嫁给你想改造的人。"一位睿智的母亲这样劝告女儿。买入一只你想改造的股票几乎无利可图。有时候，股票就像丈夫一样，你所希望的改变永远不会发生。即使出现了改变，它也常常姗姗来迟。希望迟迟得不到满足，等待的人心痛不已。也许你持有的股票的价格会翻倍，但你必须得等10年，算下来这只股票的年复合增长率只有7.2%。

买入没有明显增长上限的优质股的最大好处是，我们得到了从这只股票不可预见和不可估量的增长中获利的机会。年复一年，人类实现了许多起初看来不可能的目标，却一直在低估自己实现未来目标的能力。一个来自火星的人可能会推测，等把足够多的人送上月球并组建俱乐部之后，我们地球人才有信心做任何我们认为有必要或想做的事情。如果这位火星人知道我们的历史，他会更清楚这点。100年前，一些官僚以一切都已经被发明出来为由主张关闭专利局。80年后，罗杰斯（Rodgers）和哈默斯坦（Hammerstein）用这样的歌词唱出了该理念："堪萨斯城的一切都是最新的，它们已经走得足够远了。"

我已故的老朋友彭德尔顿·达德利（Pendleton Dudley），也是《华尔街日报》的同事，曾愉快地回忆了他在1905年为纽约一家银行举办发布会时的情形。在对崭新的汽车行业进行深入分析时，这家银行的经济学家得出结论说，美国能负担得起的汽车数量是50万辆，这也是美国的所有道路能容纳下的汽车数量。我第一次听说这个数字时觉得它很有趣。我认为，美国在拥有3000万甚至4000万辆汽车和卡车之前，汽车行业不会达到顶峰。众所周知，美国现在有1亿多辆车。

我们每天都乘坐比"五月花"号更大吨位的飞机横穿大西洋。我们已经证明了爱因斯坦方程式，即能量等于质量乘以光速的平方，并将其应用于实践中。我们已经把可怕的音障——声速——变成了速度计标准。我们通过太空卫星监测云层，并在稳步提高天气预报的准确性。我们在识别和影响生长过程方面取得的进步使得哈维的血液循环发现显得很古老。然而，就像鸟儿第一次飞行一样，飞得越高，就越害怕掉下来。

也许现在我们真的走到了一个时代的尽头。19世纪取得的成就对人类的神经系统提出了前所未有的要求，也许从生物学角度来讲，人类现在已经筋疲力尽了。也许我们需要一个新的黑暗时代让我们稍做休息。当然，这不是我们第一次这么想。在20世纪30年代中期担任《巴伦周刊》的总编时，我与哈佛大学的一位教授合作编制了一份商业指数。他得出的最终结论是，美国的长期走向是略微下行的。

## 第二十三章

大约在同一时间,罗斯福总统的社会保障委员会估计,美国的总人口到1980年将达到1.5亿。该委员会的成员包括珀金斯(Perkins)、摩根索(Morgenthau)和华莱士(Wallace)部长、总检察长卡明斯(Cummings)和联邦紧急救济署署长霍普金斯(Hopkins)。现在,美国的人口已经超过2亿了。

我没有嘲笑任何人的意思。我想表达的意思是,我们不知道,永远不知道,也永远不可能知道未来会发生什么。明智之人能做的就是采用买对股票并坚持持有的投资策略。

我们谁也不愿意把不幸归咎于自己,责怪别人有助于维护我们的自尊,但维护不了我们的钱包。我为撰写这本书做了不少研究,其中的很多都无异于往我的伤口上撒盐。我一直不愿意接受这个事实:如果我采用并遵循了不同的投资原则,我可能会做得更好。我的一个朋友试图安慰我,他大声对我说:"整套方法都是不现实的,没人能在底部买入股票。如果他真的遵循了买对股票并坚持持有的原则,那么等他发现自己在1961年以每股66美元的价格买入的实得购物(Stop and Shop)的股票在1971年的最高价仅为每股28.50美元时,岂不是太晚了?"

听了他的这番话,我感觉好多了,但他的话也激发了我的好奇心。我想知道我以其1941年最低价(每股10美元)两倍的价格买入这只股票的机会有多大。可悲的是,我发现从1938年到1945年,每年都有以不到20美元买入这只股票的机会。更令我心塞的是,这只股票在这些年里的最高价仅为19美元。

我又安慰自己说:"但是,如果我以19美元的价格买入了这只股票,即使是按1961年的历史最高价算,我也赚不到百倍的收益。"进一步的核查证实了这一点。如果我在1938—1945年间以19美元的价格买入了这只股票,那么按1961年它的历史最高价计算,我持有的该股票的价值只是买入价的65倍。我又寻思道:"为了获得高收益,我必须在买入这只股票时就下定决心一直持有它,这样,到了1971年,我仍然持有这只股票,但我一半以上的账面利润都消失了。"

我暗自庆幸。"我可没那么笨,如果我以那7年的最高价买入这只股票并一直持有，那么按去年的峰值计算，我的投资只值……"我需要再算一下。答案是买入价的28倍。要想通过交易获得如此高的利润，我需要做出6次交易且每次交易都要使我的资金额翻倍。也就是说，我的每一笔交易都不能出现亏损，而且我在每次交易中至少要获得100%的利润。

要通过能获得100%资本收益的交易把1万美元转变成100万美元，你就必须使你的资金额接连在8次交易中翻番，并在最后一次交易中获得62%以上的利润。对一只股票进行投资时，要使1万美元的投资额增加至100万美元，你就需要找到一只价格翻倍6.5次的股票。表23.1列示了相应的计算过程。

表23.1　1万美元增至100万美元的计算过程

|  | 交易账户（美元） | 投资账户（美元） |
| --- | --- | --- |
| 初始资金 | 10 000 | 10 000 |
| 1 | 17 000* | 20 000 |
| 2 | 28 900* | 40 000 |
| 3 | 57 800* | 80 000 |
| 4 | 83 521* | 160 000 |
| 5 | 141 986* | 320 000 |
| 6 | 241 377* | 640 000 |
| 7 | 410 341* | 1 280 000 |
| 8 | 697 580* | 2 560 000 |

*表示上一格数字的2倍减去30%的资本利得税和佣金。

要想使左列的数字（即扣除资本利得税和佣金后的数字）增加到100万美元，第九笔交易的毛利润必须达到62%。同样的增幅将使右列的数字达到414.7万美元。即使是缴纳30%的税和佣金后，投资账户的金额也将近300万美元。

这些数字引出了一个投资者必须回答的问题：如果投资者的目标是在股市里赚大钱，那么采用哪种方式更有可能成功？如表23.1所示，要想通过交易赚

## 第二十三章

大钱，投资者需要连续8次买入价格翻倍的股票，并在第九次买入至少能上涨62%的股票。如果他采用了买对股票并坚持持有的方法，他必须找到一只价格能翻倍6.5次的股票。无论采用哪一种方式实现目标都不容易。但话又说回来了，倘若赚钱很容易，那岂不是人人都成大富翁了？

如数据记录所示，在过去的40年里，投资百倍股的机会多达数百个。毫无疑问，也有业绩非常出色的交易员。两条路都可以走。每位投资者需要思考的问题是，要想使1万美元的本金增加为100万美元，是做出一个重大的正确决策容易还是连续做出9个正确的小决策容易。

交易者每次都可以把所有的资金投给一只股票。采用买对股票并坚持持有原则的投资者可以买入他感兴趣的多只股票。区别不在于投资的集中，而在于买家的意图。交易者相信，在瞬息万变的世界里，当对未来的预知始终有限时，与确认哪些公司在未来20年会发展得更好相比，做出一系列决策获得成功的机会更大。而致力于买对股票并坚持持有的投资者则重视公司的管理、产品和流程，他认为这些能够应对不可预知的变化。

事后来看，在30多年的任何一年里采用买对股票并坚持持有的策略可以让投资者从365只股票中获得丰厚的收益。毫无疑问，做交易更有趣，也更专业。采用买对股票并坚持持有的策略可以让非专业的投资者获得最接近公平的机会。不过，说这种方法更容易，则是理解有误，我曾亲眼见过经验丰富的投资者花了好几个月的时间才做出了长期决策。但一旦他做出了决定，他就再也不需要狂热地关注日常交易，不用再盯盘了。

即使是那些选择做交易的人，遵循从不买入任何自己不愿意长期持有的股票这一原则也会让他们收益。当有人获得了可观的收益时，离场是甜蜜的忧伤。

每个人的主要投资目标都应该是，在合法的前提下尽可能多地赚钱，尽可能少地缴税。早在20世纪40年代，维克多·萨松爵士（Sir Victor Sassoon）就曾给过我一条宝贵的建议。他说："未来赚钱很容易，但能证明你是否聪明的是，你税后能赚多少钱。"

我想不出有什么方法比投资一家长期稳健发展的公司缴纳的税更少了。但是，在把利润落袋为安、进入更好的投资领域或投资多元化的多种诱惑下，把这样的公司作为投资目标并坚持持有其股票的人不到万分之一。

对于那些认可这一投资目标及相关推理的人来说，有一个简单但不受许多经纪公司欢迎的投资效率测试方法（别忘了，我曾在一家大型经纪公司里做了11年的合伙人）：计算经纪佣金与净资本收益的比率，包括已实现和未实现的资本收益。比如在加勒特先生对施乐公司股票的投资中，这一比例几乎为零。这一比率的值越高说明投资决策越糟糕，因为每一次卖出股票都意味着投资者承认他最初买入了错误的股票或者承认他后来发现了更出色的替代股票。

我自己使用这个方法了吗？很遗憾，没有。我们老得太快了，开悟得太迟了。吃一堑，长一智，良好的判断源于经验，而经验来自错误的判断。我做出了很多错误的判断，因此我有丰富的经验。

你可能想知道，为什么鲜有金融专业人员建议你长期持股。

最重要的原因也许是，我们不让他们这么做。投资者们十分重视股票的季度以及年度表现，以至于当一位投资顾问或者投资组合经理持有一只在一两年之内表现很糟糕的股票时，许多投资者都会大发雷霆。我们以辉瑞公司的股票为例进行说明。在1946年8月至1949年5月和1951年8月至1956年9月期间，这只股票相对于道琼斯工业平均指数的价格均出现了下跌。如果投资顾问在这些时段里建议客户持有这只股票，那么注重业绩的客户肯定会对他嗤之以鼻。从理论上讲，投资者可以在1951年8月卖出辉瑞股票，在1956年9月再买回它。然而，事实是，在1942年买入这只股票并一直持有到今天的人，其投资额增加为了原来的141倍。也许有的交易者的业绩比这还好，果真如此的话，这样的交易者可真是深藏不露的神人啊！当然，从公开的数据来看，没有哪只基金有这么好的投资业绩。图23.1是辉瑞公司过去25年来的相对股价图，它比文字更直观地说明了这一点：要想获得百倍的收益，投资者就必须具有非凡的勇气和耐心。

● 第二十三章

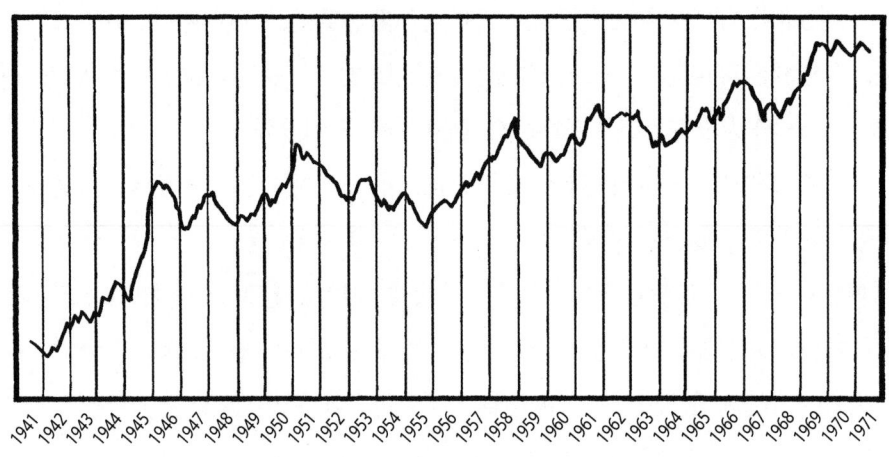

图23.1 辉瑞公司的相对股价图

在辉瑞公司股价波动的背后发生了什么呢?

表23.2列示了该公司近20年来的每股盈利、股息、销售额、账面价值和净资产收益率数据。

表23.2 辉瑞公司股票近20年的数据

| | 每股盈利<br>(美元) | 每股股息<br>(美元) | 每股销售额<br>(美元) | 每股账面价值<br>(美元) | 净资产收益率<br>(%) |
|---|---|---|---|---|---|
| 1970 | 1.28 | 0.63 | 13.68 | 7.67 | 16.6 |
| 1969 | 1.13 | 0.57 | 12.73 | 6.94 | 16.2 |
| 1968 | 1.03 | 0.50 | 11.85 | 6.77 | 15.6 |
| 1967 | 0.96 | 0.48 | 10.47 | 6.11 | 15.6 |
| 1966 | 1.02 | 0.48 | 10.32 | 5.49 | 18.6 |
| 1965 | 0.90 | 0.43 | 9.01 | 4.89 | 18.3 |
| 1964 | 0.76 | 0.38 | 8.04 | 4.48 | 16.8 |
| 1963 | 0.69 | 0.35 | 7.01 | 4.29 | 16.0 |
| 1962 | 0.64 | 0.32 | 6.64 | 4.16 | 15.3 |

续表

| | 每股盈利（美元） | 每股股息（美元） | 每股销售额（美元） | 每股账面价值（美元） | 净资产收益率（%） |
|---|---|---|---|---|---|
| 1961 | 0.58 | 0.28 | 5.69 | 3.56 | 16.2 |
| 1960 | 0.52 | 0.27 | 5.37 | 3.34 | 15.7 |
| 1959 | 0.50 | 0.27 | 5.12 | 3.03 | 16.5 |
| 1958 | 0.49 | 0.25 | 4.56 | 2.73 | 18.0 |
| 1957 | 0.47 | 0.23 | 4.24 | 2.49 | 18.8 |
| 1956 | 0.37 | 0.19 | 3.75 | 2.25 | 16.5 |
| 1955 | 0.33 | 0.17 | 3.66 | 1.93 | 17.1 |
| 1954 | 0.33 | 0.15 | 3.29 | 1.75 | 18.8 |
| 1953 | 0.30 | 0.14 | 2.88 | 1.58 | 18.9 |
| 1952 | 0.24 | 0.13 | 2.44 | 1.53 | 15.7 |
| 1951 | 0.27 | 0.18 | 2.05 | 1.42 | 19.0 |

只看到这些数字的投资者会频繁地买入卖出这只股票吗？我对此表示怀疑。不过每一位投资者都必须做出自己的判断，因为他比任何人都更加了解自己。成功地找到百倍股的秘诀是关注盈利能力而不是价格。你能做到这一点吗？

你如何获取这些数据呢？大多数公司都会定期发布报告，你只需要逐年记录下相关数据即可。《穆迪手册》和《标准普尔手册》内也包含这些信息。你也可以向经纪人询问。

每股销售额等于总销售额除以发行在外的股票数量。净资产收益率等于每股盈利除以每股账面价值。（1.28美元÷7.67美元=0.166或16.6%）

为什么有这么多的投资者重视季度业绩呢？

原因可能有两个。一是他们相信世界上有超人存在。他们告诉自己，在某个地方，有个人比其他人聪明得多，他能挑选出价格在这个月上涨、在下个月下跌的股票。这个人比其他人聪明得多，当其他人在做错误的事情时，他总是

## 第二十三章

在做正确的事情。通过简单的计算便可知，无论形势是好还是坏，由这样的超人管理的投资组合的业绩肯定会比其他人管理的投资组合的好。当事实不是这样时，投资者的补救办法很简单："这个超人不灵了，换另一个。"

一些投资者坚持按季度业绩做评判的第二个原因是：他们认为，若投资顾问看不清公司未来3个月的发展态势，那他肯定也看不清公司未来5年或10年的发展态势。即使我知道两名网球选手以往的输赢记录，我也不知道谁会在比赛中赢得下一分，我当然也无法预测谁将赢得整场比赛。就股票而言，尽管从长期来看，其价格上涨必定反映了盈利和股息的增加，但短期价格波动可能与这些因素完全无关，它们往往是由完全不可预知的因素造成的，例如大型投资组合的清盘、罢工或被过度渲染的新竞争。

我曾经有一位客户，他以数百万美元的价格出售了自己的私人企业，并把全部所得投资于股市。有一天，一脸苦相的他对我抱怨说，他手里的股票让他紧张得睡不着觉。

他说："有一天股价大涨了，我账面上获得了5万美元盈利，但第二天股价大跌了，我账面上损失了10万美元。我没采纳的建议总是对的，而我采纳的建议总是让我赔钱。我多么希望能像过去自己做生意时那样保持内心的平静啊！"

我提醒他说："你那时候没有买股票。你怎么知道自己做的是对是错呢？"

他回答说："很简单，看看公司的月度销售数据、费用比率，只要业务量在增长，利润率保持坚挺，我就能睡得像个婴儿。"

我说："我们可以向你提供有关你投资组合的报告，不过，除非你保证不看《华尔街日报》的报价页信息，否则这份报告对你没任何用处。"

他很坦诚地回答说："我做不到这一点。"

投资者要求进行交易的另一个原因是，他们从来分不清交易活动和结果，即使交易活动只对他们的经纪人有利。当我还是个孩子时，我父亲手下的一位木工跟我说过这样一句睿智的话："刨花太多的木匠不是好木匠。"

在投资者明白了不动声色、默默等候的投资顾问的价值之前，他们对这类顾问的需求都不会很活跃。

当然，并非所有的错都出在投资者身上。金融专业人士不建议和帮助投资者长期持有优质股的一个明显原因是，华尔街的人靠交易活动为生。每笔交易都能带来佣金。既然顾客想要交易，既然做交易需要支付佣金，为什么不顺着他们的心意来呢？

即使是金融界最有思想的人，也无法预知未来。投资者交易的是未知的未来。一个忽视了暂时性威胁的决定可能是灾难性的。在形势变得明朗之前卖出一只有风险的股票不仅对业务有利，还可能不会让客户遭受损失。当经纪人或投资顾问建议卖出时，这至少表明他们知道世界上正在发生什么。不对某只股票采取行动很可能会遭受惨重的损失，尤其是它在未来一两年内表现糟糕时。

1949年我还是一名经纪人，我固执地认为一位客户持有的股票价格便宜，不应该卖掉它。最终我失去了这位账户金额高达数百万美元的客户。除了在《财富》杂志刊登的文章《1929年颠倒过来》（1929 Upside Down）记录了这次经历外，我几乎没有做任何其他事情。

这位客户在与我最后一次会面时说："每个人都告诉我要把这只股票变现，你怎么就觉得自己比其他人看得清楚呢？"

我需要做的就是服从他的命令，卖出数千股股票。当我拒绝这样做时，他离开了我，再也没有回来。

我就像那个在绿灯亮起后死于交通事故的人："他做的是对的，绝对是对的，但最终的结果是他死了，就好像是他做错了一样。"

下次我可能就要做错了。

第二十四章

# 践行"买对股票并坚持持有"的原则

达雷尔先生的客户保罗·加勒特和我在《华尔街日报》的一些老同事就是奉行买对股票并坚持持有原则的人,但我无法引用他们的任何"业绩记录"来证明这一原则的盈利性。任何试图按这一原则管理公募基金的经理人都可能因被认为不努力工作而被炒鱿鱼。只有最杰出的人才有采用这一原则并在每次股价大涨被中断时在糟糕年份中坚守的意志力。

一位接近于采用这一原则的基金经理是赫伯特·特里普,他去年春天刚卸任罗切斯特大学(the University of Rochester)投资委员会主席一职。

特里普虽然不完全赞同买对股票并坚持持有是致富之道,但他的行动说明了一切。罗切斯特大学在1970年的投资报告中列出了其持有的27只普通股的名称,其中有超过一半的股票(14只)与其在1966年的投资报告中列出的股票名称相同。1966年,罗切斯特大学共投资了29只股票。

仅投资了20多只股票反映了特里普的这一信念:过度多元化是在逃避而不是解决投资问题。当所持有的股票数量与1970年底的股票投资组合的价值相关联时,他对选股的强调就更清晰可见了。罗切斯特大学对每只普通股的平均投资额接近1000万美元。

这种策略的效果如何呢?在截至1970年6月30日的财年里,罗切斯特大学的投资收益占捐赠基金历史账面价值的11.12%。20年前这一数字为4.31%。投资委员会报告称，在此期间，捐赠基金历史账面价值增加了59.5%，实际收益增加了327.3%。

截至1951年初，在罗切斯特大学捐赠基金的投资组合中，普通股投资所占的比例不足45%。20年后，股票投资占该基金投资组合的比例超过了72%。

直到1954年，该大学的投资市值才突破了1亿美元，到了1969年底，其投资市值增加为了4.15亿美元，到1970年底又下降为了3.76亿美元。

根据特里普自己确定的反映投资业绩的"股票业绩核算法"，他的得分从1957年底的1.64美元提高到了1970年底的4.46美元，这是计入新的遗赠和赠款金额后得到的数字。

一些只投资普通股的基金的业绩要好得多。例如，斯卡德尔、史蒂文斯和克拉克公司的特别基金同期从10.33美元增加为了76.29美元，因资本收益分配而获得的股票的价值被计入在内，而且不计资本利得税，因为罗切斯特大学的资本收益是免税的。但在平衡型基金和平衡型机构投资组合中，罗切斯特大学所采用的"买对股票并坚持持有"的策略取得了优异的成绩。

特里普先生不会百分之百地依赖选股和坚持持有，我也不会。投资于未知和不可知的未来时，投资者遵循的最明智的原则就是"当心一根筋的人"。投资者也不必过于迷信买对股票并坚持持有的理念。高尔夫球手只要稍微改变一下握拍和站立姿势就能提高球技，稍微重视一下为长期持有而买入股票，稍微重视一下长期持有的决心（不要仅仅因为价格上涨了就想卖出大赢家股），就可能增加你投资组合的价值，但这样做也可能让你付出代价——我就曾付出过代价——但相对而言，这样做的代价要小得多。

## 第二十五章

# 你自行投资吗

律师们都知道这句话：任何试图成为自己律师的人都是愚蠢的。那为什么想买对股票并坚持持有的人就需要专业的帮助呢？保罗·加勒特靠自己发了财，你为什么不能呢？

也许你可以靠自己发财。在决定自行投资前，你应该问自己以下几个问题：

1. 你接受的教育、培训和你在金融和行业的人脉是否支持你做高于平均水平的投资工作，还是你只是在玩别人的游戏？

生活是非常复杂的。在文明社会里，赚钱的方法数不胜数。有些人很幸运，在无任何特殊资质的情况下取得了成功，就跟买彩票中奖一样。但大多数时候，赚到钱的人比他们的竞争对手懂得更多，工作更努力，思维能力更强。当人们在某项业务中具有显著的优势时，他们会坚持从事该业务，而不会冒险从事其他没有优势的业务。

在20世纪40年代一个周六的下午，大约5点钟时，我想起了一个与阿梅拉达石油公司（Amerada Petroleum）有关的问题。我知道该公司的总裁阿尔弗雷德·雅各布森（Alfred Jacobsen）是个工作狂，于是打电话给该公司总部，希望能有人接听。阿梅拉达石油公司的总机关机了，但雅各布森亲自接了电话。他没有看任何文件就回答了我有关威利斯顿（Williston）盆地开发的问题，甚至告诉了我目前正在钻探的几口油井的深度以及砂层的厚度。通过这件事，我明白了阿梅拉达石油公司在新发现的油区内拥有战略性地块的原因。

保罗·加勒特能确定无疑地回答第一个问题,你能吗?

2. 为了找到一只具有百倍增长潜力的股票,你是否准备好了做大量必要的筛选工作?加勒特先生不是靠闭着眼睛在《纽约时报》的报价页上扎大头针的方式选中哈洛伊德股票的,而是在金融界朋友的帮助下选定的。他的朋友帮他从5万多只股票中选出了50只,他孜孜不倦地研究和分析了它们,然后选中了3只。接着他对这3只股票进行了深入全面的研究,最终选择了哈洛伊德,即现在的施乐公司。你已经准备好并且能够做这么多的工作吗?还是你想专注于自己的事业、职业或爱好,让别人为你选择投资目标?

3. 你的资金实力和情绪稳定性是否足以支撑你冒险投资选定的一只或两三只股票?或者当这些股票的价格刚一下跌时,你就会对自己的判断失去信心?股价下跌是常见的,即便是最终带来百倍收益的股票也是如此。

宝丽来的股价从1946年的50多美元下跌到了1949年的20美元以下,所以说,"只有勇敢的人才能获得成功"。

帕卡德汽车公司(Packard)之前使用的广告语是"问问开帕卡德汽车的人",这句广告语有坚实的心理学基础。大多数人在开展新事业时都需要有同伴的安慰。顾名思义,成功的"自己动手型"投资者基本上必须独自采取行动。如果某只股票很热门,从它身上获利的机会肯定会减少,而且可能会消失。如果股票被一些富有远见的专业投资者所青睐,那么他们肯定不会鼓励你(非他们的客户)买入这只股票,与他们抢筹码。

再次问问你自己:在形势艰难时,你能独自前行吗?

4. 即使你努力了,但最终还是买错了股票怎么办?你是否有足够的设施和技能密切监控你选择的一只或多只股票以及其他替代性股票,以便在遭受惨重的损失前发现错误?

自加勒特先生买入哈洛伊德公司的股票后,这只股票的价格几乎一路上涨,但许多百倍股的价格在开启大涨行情之前都波动甚至暴跌过,这极大地考验了

## 第二十五章

持有者的勇气和耐心。而且，许多原来被视为百倍股的股票的价格最终没有出现大幅的上涨。

在投资中，固执不等于精明。

问自己：你知道信念坚定和不愿意承认并纠正错误之间的区别吗？

除非你能肯定地回答这些问题，否则你应该寻求专业的指导。那么，你应该去哪里寻找呢？

你是如何寻找律师或医生的？一般是靠朋友的推荐。被推荐的人通常为你的朋友服务了多年并取得了良好的口碑。一开始你也可以采用这种方法寻找财务顾问。

你如何决定是否接受财务顾问的建议呢？他应该为你提供哪些建议呢？

最简单的方法是确认其建议是否对你有利，哪些方面有利，哪些方面不利，不仅要考虑市场价格，还要考虑收益、股息或利息等因素。对投资做出任何改变的唯一正当理由就是获利。要追踪卖出股票的价格走势。比较一下，如果你没有卖出股票的话，你会得到什么，以及卖出后你得到了什么。但至少在一年内不要这么做。良好的投资决策往往需要很长的时间才能显现出效果，有时需要两三年甚至更长的时间。最后，将你过去几年的投资业绩与道琼斯或标准普尔等大盘指数进行比较，但不要比较债券投资收益与大盘指数，也不要比较股票投资收益与债券指数！

如果一段时间之后，你发现买入股票的涨幅小于卖出股票的，你可以请财务顾问做出解释。他可能会向你证明，尽管市场还没有认识到你买入股票的真正价值，但你已经获得了收益和股息。

调整了持有的股票后，你有权期望在合理的时间范围内受益，当这一目标没有实现时，你应该问问自己，你是否一直在用不明智的建议或要求捣乱。如果答案是否定的，那么你很可能会得出这一结论：你需要换一个财务顾问了。

检验财务顾问的另一个好方法是，把他从你身上赚到的钱和他为你赚到的钱挂上钩。一位西海岸的寡妇因其财务顾问的建议损失了一半的财产，如果她当初采用了"有利—不利"法和"挂钩"法来评价她的财务顾问,她至少可以少遭受一部分损失。

检验财务顾问效率的第三个方法是看换手率。正如我们所看到的,在股票市场上有数百个赚取百倍收益的机会。许多股票的回报距离百倍仅一步之遥,还有数百只股票增值了50倍,增值了25倍的股票则更多。

如果你的目标是在未来10年或20年内获得最大的资本收益,那么你每次买入股票时都应该抱着长期持有它的心态。每一次卖出都应该被视为一次认错,也代表着你失去了一次机会。当然,这样的认错会很多。赚钱并不容易,而且永远都不会容易,但是,设定正确的目标、保持清醒的头脑对赚钱有益。

要想买入一只在40年内升值百倍的股票,你就必须买入一只价格年均复合增长率至少为12.2%的股票,当它在某一年的涨幅低于这个数字时,它在另一年的涨幅就必须高于这个数字。

即使你想买入一只在40年内升值50倍的股票,你也必须找到一只价格年均增长率至少为10.25%的股票。

第二十六章

# 价值意识

所有成功的投资都离不开投资者的远见，但光有远见还不够，另一个必要条件是价值意识。许多人为正确的预测付出了高昂的代价，最终沦为了受救济者。当一个人预期一只股票的盈利将增至3倍，而他支付的价格相当于当前盈利价值的4倍时，他能获得收益吗？答案是，不能，除非他能找到更愚蠢的接盘侠。

投资者在评估价值时常常忽视了时间因素。5年后你得到的1美元在今天大约只值78美分，10年后你得到的1美元在今天可能只值61美分，这还没有考虑通胀因素，只是按每年5%的复利投资计算出的结果，而且是税后结果，也就是说，按5%的复利计算，78美分在5年后的价值是1美元，61美分在10年后的价值是1美元。若按9%而不是5%的贴现率计算，5年后你得到的1美元现在只值65美分而不是78美分，10年后你得到的1美元现在只值42美分而不是61美分。难怪1970年长期利率提高时，以未来5年或10年的预期盈利为基础的股价却下跌了！

过早地选对股票与选错股票一样令人痛苦，事实上，许多投资者都遇到过这一问题。

电话、电视以及将口语转换成书面语的设备的投资者都赚了很多钱，但是，要是他们出手过早的话，他们可能会损失很多钱，好一点的可能少损失一些。开发这三个领域的想法早在90多年前就出现了。塔夫茨学院（Tufts College）

的A. E. 多尔贝尔（A. E. Dolbear）教授在1878年出版的一本小书里写道：

"我们需要改进机械以实现空中航行；我们需要以书面形式再现人类的语言；我们需要在同一时间向世界上每一个城市的观众展现演说家发表演讲的图形画面。"

投资中最重要的问题是：

1. 我预期发生的事情会使我正考虑买入的资产的现状价值增加多少？
2. 我预期的事情多久之后会发生？
3. 我预期的增加的现值是多少？
4. 我将支付的价格中已包含了多少预期的增值？
5. 我预期的增值与我现在必须为预期增值所支付的之间是否存在足够大的差异，这样，当我预测正确时，我可以获得利润，而当我预计错误时，我有犯错的空间？

"现状价值"指的是在保持现状的前提下，你的资产具有的价值。当你花钱买下鸡蛋时，鸡蛋能不能孵出小鸡就与卖家无关了，卖家不再承担相应的风险了。这跟"一鸟在手胜过两鸟在林"是一个道理。认真地考虑第五个问题有助于我们避免把手中的一只鸟换成林中的一只鸟。你可能会认为，没有人会那么蠢。看看股市吧，这样的蠢事时有发生。

你怀疑这一点吗？我们换个角度来思考这个问题吧！当你递给杂货商1美元钱时，他不会问你这1美元是从哪里来的。对他来说，从一只股票或债券中赚到的1美元和从另一只股票或债券中赚到的1美元的价值完全相同。那么，为什么我们要为一个来源的美元支付比另一个来源的美元更多的钱呢？唯一合理的解释是，我们预计第一个来源的美元会比第二个来源的美元带来更多的美元。

用母鸡和鸡蛋的例子做解释可能更容易理解。假设有两个各有100只母鸡的

## 第二十六章

鸡群，第一个鸡群每天产80个蛋，第二个鸡群每天产40个蛋。假设这些母鸡能自寻食物，不需要我们照顾。如果我们想用最少的钱得到最多的鸡蛋，那么产蛋量较多的母鸡群的价值可能是产蛋量较少的母鸡群的两倍。如果它们是如此定价的，那么用1美元买到的两个母鸡群的鸡蛋的数量一样多。

假设之前产40个蛋的母鸡群曾经一天产80个鸡蛋。我们可能担心其产蛋数量还会进一步下降。为了保护自己不受这种可能性的不利影响，我们愿意为这个鸡群支付的价格仅是一直产80个蛋的鸡群的四分之一。按照这个价格，我们用钱从价格便宜的鸡群买到的鸡蛋数量仍然和价格昂贵的鸡群的一样多，即使价格便宜的鸡群的产蛋量从每天40个下降到了20个。如果我们能以产80个鸡蛋的鸡群四分之一的价格买下产40个蛋的鸡群，那么当这个鸡群每天产的蛋超过了20个时，多出来的蛋实际上是卖方免费送给我们的。即使这个鸡群的产蛋率下降一半，我们也不会有任何损失。如果它们的产蛋率没有下降，而是保持在原来的水平，那么我们得到的鸡蛋的价值应该是我们支付价格的两倍。如果原来产40个蛋的鸡群的产蛋量增加到了60个甚至80个，我们获得的鸡蛋的价值应该是我们支付价格的三至四倍。换句话说，当产蛋量保持不变时，我们的"鸡蛋利润率"是100%，因为我们每天将得到40个蛋，而我们只支付了20个蛋的价格。如果我们认为这个鸡群每天产80个蛋的概率与它完全停止产蛋的概率一样大，那么我们的机会风险比将是4∶1。

由于没有人能准确地预知未来，所以当卖方承受不利的变化带来的冲击时，买入是合理的做法；而当买方愿意把我们对未来的希望转化为当前的现金时，卖出也是合理的做法。

在自由社会里，生活由一系列的交易组成。我们每个人都在不断地以自己拥有或能提供的东西换取他人的东西。

在这样的交换中，少数人怎么能比其他人得到的更多呢？你听说过这样的人吗？他早上骑着一匹又跛又老、背上无鞍的马去县城集市，做了一整天的生意后，他晚上乘着一辆崭新的马车回家了，拉着马车的是一群斑纹灰马。这就是生活。汤姆·索亚被罚去粉刷屋外的围墙，但他把苦役变成了权利，用它和周围的小孩们交换了许多苹果、石弹子、死猫之类的"无价之宝"。他悠闲地嚼着苹果，看着其他汗流浃背的小孩子一个个地轮流刷墙。这就是推销技巧的威力。

鲜有人敢说自己从未做过糟糕的交易。几乎所有人都曾为了获得粉刷他人围墙的特权而付出过代价。我们为什么要这么做呢？

我认为这主要是因为我们没有深入思考所致。最常见的一种糟糕交易是因价格便宜而买入，但正如约翰·罗斯金（John Ruskin）所说的，"所有的东西都能做得劣质一点，从而卖得更便宜一点，那些只看价格的人很容易落入商家的圈套"。买入的东西是贵还是便宜，要看你花钱买入它后，你从中得到了什么。

那些只看价格的人也可能被高价所误导。几年前，有人写了一部流行剧，讲的是一个年轻人把肥皂块切成两半，从而使其价格翻了一番，最终让一家陷入困境的肥皂企业起死回生的故事。很多人认为，一分价钱一分货，价格高的肥皂一定对皮肤更好，这样的思维使他们中了这个年轻人设下的圈套。

一些人还可能被价格的变化所误导，他们认为，今天的价格比昨天的高，所以明天的价格一定会比今天的高，因此他们购买了糖、股票或佛罗里达州的土地。做这些事情时，我们的智商恐怕比前面提到的那条可怜的鱼的智商还要低。那条鱼之所以被人抓住，是因为它被移动的物体所吸引，没有核验一下移动的物体究竟是什么。但鱼有它的苦衷，如果它在看到任何物体时都要先行审视一番，那它肯定会被饿死。但我们不是这样，我们不必咬住所有移动的物体，相反，我们要远离这些危险的东西。

致使我们做出糟糕交易的其他原因反映了这样一个事实：人类并不只靠面包生活。我们会因为错误的理念买入我们不想要的东西，比如我们可能认为，这样做可让我们显得富有洞察力。换句话说，当我们模仿那些我们想成为的人的买入模式时，我们只是想通过这种方式增强我们摇摇欲坠的自尊心。当我们不知道自己想要什么或为什么想要它时，我们几乎不可能完成好交易。

## 第二十六章

当然，生活是极为复杂的。我们为了赶时髦或抢在众人前面而达成的交易也可能很划算，尽管我们买入的商品或服务本身的价值可能低于我们为它们支付的价格。

许多糟糕的交易都是交易者为了获得精神满足感而做出的。股市里有受虐狂，也有自我主义者和自我中心主义者。股市受虐狂似乎很享受亏损带来的痛苦，亏得越多越好。他的主题曲是：

> 我是不走运，最不走运的那个人，
> 出生于6月13日星期五的下午。❶
> 天上下汤时，我手里肯定拿着把叉子。

在股市里，自我主义者的数量要比受虐狂多得多，他们宁愿因为自己的想法赔钱，也不愿意利用别人的想法赚钱。我在第十六章中讨论过自我中心主义者的相关内容。

就这些方面而言，股票交易更多地涉及心理研究，而不是金融或经济学研究。有时，它似乎最能吸引那些从性情来看最不可能成功的人。

一个真实的事例说明了什么造就了优秀的交易者。几年前，当保龄球道和保龄球自动服务机制造商布伦瑞克公司（Brunswick）成为市场的宠儿时，一家大型保险集团的投资经理彼得·福尔克（Peter Falk）在午餐会上表示，他刚刚以每股70美元的价格卖出了该公司的股票。

"为什么要卖出呢？"我问道。当时有关该公司的所有消息都是利好的。

"有太多的保龄球馆生意火爆。"他回答说。

4年之后，布伦瑞克公司的股价跌至每股6美元。

---

❶ 在西方，每逢13号的星期五，被称为"黑色星期五"，是极不吉利的日子。

## 第二十七章

# 股票成长靠什么

股票成长靠什么？可能的因素包括：

1. 以高于平均水平（目前约为9%）的资本回报率将盈利再投资（如图27.1所示）。

2. 用借入的资金进行投资，获得的收益高于借款成本。

3. 收购低市盈率的公司。

4. 在不增加投入资本的情况下增加销售额。产能利用率不足的公司最有可能实现这一目标，采用能提高效率的新方法也可达到同样的效果。

5. 发现自然资源，如发现新的大油田、金矿或镍矿等。

6. 用于满足人类需求的或能更好、更快和/或成本更低地完成旧有工作的新发明、新工艺或新配方的出现。

7. 签订和履行为他方（通常是政府）运营设施的合同。

8. 市盈率不断提高。

举个简单的例子。如果一家公司的账面价值为每股10美元，投入资本回报率为15%，那么在一年结束时，倘若不支付股息，其账面价值变成每股11.50美元。到第二年年末，其账面价值将增加为13.22美元，第三年年末将为15.20美元。5年后，该公司的账面价值将翻一番，10年后将翻两番。33年后，该公司的每股账面价值将增加至最初的100倍。

# 第二十七章

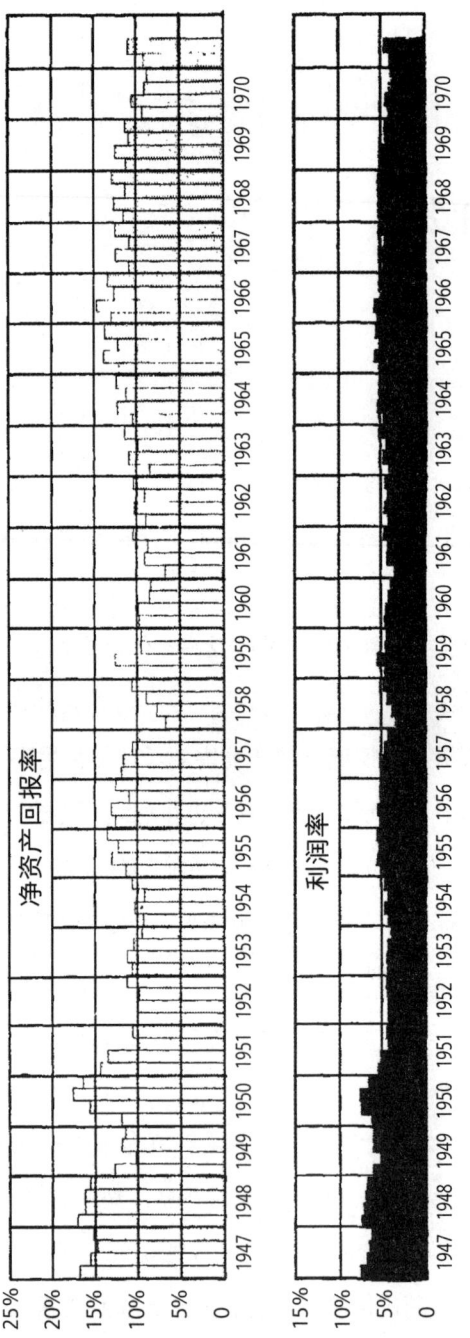

图27.1 扣除联邦所得税后的净资产回报率和利润率

如果同一家公司将三分之一的盈利用于发放股息，每年将账面价值的10%进行再投资，那么其账面价值将在15年内而非10年内翻两番。33年后，其账面价值将增加至最初的23.2倍而非100倍。

显然，对于寻求最高回报率的投资者来说，股息是代价昂贵的奢侈品，你不能指望在获得股息的同时又获得极高的资本收益。当你买了一头奶牛时，你就不要指望它能比邻居家的马跑得快。

借入资金会对公司的发展前景产生三个方面的影响。

首先，我们假设一家公司的账面价值为1亿美元，收益率为10%，该公司没有债务，只发行了一类股票。假设该公司以5%的利率借入了5000万美元并将其用于投资，投资回报率为10%，即每年500万美元。由于需要支付的贷款利息仅为250万美元，剩余的250万美元将计入股票盈利。因此，尽管该公司的资产收益率仍与以前相同，但其账面价值回报率从10%提高到了12.5%。

这是利用借款增加公司资本总额产生的第一个影响。公司的盈利额似乎有所增加，但其资产的盈利能力没有任何提高。

第二个影响是，以借入资金增加公司资本额所带来的盈利增加可能是非经常性的——任何公司可以以优惠利率借入的资金额都是有限的。一旦借款额达到了上限，公司就不能再依靠借钱的方式增加盈利额了。

第三，所有借款都会增加企业的风险。其中的一个风险是，当债务到期时，利率可能已经提高了，为了偿还原来以5%的利率借入的资金，公司需要以10%的利率进行再融资。另一个风险是，资产的盈利能力可能降到了借款成本之下，从而导致对借入资金的使用出现了亏损。最糟糕的是第三个风险，即在公司无法获得再融资时贷款到期了，结果是公司破产和重组，这通常意味着把公司所有权移交给债权人。

显然，与源于举债的盈利增加相比，源于账面价值增加的盈利增加更有价值。

几年前，通过换股的方式收购市盈率低的公司成了一些企业集团喜欢采用

● 第二十七章

的方法。举例来说，假设A公司有500万股股票，价格为20美元，每股盈利1美元，有着成长股公司的名声；而B公司有200万股股票，价格为20美元，每股盈利2美元。A公司以换股的方式收购了B公司。这样，A公司发行在外的股票数量比以前多出了40%，总盈利额比之前增加了80%，每股盈利较之前增加了12.8%。因此，只关注盈利数据的投资者会被误导，他们会认为手里持有的A公司的股票继续增长了，但事实上，该公司的盈利能力根本就没有发生任何变化。

将闲置的工厂设施投入使用所产生的盈利增长最容易理解。打个比方就能说明问题。酒店在客满时赚到的钱比一半房间空置时赚到的钱多。通常情况下，只有在一个行业或整个经济陷入萧条时才能找到通过这种增长获利的机会。

通过发现自然资源盈利需要好运气，但不一定全靠运气。正如我之前所说的，把钱投资于积极勘探的公司更明智。就跟一些猎人和渔民一直比其他人表现得更出色一样，一些公司勘探成功的概率要比其他公司的高。投资跟生活中的许多事情都一样，支持赢家是明智之举。

纽约标准真空石油公司（现在的美孚石油公司）曾经说过，事先就知道一个研究会有回报算不上真正意义上的研究，而是产品开发。当公司自己都不知道研究会产生何种结果时，投资者又怎么会知道呢？显然不能。就跟自然资源的发现一样，要赚钱就要先找到那些创新记录出色的组织，而且要期待它们能一次又一次地创新成功。至于在自由社会里不断涌现的不可预见的新发明、新工艺和新配方，我认识的投资者采用的方法是，一听到相关信息就评估从它们身上获利的可能性。但说实话，有这个本事的人凤毛麟角。

在第1至第7点基础上，随着市盈率的不断提高，它对股市的影响也会翻倍，甚至是三四倍。为了从市盈率的提高中获益，投资者必须在市盈率相对较低时就买入股票，这需要好运气或良好的判断力。对于普通投资者来说，可采用的一个简单方法是观察道琼斯工业平均指数的市盈率，《华尔街日报》和《巴伦周刊》每周一都会刊载这一数据。当道琼斯工业平均指数的市盈率为15且投资者打算买入的股票的市盈率约为15或更低时，他就可以放心地认为，他看好的股票的价值还未被很多人认可。按每股1美元盈利的15倍计算，这只股票的价格为15美元；按每股3美元盈利的45倍计算，这只股票的价格为135美元。每股盈利增值为原来的3倍，但股票价格却上涨至原来的9倍了。

## 第二十八章

# 如何发现和评估真正的增长

很多时候,股价的涨跌与公司盈利能力的变化无关,甚至盈利的增减都与公司盈利能力的变化无关。希望通过盈利增加在股市上赚取百倍收益的人都必须关注盈利能力这个指标。

盈利和盈利能力之间有什么区别呢?盈利只反映利润的多少,不反映利润是如何获得的。正如我们已经看到的,当需求突然激增、价格上涨、会计惯例改变以及过剩的产能得到利用时,盈利都有可能增加。这些原因中没有一个反映盈利能力,正如软木塞向下游移动不能证明其原动力来自哪里一样。

盈利能力是一种竞争优势,通过高于平均水平的投入资本回报率、销售利润率和销售增长率反映出来。在新市场或不断扩大的市场中,这种优势表现得最为明显。

未能区分短暂的盈利波动和盈利能力的根本性变化是造成过度交易的主要原因,许多人因此失去了在股市上获得百倍收益的机会。

华尔街的很多研究甚至没有刻意地区分它们,为什么会这样呢?客户往往不了解或不理解它们之间的区别,即使他们了解或理解了,与关注盈利波动的研究相比,这类研究带来的业务量也要少得多。通过投资于盈利能力来赚钱需要时间。

个人投资者如何区分盈利和盈利能力呢?本书不是有关证券分析的教科书,

想要一本这类教科书的人可以阅读格雷厄姆和多德所著的《证券分析》(Security Analysis)。我们应该关注下列指标：

1. 销售增长

2. 利润率

3. 账面价值（净资产）回报率

4. 投入资本回报率

5. 销售额与投入资本的比率

6. 账面价值的增加

逐年记录这些数据，投资者能从中及时了解重大的趋势变化。

许多人更愿意，也应该更愿意让他们的财务顾问关注盈利能力的变化。"一知半解很危险"，就像坐上了出租车的乘客一样，他只需要说出自己想去哪里就可以了，司机会载他去目的地，但是，当司机绕远路时，乘客应该能及时察觉出来。

当你怀疑你的财务顾问不像你那样重视竞争优势时，你可以要求他做出证明，或者换一位顾问。相关的数据很容易从统计部门获得。任何软硬件设施精良的经纪人、银行家或投资顾问都可以提供这些信息并回复相关的问题，当然，你要保证支付相应的费用。

永远不要只看一年的数据，趋势很重要。要以良好的股票市场平均指数，例如道琼斯指数或标准普尔指数为参照观察10年的股价数据，绝对数据和相对数据皆可。

当投入资本的回报率保持不变，股票的账面价值通过留存盈利增加了时，我们很容易看出股票实现了真正的增长。为了说明这一点，我们假设公司的每股账面价值为10美元，该公司没有发行优先证券，而且其投入资本回报率为15%。该公司的每股账面价值和每股投入资本相等。我们再进一步假设该公司不支付股息。

第一年年末该公司的每股账面价值为10美元加上10美元的15%，即11.50

美元。该公司第五年年末的每股账面价值为20美元，第10年年末的为40美元。也就是说，如果该公司的投入资本回报率保持不变，那么10年后该公司的盈利额将是最初盈利额的4倍。

如果公司将三分之一的盈利用于发放股息，则每年再投资于公司业务的盈利额将是每股账面价值的10%。按这一比率计算，账面价值和盈利额翻两番需要近15年的时间而不是10年。

如果投入资本回报率为15%且不支付股息，这只股票的价格将在33年后上涨至原来的100倍。如果用盈利的三分之一支付股息，那么这只股票的价格上涨至原价的百倍需要的时间超过了48年。

丹碧丝的股票是展示增长过程的范例，因为该公司没有发行债券和优先股，因此计算比较简单。表28.1展示了该公司最近15年的增长数据。

若投入资本回报率保持不变，这类股票的价格上涨的速度会与其账面价值的增速一样快。

表28.1　丹碧丝公司近15年的数据

| | 投入资本回报率（%） | 每股账面价值（美元） | 每股盈利（美元） | 每股股息（美元） | 每股再投资盈利（美元） |
| --- | --- | --- | --- | --- | --- |
| 1970 | 36.7 | 17.89 | 6.58 | 4.10 | 2.48 |
| 1969 | 34.6 | 15.41 | 5.34 | 3.55 | 1.79 |
| 1968 | 35.3 | 13.62 | 4.82 | 3.10 | 1.72 |
| 1967 | 36.6 | 11.90 | 4.36 | 2.80 | 1.56 |
| 1966 | 36.8 | 10.34 | 3.81 | 2.50 | 1.31 |
| 1965 | 37.6 | 9.03 | 3.39 | 2.00 | 1.39 |
| 1964 | 36.0 | 7.63 | 2.15 | 1.75 | 0.40 |
| 1963 | 34.1 | 6.63 | 2.26 | 1.35 | 0.91 |
| 1962 | 37.4 | 4.92 | 1.84 | 1.18 | 0.66 |
| 1961 | 37.9 | 4.26 | 1.61 | 1.03 | 0.58 |

续表

| | 投入资本回报率（%） | 每股账面价值（美元） | 每股盈利（美元） | 每股股息（美元） | 每股再投资盈利（美元） |
|---|---|---|---|---|---|
| 1960 | 38.8 | 3.67 | 1.42 | 0.93 | 0.49 |
| 1959 | 37.4 | 3.35 | 1.25 | 0.80 | 0.45 |
| 1958 | 37.5 | 2.90 | 1.08 | 0.70 | 0.38 |
| 1957 | 39.0 | 2.52 | 0.97 | 0.63 | 0.34 |
| 1956 | 39.7 | 2.18 | 0.86 | 0.56 | 0.30 |

从1956年底到1970年底，丹碧丝的每股账面价值从2.18美元增加为了17.89美元或初始值的8.2倍，同期盈利增加至初始值的7.6倍。这一差异是由于投入资本回报率从最初的39.7%下降到了去年的36.7%所致。若回报率保持在39.7%不变，丹碧丝1970年的每股盈利将是7.10美元而非6.58美元。7.10美元的每股盈利是1956年每股盈利（86美分）的8.2倍，当然与账面价值的增幅相同。（1962年，这只股票按1∶3的比例完成了拆股，每股盈利数据也相应地做了调整。）

增加的账面价值15.71美元（确切地说是14.46美元）几乎全部来自留存盈利，即每股盈利与每股股息之间的差额。显然，如果丹碧丝公司每年削减股息，且削减的股息足以使留存盈利增加50%，那么丹碧丝的盈利增速将提高50%。

丹碧丝公司的股价走势也是展示投资者心理变化的好例子。1956年，丹碧丝的最低股价为9.5美元，最高股价为11.66美元，分别是1956年每股盈利的11倍和13.5倍。若按1970年盈利的11倍计算，丹碧丝的股价是76美元而不是1970年的实际最低价146美元。若按13.5倍的市盈率计算，1970年的股价应该是89美元而不是1970年的实际最高价228美元。这样的差异完全是由于投资者愿意为预期的该公司盈利增长买单造成的，他们预测在未来其盈利会进一步增长。

在1971年创下329美元的高点时，丹碧丝的股价是1970年每股盈利的50倍。

在寻找可能的百倍股时，考虑买入时的市盈率非常重要。如果你预测市盈率将会从10提高到40，那么股票的盈利只需要增加到初始水平的25倍，股价就

## 第二十八章

能上涨到买入价的百倍。另一方面，如果你买入股票时，其市盈率为40，但后来市盈率下降到了20，那么要确保你投资的每1美元增加至100美元，你股票的盈利必须增加至初始值的200倍。

丹碧丝股价的进一步上涨取决于销售额和盈利的进一步增加，取决于市盈率增长的幅度相对较小。

为了买入涨幅巨大的股票，我们需要考虑这两个最重要的问题：

1. 公司对抗竞争的"大门"有多高、有多坚固？如果公司所在的行业可以轻松进入，那么行业的平均回报率势必会降低。

2. 公司的销售增长前景如何？无论回报率有多高，如果公司已经满足了所有可预见的市场需求，那它就无法通过盈利的再投资实现增长了。

在从1964年至1970年的6年里，丹碧丝的销售额翻了一番。

我们从丹碧丝的例子中得到的最后一点启示是，买入高收益股票的方法就是买入成长股。1956年丹碧丝股票的持有者可以获得4.8%的股息收益，但1970年的持有者可以获得35%的收益。

你如何评价这样一只股票呢？

擅长数学的人编制了一些有助于量化关于未知未来的假设的表格，比如关于利率和行业盈利的假设、关于税收的假设等。

股票交易者有时会采用更简单的方法。他们预测一只股票的盈利将在下一年增长15%。他们还预测，随着这种增长的持续，市盈率将保持不变或提高。做出了这两个假设之后，他们自然会得出这一结论：股价将在一年后上涨15%或更多。

对下一年做出这样的假设后，对接下来的两年、3年、5年甚至10年做出同样的假设就是顺理成章的事情了。当你接受了这样的假设时，你也就认可了其背后的推理逻辑。

用数学做不到的事，用常识往往能做到。有许多百倍股的市盈率在大涨行情开启之前并不比市场指数的高，有更多新生的超级巨星股的价格不高于未来一两年可预见的盈利额。在具有远见卓识的买家看来，买入机会已经显露无遗了，不需要进行什么数学分析了，买方预期与股票折扣价之间的价差已经足以弥补买方预期中的任何错误了。

很多事情是无法预测甚至是无法想象的，最明智的投资方法就是买入最优质的股票，或者买入你想一直持有、不到万不得已绝不会卖出的股票。如果说历史能给我们一些启示的话，那就是，有些股票最终会让你获得丰厚的收益。

兜兜转转，我们又回到了原点。

在过去的40年里，股市里有数百个一本百利的投资机会。

许多股票若能维持现在的涨速，它们的价格会在接下来的20年、30年或40年内上涨百倍。在以研究为导向的自由社会里，这样的机会注定会一次又一次地出现。

鲜有人通过百倍股获利的原因有两个：一是很少有人尝试这样做；二是即使有人明智或幸运地买入了一只百倍股，他们也做不到长期持有。

买对股票需要远见和勇气——对未见之事的确据的信心，对无法用数学证明的事物的信心。

获得百倍的收益需要耐心和非凡的毅力，需要坚持持有股票的顽强意志。

在《爱丽丝梦游仙境》（Alice in Wonderland）中，人必须努力奔跑才能留在原地。❶有证据表明，在股市里，买对股票的人必须先站稳脚跟才能跑得飞快。

---

❶ 在《爱丽丝梦游仙境》中，红桃皇后说："在我们这个地方，你必须努力奔跑，才能留在原地。"

附表一

# 365只让投资者成为百万富翁的股票

附表一包括投资者可以买入的时间、交易场所、买入成本及这些股票1971年的市值。

如果你在附表一所示的年份里花1万美元买入了列示的任意一只证券并坚持持到1971年,那么你现在肯定成了百万富翁。

第一列的英文大写字母显示的是当年在市场上以所示成本价买入的证券名称,当名称后来有所更改时,更改后的新名称被列示在了后面的括号里。请注意,每只证券1971年的价值都至少是其买入成本价的100倍。

# 365只让投资者成为百万富翁的股票

## 1932年

| 交易场所 | 成本价（美元） | 1971年市值（美元） |
|---|---|---|
| 安泰意外保险公司（AETNA CASUALTY & SURETY）[安泰人寿及意外险公司（Aetna Life & Casualty）] | 哈特福德证券交易所（Hartford S. E.） | 15.00 | 1998 |
| 安泰人寿保险公司（AETNA LIFE）（安泰人寿及意外保险公司） | 场外交易市场 | 8.25 | 934 |
| 美国甜菜糖公司（AMERICAN BEET SUGAR）[美国冰糖公司（American Crystal Sugar）] | 纽约证券交易所 | 0.25 | 80 |
| 美国宪法火灾保险公司（AMERICAN CONSTITUTION FIRE INSURANCE）（美国国际集团） | 场外交易市场 | 6.00 | 1105 |
| 美国氰胺公司（AMERICAN CYANAMID） | 路边交易市场 | 1.63 | 303 |
| 伊利诺伊盔甲公司A类股[ARMOUR & CO.（ILLINOIS）CLASS A][灰狗公司（Greyhound）] | 纽约证券交易所 | 0.63 | 109 |
| 伊利诺斯盔甲公司优先股[ARMOUR & CO.（ILLINOIS）PREFERRED]（灰狗公司） | 纽约证券交易所 | 3.50 | 660 |
| 幸福（西方）公司[BLISS（E.W.）][海湾西方公司（Gulf & Western）] | 路边交易市场 | 0.63 | 80 |
| 博格华纳公司（BORG-WARNER） | 纽约证券交易所 | 3.38 | 387 |
| 巴特勒兄弟公司（BUTLER BROTHERS）[麦克罗里公司（McCrory Corp.）] | 路边交易市场 | 0.75 | 114 |

• 附表一

续表

| | 交易场所 | 成本价（美元） | 1971年市值（美元） |
|---|---|---|---|
| 拜伦杰克逊公司（BYRON JACKSON）（博格华纳公司） | 旧金山证券交易所 | 0.50 | 70 |
| 开利公司（CARRIER CORP.） | 路边交易市场 | 2.50 | 320 |
| 塞拉尼斯公司（CELANESE CORP.） | 纽约证券交易所 | 1.25 | 223 |
| 芝加哥铆钉及机械公司（CHICAGO RIVET & MACHINE） | 路边交易市场 | 3.00 | 337 |
| 库伯兰奇公司（COPPER RANGE） | 路边交易市场 | 1.13 | 139 |
| 皇冠柯克&西尔公司（CROWN CORK & SEAL） | 纽约证券交易所 | 7.88 | 935 |
| 库姆福斯特保险股份有限公司（CRUM & FORSTER INSURANCE SHARES）[库姆福斯特公司（Crum & Forster）] | 场外交易市场 | 3.00 | 428 |
| 卡特拉-汉莫公司（CUTLER-HAMMER） | 纽约证券交易所 | 3.50 | 362 |
| 道格拉斯飞机公司（DOUGLAS AIRCRAFT）[麦克唐纳-道格拉斯公司（McDonnell Douglas）] | 纽约证券交易所 | 5.00 | 513 |
| 陶氏化学公司（DOW CHEMICAL） | 路边交易市场 | 21.13 | 2854 |
| 登喜路国际公司（DUNHILL INTERNATIONAL）[奎斯特公司（Questor）] | 纽约证券交易所 | 0.63 | 72 |
| 范斯迪尔公司（FANSTEEL） | 路边交易市场 | 0.25 | 67 |
| 火奴鲁鲁石油公司（HONOLULU OIL） | 旧金山证券交易所 | 4.75 | 663 |

续表

| 交易场所 | 成本价（美元） | 1971年市值（美元） |
|---|---|---|
| 灵感联合铜业公司（INSPIRATION CONSOLIDATED COPPER） | 纽约证券交易所 | 0.75 | 102 |
| 约翰逊汽车公司（JOHNSON MOTOR）[舷外船舶公司（Outboard Marine）] | 路边交易市场 | 0.50 | 126 |
| 马格马铜业公司（MAGMA COPPER）[纽蒙特矿业公司（Newmont Mining）] | 纽约证券交易所 | 4.25 | 467 |
| 马里恩蒸汽铲公司7%股息优先股（MARION STEAM SHOVEL 7% PFD.）[梅里特－查普曼＆斯科特公司（Merritt-Chapman & Scott）] | 场外交易市场 | 5.25 | 581 |
| 门格尔公司（MENGEL）[马科尔公司（Marcor）] | 纽约证券交易所 | 1.00 | 155 |
| 梅里特－查普曼＆斯科特公司（MERRITT-CHAPMAN & SCOTT） | 路边交易市场 | 0.38 | 45 |
| 米德兰钢铁制品公司（MIDLAND STEEL PRODUCTS）[米德兰－罗斯公司（Midland-Ross）] | 纽约证券交易所 | 2.00 | 282 |
| 明尼苏达州和安大略省纸业公司利率为6%的A系列（1931—1945年）（MINNESOTA & ONTARIO PAPER 6s SERIES A 1931-1945）[博伊西加斯凯德公司（Boise Cascade）] | 场外交易市场 | 40.00 | 5501 |
| 国家汽车纤维公司A类股（NATIONAL AUTOMOTIVE FIBRES A）[克里斯工艺工业公司（Chris-Craft Industries）] | 场外交易市场 | 0.50 | 55 |

● 附表一

续表

| | 交易场所 | 成本价（美元） | 1971年市值（美元） |
|---|---|---|---|
| 国家贝拉斯赫斯有限公司7%股息优先股（NATIONAL BELLAS HESS CO., INC. 7% PFD.）[国家贝拉斯赫斯有限公司普通股（National Bellas Hess, Inc. common）] | 纽约证券交易所 | 0.13 | 28 |
| 国家集装箱公司2美元股息可转换优先股（NATIONAL CONTAINER $2 CONV. PFD.）[欧文伊利诺伊格拉斯公司（Owens–Illinois–Glass）] | 路边交易市场 | 8.13 | 841 |
| 国家标准公司（NATIONAL STANDARD） | 芝加哥证券交易所 | 7.25 | 978 |
| 纳托马斯公司（NATOMAS CO.） | 旧金山证券交易所 | 9.00 | 1013 |
| 北美航空公司（NORTH AMERICAN AVIATION）[北美人洛克维尔公司（North American Rockwell），斯佩里兰德公司（Sperry Rand）] | 纽约证券交易所 | 1.25 | 371 |
| 老本煤炭公司7.5%利率，1934年到期的债券（OLD BEN COAL 7.5% DEBS.1934）（俄亥俄标准石油公司） | 场外交易市场 | 30.00 | 10 994 |
| 加利福尼亚泛美石油公司6%利率，1940年到期的可转换债券（存单）[PAN AMERICAN PETROLEUM OF CAL. CONVERTIBLE 6s 1940（CERTIFICATES OF DEPOSIT）][大西洋里奇菲尔德公司（Atlantic Richfield）] | 纽约证券交易所 | 40.00 | 11 557 |
| 派克笔公司（PARKER PEN） | 芝加哥证券交易所 | 2.50 | 273 |
| J. C. 潘尼公司（J. C. PENNEY CO.） | 纽约证券交易所 | 13.00 | 1395 |
| 菲利普斯石油公司（PHILLIPS PETROLEUM） | 纽约证券交易所 | 2.00 | 277 |
| H. K. 波特公司利率为6%，1946年到期的第一期债券[PORTER (H.K.) 1st 6s 1946] | 场外交易市场 | 50.00 | 448 873 |

续表

| | 交易场所 | 成本价（美元） | 1971年市值（美元） |
|---|---|---|---|
| 共和国燃气公司（REPUBLIC GAS）[共和国天然气公司（Republic Natural Gas）] | 路边交易市场 | 0.13 | 26 |
| 加利福尼亚里奇菲尔德石油公司利率为6%、1944年到期的第一期可转换债券（存单）[RICHFIELD OIL OF CALIFORNIA 1st CONVERTIBLE 6s 1944（CERTIFICATES OF DEPOSIT）]（大西洋里奇菲尔德公司） | 纽约证券交易所 | 50.00 | 12 903 |
| 斯库林钢铁公司3美元股息优先股（SCULLIN STEEL $3 PREFERENCE）[环球马里恩（Universal Marion）] | 路边交易市场 | 1.00 | 124 |
| 沙东公司3.50美元股息可转换A类优先股（SHARP & DOHME $3.50 CONVERTIBLE PFD. A）[默克公司普通股（Merck Common）] | 纽约证券交易所 | 11.50 | 1771 |
| 壳牌联合石油公司（SHELL UNION OIL）[壳牌石油公司（Shell Oil）] | 纽约证券交易所 | 2.50 | 251 |
| 斯洛斯–谢菲尔德钢铁公司（SLOSS-SHEFFIELD STEEL & IRON）[A-T-O公司（A-T-O Inc.）] | 纽约证券交易所 | 3.75 | 411 |
| 洛杉矶施泰力公司[STARRETT（L.S.）] | 纽约证券交易所 | 3.00 | 304 |
| 沙利文机械公司（SULLIVAN MACHINERY）[欢乐制造公司（Joy Manufacturing）] | 路边交易市场 | 3.25 | 329 |

- 附表一

续表

| 交易场所 | 成本价（美元） | 1971年市值（美元） |
| --- | --- | --- |
| 辛明顿公司A类股（SYMINGTON CLASS A）[德莱赛工业公司（Dresser Industries）] 纽约证券交易所 | 0.50 | 52 |
| 撒切尔制造公司（THATCHER MANUFACTURING）[达特工业公司（Dart Industries）] 纽约证券交易所 | 2.00 | 252 |
| 特鲁克斯特雷尔煤炭公司（TRUAX TRAER COAL）[联合煤炭公司（Consolidation Coal）] 纽约证券交易所 | 0.25 | 61 |
| 图比兹查蒂隆公司（TUBIZE CHATILLON）[塞拉尼斯公司（Celanese）] 路边交易市场 | 1.00 | 523 |
| 东索电气公司（TUNG-SOL ELECTRIC）[斯图贝克威士顿公司（Studebaker-Worthington）] 路边交易市场 | 1.00 | 100 |
| 美国货运公司（U.S. FREIGHT） 纽约证券交易所 | 3.50 | 375 |
| 美国橡胶公司（UNITED STATES RUBBER）[尤尼罗伊尔公司（Uniroyal）] 纽约证券交易所 | 1.25 | 198 |
| 华尔公司（WAHL）[舒适公司（Schick）] 芝加哥证券交易所 | 0.13 | 15 |
| 西部汽车供应公司A类股（WESTERN AUTO SUPPLY CLASS A）[有利公司（Beneficial Corp.）] 路边交易市场 | 5.13 | 935 |

续表

| | 交易场所 | 成本价（美元） | 1971年市值（美元） |
|---|---|---|---|
| 维实伟克化学公司（WESTVACO CHEMICAL）[FMC公司（FMC）] | 纽约证券交易所 | 3.00 | 457 |
| 黄色卡车和长途客车制造公司（YELLOW TRUCK & COACH）[通用汽车公司（General Motors）] | 纽约证券交易所 | 1.38 | 182 |
| 1933年 | | | |
| 艾伦工业公司（ALLEN INDUSTRIES）[岱高公司（Dayco）] | 克利夫兰证券交易所 | 1.00 | 358 |
| 阿梅拉达公司（AMERADA CORP.）[阿梅拉达赫斯公司（Amerada Hess）] | 纽约证券交易所 | 18.50 | 2574 |
| 美国锁链&钢索公司（AMERICAN CHAIN & CABLE） | 纽约证券交易所 | 1.63 | 194 |
| 伊利诺伊州美国投资公司（AMERICAN INVESTMENT CO. OF ILLINOIS） | 圣路易斯证券交易所 | 3.00 | 347 |
| 美国机械&金属公司（AMERICAN MACHINE & METALS）[阿美特克公司（Ametek, Inc.）] | 纽约证券交易所 | 0.75 | 153 |
| 美国克莱梅克斯金属公司（AMERICAN METAL CLIMAX） | 纽约证券交易所 | 3.13 | 315 |
| 美国仪表公司（AMERICAN METER）[辛格公司（Singer）] | 路边交易市场 | 5.00 | 573 |
| 美国座椅公司（AMERICAN SEATING） | 纽约证券交易所 | 0.88 | 138 |

● 附表一

续表

| 　 | 交易场所 | 成本价（美元） | 1971年市值（美元） |
|---|---|---|---|
| 阿姆斯特朗软木公司（ARMSTRONG CORK） | 路边交易市场 | 4.13 | 550 |
| 金属艺术制品公司（ART METAL WORKS）[朗森公司（Ronson Corp.）] | 路边交易市场 | 0.63 | 149 |
| 联合电话公用事业公司5.5%利率C系列可转换债券（ASSOCIATED TELEPHONE UTILITIES SERIES C 5.5% CONVERTIBLE BONDS）[通用电话公司（General Telephone）] | 路边交易市场 | 50.00 | 5087 |
| 伯特曼电气公司（BIRTMAN ELECTRIC）[惠而浦公司（Whirlpool）] | 场外交易市场 | 3.75 | 410 |
| 布拉赫（E.J.）父子公司 [BRACH (E.J.) & SONS][美国家庭用品公司（American Home Products）] | 芝加哥证券交易所 | 3.75 | 789 |
| 百力通公司（BRIGGS & STRATTON） | 纽约证券交易所 | 7.25 | 888 |
| 宝路华手表公司（BULOVA WATCH） | 纽约证券交易所 | 0.88 | 271 |
| 巴特铜&锌公司（BUTTE COPPER & ZINC）[乔纳森洛根公司（Jonathan Logan）] | 纽约证券交易所 | 0.50 | 81 |
| 履带式拖拉机公司（CATERPILLAR TRACTOR） | 纽约证券交易所 | 5.50 | 1447 |
| 赛璐特克斯公司（CELOTEX）[吉姆·沃尔特公司（Jim Walter）] | 纽约证券交易所 | 0.50 | 97 |
| 芝加哥气动工具公司（CHICAGO PNEUMATIC TOOL） | 纽约证券交易所 | 2.13 | 343 |

续表

| 交易场所 | 成本价（美元） | 1971年市值（美元） |
|---|---|---|
| 克里夫斯公司（CLIFFS CORP.）<br>[克利夫兰克里夫斯公司（Cleveland Cliffs）] | 克利夫兰证券交易所 | 3.50 | 357 |
| 柯林斯和艾克曼公司（COLLINS & AIKMAN） | 纽约证券交易所 | 3.00 | 372 |
| 联合飞机公司（CONSOLIDATED AIRCRAFT）<br>[通用动力公司（General Dynamics）] | 路边交易市场 | 1.00 | 107 |
| 大陆灾害保险公司（CONTINENTAL CASUALTY）<br>[CNA金融公司（CNA Financial）] | 场外交易市场 | 5.00 | 754 |
| 皇冠泽勒巴赫公司（CROWN ZELLERBACH） | 纽约证券交易所 | 1.00 | 186 |
| 代顿橡胶制造公司A类股（DAYTON RUBBER MANUFACTURING CLASS A）<br>[岱高公司（Dayco）] | 芝加哥证券交易所 | 1.00 | 119 |
| 迪尔公司（DEERE & COMPANY） | 纽约证券交易所 | 5.75 | 668 |
| S. R. 德莱赛制造公司B类股（S. R. DRESSER MFG CLASS B）<br>[德莱赛工业公司（Dresser Industries）] | 纽约证券交易所 | 2.13 | 300 |
| 得克萨斯杜瓦尔硫磺公司（DUVAL TEXAS SULPHUR）<br>[鹏斯联合公司（Pennzoil United）] | 路边交易市场 | 0.50 | 300 |
| 伊士曼柯达公司（EASTMAN KODAK） | 纽约证券交易所 | 46.00 | 6480 |
| 伊顿制造（EATON MANUFACTURING）<br>[伊顿耶鲁和汤恩（Eaton Yale & Towne）] | 纽约证券交易所 | 3.13 | 358 |

● 附表一

续表

| | 交易场所 | 成本价（美元） | 1971年市值（美元） |
|---|---|---|---|
| 电船公司（ELECTRIC BOAT）（通用动力公司） | 纽约证券交易所 | 1.00 | 100 |
| 伊文斯产品公司（EVANS PRODUCTS） | 纽约证券交易所 | 0.88 | 367 |
| 联邦百货公司（FEDERATED DEPARTMENT STORES） | 纽约证券交易所 | 7.50 | 1027 |
| 加顿丹佛公司（GARDNER-DENVER） | 芝加哥证券交易所 | 7.50 | 1012 |
| 通用联合公司（GENERAL ALLIANCE）[通用再保险公司（General Reinsurance）] | 场外交易市场 | 5.00 | 656 |
| 通用电缆公司普通股（GENERAL CABLE COMMON） | 纽约证券交易所 | 1.25 | 131 |
| 将军轮胎公司（GENERAL TIRE） | 路边交易市场 | 23.00 | 3209 |
| 戈德乔克斯糖业公司（GODCHAUX SUGARS）[海湾州土地和工业公司（Gulf States Land & Industries）] | 芝加哥证券交易所 | 0.25 | 62 |
| 古德里奇（B.F.）公司[GOODRICH（B.F.）COMPANY] | 纽约证券交易所 | 3.00 | 315 |
| 汉考克石油公司（HANCOCK OIL）[信号公司（Signal Cos.）] | 洛杉矶证券交易所 | 3.75 | 436 |
| 霍巴特制造公司（HOBART MFG.） | 辛辛那提证券交易所 | 10.00 | 1651 |

续表

| 交易场所 | 成本价（美元） | 1971年市值（美元） |
|---|---|---|
| 霍代尔-好时公司B类股（HOUDAILLE-HERSHEY CLASS B）[霍代尔工业公司（Houdaille Industries）] 纽约证券交易所 | 1.00 | 142 |
| 印第安精炼油公司（INDIAN REFINING）[德士古公司（Texaco）] 纽约证券交易所 | 1.13 | 178 |
| 国际燃烧工程公司可转换优先股股权证书（INTERNATIONAL COMBUSTION ENGINEERING CONVERTIBLE PREFERRED CERTIFICATES）[燃烧工程公司（Combustion Engineering Inc.）] 纽约证券交易所 | 11.00 | 1332 |
| 国际造纸公司A类普通股（INTERNATIONAL PAPER & POWER CLASS A COMMON）[国际纸业公司（International Paper）] 纽约证券交易所 | 0.50 | 170 |
| 英特泰普公司（INTERTYPE）[哈里斯-英特泰普公司（Harris-Intertype）] 纽约证券交易所 | 1.88 | 450 |
| 勒纳百货公司（LERNER STORES） 路边交易市场 | 4.00 | 1233 |
| 马尔尚计算器公司（MARCHANT CALCULATING MACHINE）[SCM公司（SCM）] 旧金山证券交易所 | 0.50 | 100 |
| 美森耐公司（MASONITE） 路边交易市场 | 8.25 | 1214 |
| 麦克罗里商店（MC CRORY STORES）[麦克罗里公司（McCrory Corp.）] 纽约证券交易所 | 0.38 | 63 |

- 附表一

续表

| | 交易场所 | 成本价（美元） | 1971年市值（美元） |
|---|---|---|---|
| 麦克利兰商店（MC LELLAN STORES）（麦克罗里公司） | 纽约证券交易所 | 0.25 | 37 |
| 麦克利兰商店优先股（MC LELLAN STORES PREF.）（麦克罗里公司普通股） | 纽约证券交易所 | 2.13 | 341 |
| 梅尔维尔鞋业公司（MELVILLE SHOE） | 纽约证券交易所 | 8.75 | 1222 |
| 国家百货公司7%股息第一优先股（NATIONAL DEPARTMENT STORES 7% 1st PFD）[国际矿业公司（International Mining）] | 纽约证券交易所 | 1.25 | 268 |
| 纽蒙特矿业公司 | 路边交易市场 | 11.50 | 1413 |
| 诺比利特斯帕克斯工业公司（NOBLITT-SPARKS INDUSTRIES）[阿尔文工业公司（Arvin Industries）] | 芝加哥证券交易所 | 9.50 | 955 |
| 太平洋工厂（PACIFIC MILLS）[伯林顿工业公司（Burlington Industries）] | 纽约证券交易所 | 6.00 | 721 |
| 必能宝公司（PITNEY-BOWES） | 路边交易市场 | 2.00 | 215 |
| 可信赖百货公司（RELIABLE STORES） | 路边交易市场 | 0.88 | 123 |
| 雷明顿兰德公司（REMINGTON-RAND）[斯佩里兰德公司（Sperry Rand）] | 纽约证券交易所 | 2.50 | 263 |
| 萨维奇武器公司（SAVAGE ARMS）[艾姆哈特公司（Emhart）] | 纽约证券交易所 | 2.25 | 275 |

续表

| 公司 | 交易场所 | 成本价（美元） | 1971年市值（美元） |
|---|---|---|---|
| 西尔斯罗巴克公司（SEARS, ROEBUCK & CO.） | 纽约证券交易所 | 12.50 | 2499 |
| 西顿皮革公司（SETON LEATHER）[西顿公司（Seton Co.）] | 路边交易市场 | 1.50 | 155 |
| 史密斯（霍华德）造纸厂[SMITH（HOWARD）PAPER MILLS][同拓纸业公司（Domtar）] | 加拿大 | 1.13 | 218 |
| 斯奈德包装食品公司（SNIDER PACKING FOODS）[通用食品公司（General Foods）] | 纽约证券交易所 | 0.63 | 279 |
| 斯佩里公司（SPERRY）[斯佩里兰德公司（Sperry Rand）] | 纽约证券交易所 | 2.13 | 278 |
| 施皮格尔梅斯特恩公司（SPIEGEL MAY, STERN）（有利公司） | 纽约证券交易所 | 1.00 | 402 |
| 阳光石油公司（SUNRAY OIL）[太阳石油公司（Sun Oil）] | 路边交易市场 | 0.25 | 52 |
| 胜特兰机床公司（SUNSTRAND MACHINE TOOL）[胜特兰公司（Sunstrand Corp.）] | 场外交易市场 | 1.50 | 233 |
| 联合纸袋公司（UNION BAG & PAPER）[联合园区公司（Union Camp）] | 纽约证券交易所 | 5.50 | 1005 |

- 附表一

续表

| 公司 | 交易场所 | 成本价（美元） | 1971年市值（美元） |
|---|---|---|---|
| 联合卡尔紧固件公司（UNITED-CARR FASTENER）[TRW公司（TRW, Inc.）] | 纽约证券交易所 | 1.63 | 380 |
| 联合纸板公司（UNITED PAPERBOARD）[联合纸板纸箱公司（United Board & Carton）] | 纽约证券交易所 | 0.50 | 57 |
| 美国&外国证券公司（U.S. & FOREIGN SECURITIES）[美国&国际证券公司（U.S. & International Securities）] | 路边交易市场 | 0.32 | 53 |
| 范拉阿尔特皮革公司（VAN RAALTE CO.）[克卢特皮博迪公司（Cluett, Peabody & Co.）] | 纽约证券交易所 | 1.63 | 198 |
| 沃克（海勒姆）古德汉姆&沃茨公司（WALKER (HIRAM) GOODERHAM & WORTS） | 路边交易市场 | 3.50 | 1014 |
| 韦斯顿电气仪表公司（WESTON ELECTRICAL INSTRUMENT）[斯伦贝谢公司（Schlumberger）] | 纽约证券交易所 | 2.50 | 350 |
| 1934年 | | | |
| 雅培公司（ABBOTT LABORATORIES） | 芝加哥证券交易所 | 40.00 | 4302 |
| 芦荟（A.S.）公司 [ALOE (A.S.) CO.] [布伦瑞克公司（Brunswick）] | 圣路易斯证券交易所 | 9.00 | 1073 |
| 美国皮革公司7%股息优先股（AMERICAN HIDE & LEATHER 7% PREFERRED）[坦迪公司（Tandy）普通股] | 纽约证券交易所 | 17.75 | 1912 |

续表

| 公司 | 交易场所 | 成本价（美元） | 1971年市值（美元） |
|---|---|---|---|
| 巴布科克和威尔科斯公司（BABCOCK & WILCOX） | 路边交易市场 | 18.50 | 2135 |
| 集装箱公司A类股（CONTAINER CORP. CLASS A）（马科尔公司） | 纽约证券交易所 | 6.13 | 777 |
| 爱迪生兄弟百货公司（EDISON BROS. STORES） | 路边交易市场 | 8.00 | 1199 |
| 卡普韦尔商场（EMPORIUM CAPWELL）[百老汇黑尔百货公司（Broadway-Hale Stores）] | 旧金山证券交易所 | 5.00 | 527 |
| 工程师公共服务公司（ENGINEERS PUBLIC SERVICE）[弗吉尼亚电力公司（Virginia Elec. & Power）, 海湾诸州电力公司（Gulf States Utilities）, 埃尔帕索电气公司（El Paso Electric）] | 纽约证券交易所 | 3.15 | 387 |
| 爱克塞罗公司（EX-CELL-O） | 路边交易市场 | 3.75 | 389 |
| 辉门公司（FEDERAL-MOGUL） | 底特律证券交易所 | 3.00 | 377 |
| 食品机械公司（FOOD MACHINERY）[FMC公司（FMC）] | 纽约证券交易所 | 10.50 | 1226 |
| 灰狗公司（GREYHOUND CORP.） | 芝加哥证券交易所 | 5.25 | 777 |
| 胡佛滚珠轴承公司（HOOVER BALL & BEARING） | 底特律证券交易所 | 1.13 | 237 |
| 哈斯曼-利戈尼尔公司（HUSSMAN-LIGONIER）[宠物公司（Pet Inc.）] | 场外交易市场 | 1.00 | 177 |

● 附表一

续表

| 公司 | 交易场所 | 成本价（美元） | 1971年市值（美元） |
|---|---|---|---|
| 洛克希德公司（LOCKHEED） | 洛杉矶证券交易所 | 0.90 | 102 |
| 麦格劳电气公司（MC GRAW ELECTRIC）[麦格劳-爱迪生公司（McGraw-Edison）] | 芝加哥证券交易所 | 3.75 | 692 |
| 国民衬衫店（NATIONAL SHIRT SHOPS）（麦克罗里公司普通股） | 场外交易市场 | 1.00 | 224 |
| 菲利普莫里斯公司（PHILIP MORRIS） | 纽约证券交易所 | 11.50 | 1323 |
| 里斯纽扣孔机制造公司（REECE BUTTON HOLE MACHINE）[里斯公司（Reece Corp.）] | 波士顿证券交易所 | 10.00 | 1140 |
| 田纳西公司（TENNESSEE CORP.）[城市服务公司（Cities Service）] | 纽约证券交易所 | 3.13 | 372 |
| 得克萨斯太平洋煤油公司（TEXAS PACIFIC COAL & OIL） | 纽约证券交易所 | 2.50 | 385 |
| 加拿大联合天然气公司（UNION GAS OF CANADA） | 加拿大 | 2.00 | 241 |
| 环球绕组公司（UNIVERSAL WINDING）[利索纳公司（Leesona）] | 场外交易市场 | 11.00 | 1275 |
| 惠特曼巴恩斯公司（WHITMAN & BARNES）（TRW公司） | 底特律证券交易所 | 1.88 | 200 |

续表

| | 交易场所 | 成本价（美元） | 1971年市值（美元） |
|---|---|---|---|
| **1935年** | | | |
| 美国制造公司（AMERICAN MANUFACTURING） | 路边交易市场 | 3.50 | 712 |
| 美国电力与照明公司6美元股息优先股（AMERICAN POWER & LIGHT $6 PFD） | 纽约证券交易所 | 10.13 | 1160 |
| 安海斯-布希公司（ANHEUSER-BUSCH） | 场外交易市场 | 98.00 | 13 610 |
| 芝加哥柔性轴公司（CHICAGO FLEXIBLE SHAFT）[日光公司（Sunbeam）] | 芝加哥证券交易所 | 13.50 | 1622 |
| 大陆烘焙公司（CONTINENTAL BAKING）[国际电话公司（International Telephone）] | 纽约证券交易所 | 4.50 | 491 |
| 胡椒博士（DR. PEPPER） | 圣路易斯证券交易所 | 16.00 | 1938 |
| 电力和照明公司6美元股息优先股（ELECTRIC POWER & LIGHT $6 PFD.）[中南部电力公司（Middle South Utilities）和鹏斯公司（Pennzoil）] | 纽约证券交易所 | 2.50 | 966 |
| 电力和照明公司7美元股息优先股（ELECTRIC POWER & LIGHT $7 PFD.）（中南部电力公司和鹏斯公司） | 纽约证券交易所 | 3.00 | 1062 |
| 通用电缆公司A类股（GENERAL CABLE CLASS A）（通用电缆公司普通股） | 纽约证券交易所 | 4.00 | 525 |
| 金贝尔兄弟公司（GIMBEL BROTHERS） | 纽约证券交易所 | 2.13 | 364 |

● 附表一

续表

| 交易场所 | 成本价（美元） | 1971年市值（美元） |
|---|---|---|
| 格兰尼特维尔制造公司（GRANITEVILLE MANUFACTURING）[格兰尼特维尔公司（Graniteville）] | 场外交易市场 | 34.00 | 6170 |
| 线路器材公司（LINE MATERIAL）（麦格劳－爱迪生公司） | 场外交易市场 | 3.63 | 536 |
| 狮子油脂公司（LION OIL）[孟山都公司（Monsanto）] | 路边交易市场 | 3.50 | 400 |
| 中部各州石油公司A类股（MIDDLE STATES PETROLEUM CLASS A）[天纳克公司（Tenneco）] | 路边交易市场 | 0.88 | 97 |
| 明尼阿波利斯霍尼韦尔公司（MINNEAPOLIS HONEYWELL）[霍尼韦尔公司（Honeywell）] | 纽约证券交易所 | 58.00 | 6660 |
| 摩尔有限公司（MOORE CORP. LTD.） | 加拿大 | 17.00 | 1842 |
| 老本煤炭新普通股（OLD BEN COAL NEW COMMON）（俄亥俄标准石油公司） | 场外交易市场 | 0.05 | 460 |
| 老本煤炭公司6%利率，1944年到期的第一期黄金债券（OLD BEN COAL FIRST GOLD 6s 1944❶）（俄亥俄标准石油公司） | 纽约证券交易所 | 137.50 | 15 732 |

❶ 对于免税基金，假设1946年把赎回债券的收入以当年的最高价50美元再投资于老本煤炭公司的普通股，到了1971年，就债券收益缴纳25%的资本利得税后，个人只能获得13 754美元的净收益。

续表

| 交易场所 | 成本价（美元） | 1971年市值（美元） |
|---|---|---|
| 舷外马达公司B类股（OUTBOARD MOTORS CLASS B）[舷外船舶公司（Outboard Marine）] | 路边交易市场 | 0.63 | 120 |
| 无锈钢铁公司（RUSTLESS IRON & STEEL）[阿姆科钢铁公司（Armco Steel）] | 场外交易市场 | 0.75 | 111 |
| 三叶草油气公司（SHAMROCK OIL & GAS）[钻石三叶草公司（Diamond Shamrock）] | 匹兹堡证券交易所 | 0.75 | 113 |
| 信号油气公司A类股（SIGNAL OIL & GAS CLASS A）[信号公司（Signal Cos.）] | 洛杉矶证券交易所 | 5.50 | 728 |
| 斯凯利石油公司（SKELLY OIL） | 纽约证券交易所 | 6.50 | 770 |
| 方D公司B类普通股（SQUARE D CLASS B-Common） | 路边交易市场 | 17.00 | 3361 |
| 斯通&韦伯斯特公司（STONE & WEBSTER）[斯通&韦伯斯特公司、海湾诸州电力公司、埃尔帕索电气公司、塞拉太平洋电力公司（Sierra Pacific Power）] | 纽约证券交易所 | 3.76 | 421 |
| 威尔科克斯（H.F.）油气公司[WILCOX（H.F.）OIL & GAS][天纳克公司（Tenneco）] | 纽约证券交易所 | 1.00 | 112 |

1936年

| | | | |
|---|---|---|---|
| 霍洛芬公司（HOLOPHANE）[约翰斯曼维尔公司（Johns-Manville）] | 路边交易市场 | 6.50 | 752 |

• 附表一

续表

| 公司 | 交易场所 | 成本价（美元） | 1971年市值（美元） |
|---|---|---|---|
| 律师业权保险公司（LAWYERS TITLE INSURANCE）[里士满公司（Richmond Corp.）] | 场外交易市场 | 50.00 | 5830 |
| 内希公司（NEHI）[皇冠可乐公司（Royal Crown Cola）] | 路边交易市场 | 4.25 | 861 |
| 舷外马达公司A类股（OUTBOARD MOTORS CLASS A）[舷外船舶公司（Outboard Marine）] | 路边交易市场 | 11.00 | 1269 |
| **1937年** | | | |
| 伯林顿工厂（BURLINGTON MILLS）[伯林顿工业公司（Burlington Industries）] | 纽约证券交易所 | 5.75 | 656 |
| 库珀工业（COOPER INDUSTRIES） | 路边交易市场 | 3.50 | 375 |
| 通用美国石油公司（GENERAL AMERICAN OIL） | 拉塞尔·马奎尔公司承销 | 6.50 | 825 |
| 普莱瑟开发公司（PLACER DEVELOPMENT） | 加拿大 | 2.00 | 231 |
| **1938年** | | | |
| 美国航空公司（AMERICAN AIRLINES） | 路边交易市场 | 8.00 | 877 |
| 美国家庭用品公司 | 纽约证券交易所 | 30.75 | 3384 |
| 毕琪飞机公司（BEECH AIRCRAFT） | 路边交易市场 | 1.25 | 231 |

续表

| 交易场所 | 成本价（美元） | 1971年市值（美元） |
|---|---|---|
| 布伦瑞克-巴尔克-科兰德公司（BRUNSWICK-BALKE-COLLENDER）[布伦瑞克公司（Brunswick Corp.）] | 纽约证券交易所 | 5.50 | 751 |
| 卡内什公司（CARNATION COMPANY） | 路边交易市场 | 17.88 | 1872 |
| 飞兆航空公司（FAIRCHILD AVIATION）[仙童相机公司（Fairchild Camera）] | 路边交易市场 | 2.00 | 320 |
| 通用美国公司（GENERAL AMERICA）[萨菲科保险公司（Safeco）] | 场外交易市场 | 46.00 | 4686 |
| 洛夫特公司（LOFT INC.）[百事可乐公司（Pepsico）] | 纽约证券交易所 | 0.75 | 427 |
| 纳西勒摩尔公司（NESTLE-LE MUR） | 路边交易市场 | 0.25 | 29 |
| 汤普森产品公司（THOMPSON PRODUCTS）（TRW公司） | 纽约证券交易所 | 8.13 | 1003 |
| **1939年** | | | |
| 鲍德温（D.H.）公司［BALDWIN（D.H.）CO.］ | 辛辛那提证券交易所 | 2.88 | 463 |
| 克拉克设备公司（CLARK EQUIPMENT） | 纽约证券交易所 | 15.00 | 1637 |
| 哥伦比亚河包装公司（COLUMBIA RIVER PACKERS）[卡库公司（Castle & Cooke）] | 旧金山证券交易所 | 4.00 | 429 |

• 附表一

续表

| | 交易场所 | 成本价（美元） | 1971年市值（美元） |
|---|---|---|---|
| 哈特·马克斯公司（HART SCHAFFNER & MARX） | 场外交易市场 | 10.00 | 1105 |
| 林赛化工公司（LINDSAY CHEMICAL）[科尔麦吉公司（Kerr-McGee）] | 芝加哥证券交易所 | 1.88 | 285 |
| 得克萨斯家庭日用织品服务公司（LINEN SERVICE CORP. OF TEXAS）[国家服务业公司（National Service Industries）] | 公司发行 | 1.00 | 115 |
| 纽约码头公司（NEW YORK DOCK）[奎斯特公司（Questor）] | 纽约证券交易所 | 1.75 | 220 |
| 联合化学公司（UNITED CHEMICALS）[FMC公司（FMC）] | 路边交易市场 | 3.25 | 436 |
| **1940年** | | | |
| 阿比提比电力&纸业有限公司股息为6%、面值为100美元的优先股 [ABITIBI POWER & PAPER CO., LTD. 6% PFD. ($100 PAR)] [阿比提比纸业普通股（Abitibi Paper common）] | 加拿大 | 2.00 | 355❶ |
| 芝加哥-岩岛-太平洋铁路公司4.5%利率、1960年到期的可转换股债券（CHICAGO, ROCK ISLAND & PACIFIC CONVERTIBLE 4.5S, 1960）[联合太平洋公司（Union Pacific）] | 纽约证券交易所 | 5.00 | 554 |

❶ 假设把1954年6月30日获得的100美元现金以下一周的最高价投资于阿比提比纸业的普通股。

365只让投资者成为百万富翁的股票

续表

| | 交易场所 | 成本价（美元） | 1971年市值（美元） |
|---|---|---|---|
| 艾迪纸业公司（EDDY PAPER CORP.）[惠好公司（Weyerhaeuser）] | 芝加哥证券交易所 | 11.50 | 1245 |
| 鹰桥镍业公司（FALCONBRIDGE NICKEL） | 加拿大 | 1.43 | 153❶ |
| 印第安纳钢铁制品公司（INDIANA STEEL PRODUCTS）[电子存储器和磁性材料公司（Electronic Memories & Magnetics）] | 芝加哥证券交易所 | 1.50 | 166 |
| 利海谷煤炭公司6%利率、50美元面值的可转换优先债券（LEHIGH VALLEY COAL CORP. 6% $50 PAR CONVERTIBLE PFD.）[利海谷工业公司（Lehigh Valley Industries）] | 纽约证券交易所 | 2.00 | 205❷ |
| 默克公司（MERCK & CO.） | 场外交易市场 | 43.00 | 7087 |
| 米勒药品批发公司（MILLER WHOLESALE DRUG）[美国家庭用品公司] | 克利夫兰证券交易所 | 4.38 | 695 |
| 钢柄生产公司8%股息优先股（PANHANDLE PRODUCING & REFINING 8% PFD.）[美国石油金融公司A类股（American Petrofina Class A）] | 场外交易市场 | 13.00 | 1598 |
| 匹兹堡铁路公司（PITTSBURGH RAILWAYS）[公民牵引公司普通股（CITIZENS TRACTION COMMON），皮特韦公司（Pittway Corp.）] | 场外交易市场 | 1.00 | 161 |

❶ 美国基金。
❷ 包括1946年收到的7.50美元现金和5%的复利。

• 附表一

续表

| 交易场所 | 成本价（美元） | 1971年市值（美元） |
|---|---|---|
| 芘制造公司（PYRENE MANUFACTURING）[贝克尔工业公司（Baker Industries）] | 路边交易市场 | 4.75 | 543 |
| 美国梭芯公司优先股（U. S. BOBBIN & SHUTTLE PREFERRED）[贝克尔工业公司] | 场外交易市场 | 20.00 | 2073 |
| 风险投资公司（VENTURES）（鹰桥镍业公司） | 加拿大 | 1.57 | 159❶ |
| **1941年** | | | |
| 阿勒格尼公司普通股（ALLEGHANY CORP. COMMON） | 纽约证券交易所 | 0.13 | 18 |
| 顶点电气制造公司（APEX ELECTRICAL MFG.）[怀特联合公司（White Consolidated Industries）] | 路边交易市场 | 6.25 | 646 |
| 百老汇百货公司（BROADWAY DEPARTMENT STORE）[百老汇黑尔百货公司（Broadway-Hale Stores）] | 洛杉矶证券交易所 | 3.63 | 489 |
| 塞斯纳飞机公司（CESSNA AIRCRAFT） | 路边交易市场 | 3.75 | 418 |
| 化学研究公司（CHEMICAL RESEARCH）[通用发展公司（General Development）] | 加拿大 | 0.41 | 43 |

❶ 美国基金。

续表

| | 交易场所 | 成本价（美元） | 1971年市值（美元） |
|---|---|---|---|
| 陶贝克曼公司（DOBECKMAN）（陶氏化学公司） | 路边交易市场 | 2.50 | 313 |
| 国际维生素公司（INTERNATIONAL VITAMIN）（美国家庭用品公司） | 路边交易市场 | 3.13 | 423 |
| 索斯制造公司（SOSS MANUFACTURING）[索斯联合公司（SOS Consolidated）] | 路边交易市场 | 1.13 | 133 |
| 南海岸公司（SOUTH COAST）（吉姆·沃尔特公司） | 路边交易市场 | 1.00 | 124 |
| 三洲公司普通股（TRI-CONTINENTAL COMMON） | 纽约证券交易所 | 0.63 | 64 |
| 美国梭芯公司（U.S. BOBBIN & SHUTTLE）[贝克尔工业公司（Baker Industries）] | 场外交易市场 | 1.00 | 128 |
| 美国百货公司7美元股息第一优先股（U.S. STORES $7 FIRST PREFERRED）[托洛法尔市场（Thorofare Markets）] | 路边交易市场 | 3.25 | 683 |
| 委内瑞拉石油公司（VENEZUELAN PETROLEUM）[大西洋里奇菲尔德公司（Atlantic Richfield）] | 路边交易市场 | 0.75 | 83 |
| 委内瑞拉石油公司[辛克莱石油公司（Sinclair Oil）] | 路边交易市场 | 0.75 | 90 |

● 附表一

续表

| 交易场所 | 成本价（美元） | 1971年市值（美元） |
|---|---|---|
| 华纳兄弟电影公司（WARNER BROS. PICTURES, INC.）[金尼国民服务公司（Kinney National Service）] 纽约证券交易所 | 2.75 | 278 |
| 沃伦兄弟公司（WARREN BROTHERS）[阿什兰炼油公司（Ashland Oil & Refining）] 纽约证券交易所 | 0.38 | 39 |

1942年

| 交易场所 | 成本价（美元） | 1971年市值（美元） |
|---|---|---|
| 阿比提比电力&纸业有限公司普通股（ABITIBI POWER & PAPER COMMON）[阿比提比纸业公司普通股（Abitibi Paper Common）] 加拿大 | 0.50 | 52 |
| 航空投资者公司（AIR INVESTORS）（美国制造公司） 路边交易市场 | 0.94 | 111 |
| 联合干货公司（ASSOCIATED DRY GOODS） 纽约证券交易所 | 4.25 | 535 |
| 奥斯汀尼科尔斯公司（AUSTIN, NICHOLS & CO.）[利格特迈尔斯公司（Liggett & Myers）] 纽约证券交易所 | 1.25 | 138 |
| 爱尔夏帕托卡科利尔公司（AYRSHIRE PATOKA COLLIERIES）（美国克莱梅克斯金属公司） 路边交易市场 | 4.00 | 504 |
| 伯里饼干公司（BURRY BISCUIT）[桂格燕麦公司（Quaker Oats）] 路边交易市场 | 0.25 | 50 |
| 芝加哥&南方航空公司（CHICAGO & SOUTHERN AIR LINES）[德尔塔航空公司（Delta Air Lines）] 场外交易市场 | 2.00 | 575 |

续表

| 交易场所 | 成本价（美元） | 1971年市值（美元） |
|---|---|---|
| 城市服务公司（CITIES SERVICE） 路边交易市场 | 2.13 | 282 |
| 高乐氏公司（CLOROX） 旧金山证券交易所 | 24.00 | 2696 |
| 德尔塔航空公司 场外交易市场 | 8.00 | 1443 |
| 道奇制造公司（DODGE MANUFACTURING）[瑞恩电气公司（Reliance Electric）] 芝加哥证券交易所 | 9.13 | 953 |
| 伊森石油公司（EASON OIL COMPANY） 场外交易市场 | 0.38 | 100 |
| 电子证券和股票公司（ELECTRIC BOND & SHARE）[博伊西加斯凯德公司（Boise Cascade）] 路边交易市场 | 0.88 | 115 |
| 电铲煤公司优先股（ELECTRIC SHOVEL COAL PREFERRED）（美国克莱梅克斯金属公司） 场外交易市场 | 6.00 | 1012 |
| 埃弗夏普公司（EVERSHARP）[华纳兰伯特公司（Warner Lambert）] 芝加哥证券交易所 | 2.25 | 262 |
| 通用控股公司（GENERAL SHAREHOLDINGS）（三洲公司） 路边交易市场 | 0.19 | 35 |
| 固特异轮胎&橡胶公司（GOODYEAR TIRE & RUBBER） 纽约证券交易所 | 10.25 | 1029 |
| 杂货店产品公司（GROCERY STORE PRODUCTS）[高乐氏公司（Clorox）] 路边交易市场 | 0.88 | 152 |

● 附表一

续表

| 交易场所 | 成本价（美元） | 1971年市值（美元） |
|---|---|---|
| 休斯顿石油公司（HOUSTON OIL） | 纽约证券交易所 | 2.25 | 340 |
| 工业验收公司（INDUSTRIAL ACCEPTANCE） | 加拿大 | 5.9 | 644[1] |
| 国际电话电报公司 | 纽约证券交易所 | 1.50 | 282 |
| 国际公用事业公司B类股（INTERNATIONAL UTILITIES CLASS B） | 路边交易市场 | 0.04 | 5.38 |
| 珍妮特玻璃公司（JEANETTE GLASS） | 路边交易市场 | 0.82 | 97 |
| 肯德尔公司（KENDALL CO.） | 场外交易市场 | 6.50 | 695 |
| 雷茵布莱恩特公司（LANE BRYANT） | 纽约证券交易所 | 8.38 | 970 |
| 一千九百公司（NINETEEN HUNDRED）（惠而浦公司） | 路边交易市场 | 5.00 | 799 |
| 北美汽车公司（NORTH AMERICAN CAR）[飞虎航空公司（Flying Tiger Line）] | 芝加哥证券交易所 | 3.88 | 409 |
| 帕米利运输公司（PARMELEE TRANSPORTATION）[奇克尔汽车公司（Checker Motors）] | 纽约证券交易所 | 0.32 | 81 |
| 菲利普斯-琼斯公司（PHILLIPS-JONES）[菲利普斯·范霍森公司（Phillips-Van Heusen）] | 纽约证券交易所 | 6.13 | 690 |

[1] 美国基金。

续表

| | 交易场所 | 成本价（美元） | 1971年市值（美元） |
|---|---|---|---|
| 圣劳伦斯公司（ST. LAWRENCE CORP.）[同拓纸业公司（Domtar）] | 路边交易市场 | 0.75 | 85 |
| 精选工业公司1.50美元股息可转换股（SELECTED INDUSTRIES $1.50 CON-VERTIBL）（三洲公司） | 路边交易市场 | 1.00 | 145 |
| 信诺钢带公司（SIGNODE STEEL STRAPPING）[信诺公司（Signode Corp.）] | 芝加哥证券交易所 | 9.75 | 995 |
| 美国糖果公司（SWEETS CO. OF AMERICA）[杜丝罗尔工业公司（Tootsie Roll Industries）] | 纽约证券交易所 | 3.13 | 444 |
| 得克萨斯海湾生产公司（TEXAS GULF PRODUCING） | 纽约证券交易所 | 2.00 | 239❶ |
| 弗吉尼亚-卡罗来纳化学公司（VIRGINIA CAROLINA CHEMICAL）（美孚石油公司） | 纽约证券交易所 | 1.00 | 144 |
| 弗吉尼亚钢铁、煤炭&焦炭公司5%股息优先股（VIRGINIA IRON, COAL & COKE 5% PFD.）[贝茨制造公司（Bates Manufacturing）] | 纽约证券交易所 | 14.00 | 2007 |
| 温洛维特杂货店（WINN & LOVETT GROCERY）[温迪克斯百货公司B类可转换股（Winn–Dixie Stores Class B Conv.）] | 场外交易市场 | 18.00 | 3105 |

❶ 1964—1967年的清算支付，不包括任何后续的利息。

• 附表一

续表

| 交易场所 | 成本价（美元） | 1971年市值（美元） |
|---|---|---|
| **1943年** | | |
| 阿比提比电力＆纸业有限公司股息为7%、面值为100美元的优先股 [（ABITIBI POWER & PAPER CO., LTD. 7% PFD（$100 PAR））] （阿比提比纸业公司普通股） 加拿大 | 12.50 | 1606[1] |
| 康涅狄格通用人寿保险公司（CONNECTICUT GENERAL LIFE INSURANCE） [康涅狄格通用保险公司（Connecticut General Insurance）] 场外交易市场 | 27.63 | 3756 |
| 大陆保险公司（CONTINENTAL ASSURANCE）（CNA金融公司） 场外交易市场 | 40.50 | 4403 |
| 东部燃气燃料6%股息优先股（EASTERN GAS & FUEL 6% PFD.） 路边交易市场 | 19.75 | 2322 |
| 电力和照明公司普通股（ELECTRIC POWER & LIGHT COMMON）（中南部电力公司和鹏斯公司） 纽约证券交易所 | 1.25 | 151 |
| 电力和照明公司7美元股息总第二优先股（ELECTRIC POWER & LIGHT $7 SECOND PFD.）（中南部电力公司和鹏斯公司） 路边交易市场 | 7.00 | 1034 |
| 帝国信托公司（EMPIRE TRUST CO.） [多姆石油有限公司（Dome Petroleum, Ltd.）] 场外交易市场 | 43.50 | 4681 |

[1] 假设把1949年8月1日收到的187.50美元现金以当周最高价（8月5日的盘中最高价为每股12.25美元）再投资于阿比提比的普通股。

续表

| 公司 | 交易场所 | 成本价（美元） | 1971年市值（美元） |
|---|---|---|---|
| 通用灭火器公司（GENERAL FIRE EXTINGUISHER）[国际电话电报公司（International Telephone & Telegraph）] | 场外交易市场 | 10.63 | 1096 |
| 吉列公司（GILLETTE） | 纽约证券交易所 | 4.75 | 610 |
| 国际公用事业公司A类股（INTERNATIONAL UTILITIES CLASS A）[国际公用事业公司普通股（International Utilities Common）] | 路边交易市场 | 3.75 | 753 |
| 克林石油公司A类股（KERLYN OIL CLASS A）[科尔麦吉公司（Kerr-McGee）] | 场外交易市场 | 3.13 | 861 |
| 金尼（G.R.）公司[KINNEY（G.R.）& CO.][布朗鞋业公司（Brown Shoe）] | 纽约证券交易所 | 1.88 | 256 |
| 林肯国民人寿保险公司（LINCOLN NATIONAL LIFE INSURANCE）[林肯国民公司（Lincoln National Corp.）] | 场外交易市场 | 28.50 | 3630 |
| 路易斯安那土地公司（LOUISIANA LAND） | 路边交易市场 | 5.13 | 624 |
| 梅塔格公司（MAYTAG） | 纽约证券交易所 | 2.50 | 336 |
| 麦考德散热器制造公司（MC CORD RADIATOR & MANUFACTURING）[麦考德公司（McCord Corp.）] | 路边交易市场 | 1.25 | 160 |
| 麦格劳-希尔（MC GRAW-HILL） | 纽约证券交易所 | 8.50 | 868 |
| 商业百货公司（MERCANTILE STORES） | 路边交易市场 | 21.00 | 2702 |

● 附表一

续表

| 交易场所 | 成本价（美元） | 1971年市值（美元） |
|---|---|---|
| 梅萨比铁矿（MESABI IRON）[梅萨比投资公司（Mesabi Trust）] | 路边交易市场 | 1.00 | 121 |
| 密歇根保险杠公司（MICHIGAN BUMPER）（海湾西方公司） | 路边交易市场 | 0.32 | 46 |
| 西大平洋石油公司（PACIFIC WESTERN OIL）[盖蒂石油公司（Getty Oil）] | 纽约证券交易所 | 9.00 | 1023 |
| 辉瑞（查斯）公司[PFIZER（CHAS.）& CO.][辉瑞（Pfizer, Inc.）] | 场外交易市场 | 29.00 | 3493 |
| 匹兹顿公司（PITTSTON CO.） | 纽约证券交易所 | 1.75 | 572 |
| 迅捷电铸公司（RAPID ELECTROTYPE）[迅捷美国公司（Rapid-American）] | 辛辛那提证券交易所 | 2.38 | 413 |
| 雷神公司（RAYTHEON） | 路边交易市场 | 2.75 | 420 |
| 沙东公司（SHARP & DOHME）（默克公司） | 纽约证券交易所 | 8.63 | 885 |
| 施泰力公司（STARRETT CORP.）[瑞克里恩公司（Recrion）] | 路边交易市场 | 0.32 | 66 |
| 特灵公司（TRANE） | 芝加哥证券交易所 | 8.00 | 1125 |
| 联合染料厂普通股（UNITED PIECE DYE WORKS COMMON） | 场外交易市场 | 0.10 | 51 |

续表

| 交易场所 | 成本价（美元） | 1971年市值（美元） |
|---|---|---|
| 联合染料厂 6.5%股息优先股（UNITED PIECE DYE WORKS 6.5% PFD.）（联合染料厂普通股） 场外交易市场 | 1.88 | 724 |
| 美国金属箔公司B类股（U.S. FOIL B）[雷诺兹金属公司（Reynolds Metals）] 路边交易市场 | 2.63 | 342 |
| 弗吉尼亚钢铁、煤炭&焦炭公司（VIRGINIA IRON, COAL & COKE）（贝茨制造公司） 场外交易市场 | 1.00 | 143 |
| 怀特缝纫机公司（WHITE SEWING MACHINE）[怀特联合工业公司（White Consolidated Industries）] 纽约证券交易所 | 2.63 | 287 |

1944年

| 交易场所 | 成本价（美元） | 1971年市值（美元） |
|---|---|---|
| 百得公司（BLACK & DECKER） 纽约证券交易所 | 16.50 | 1835 |
| 东部州公司（EASTERN STATES CORP.）[瑞吉纸业（St. Regis Paper）] 路边交易市场 | 0.63 | 67 |
| 亨特兄弟包装公司（HUNT BROS. PACKING）[诺顿西蒙公司（Norton Simon）] 洛杉矶证券交易所 | 5.75 | 1045 |
| 国家防火公司（NATIONAL FIREPROOFING）[福卡工业（Fuqua Industries）] 匹兹堡证券交易所 | 0.50 | 82 |
| 诺克泽马化学公司（NOXZEMA CHEMICAL）[诺赛尔公司（Noxell）] 场外交易市场 | 4.50 | 501 |

● 附表一

续表

| | 交易场所 | 成本价（美元） | 1971年市值（美元） |
|---|---|---|---|
| 太平洋波特兰水泥公司（PACIFIC PORTLAND CEMENT）[理想基础工业公司（Ideal Basic Industries）] | 场外交易市场 | 2.75 | 374 |
| 精选工业公司（SELECTED INDUSTRIES）[三洲公司普通股&认股权证（Tri-Continental common & warrants）] | 路边交易市场 | 0.75 | 93 |
| 三洲公司认股权证（TRI-CONTINENTAL WARRANTS） | 路边交易市场 | 0.69 | 72 |
| 西弗吉尼亚煤焦公司（WEST VIRGINIA COAL & COKE）[东部燃气燃料公司（Eastern Gas & Fuel）] | 路边交易市场 | 5.13 | 553 |
| **1945年** | | | |
| 费德尔斯公司（FEDDERS） | 路边交易市场 | 9.50 | 1000 |
| 明尼苏达矿业制造公司（MINNESOTA MINING & MANUFACTURING） | 路边交易市场 | 60.00 | 6480 |
| 国民家园公司（NATIONAL HOMES） | 印第安纳波利斯基泽科恩&舒梅克公司（Kiser, Cohn & Shumaker, Inc. Indianapolis）承销 | 6.75 | 917 |
| 费城人寿保险（PHILADELPHIA LIFE INSURANCE） | 场外交易市场 | 4.00 | 714 |
| 葆雅公司（PLOUGH）[先灵葆雅公司（Schering-Plough）] | 路边交易市场 | 13.25 | 1392 |

续表

| 交易场所 | 成本价（美元） | 1971年市值（美元） |
|---|---|---|
| 普伦蒂斯霍尔公司（PRENTICE-HALL） | 路边交易市场 | 51.00 | 5452 |
| **1946年** | | | |
| 空气化工产品公司（AIR PRODUCTS & CHEMICALS） | 雷诺公司（Reynolds & Co.）承销 | 1.00 | 144 |
| 强生公司（JOHNSON & JOHNSON） | 纽约证券交易所 | 44.00 | 5174 |
| 基尔希公司普通B类股（KIRSCH COMPANY COMMON B）[基尔希公司普通股（Kirsch Co.）] | 场外交易市场 | 5.00 | 671 |
| 基尔希公司优先股（KIRSCH CO. PREFERRED）（基尔希公司普通股） | 场外交易市场 | 14.00 | 1686 |
| **1948年** | | | |
| 阿默雷克斯控股公司（AMEREX HOLDING CORP.）[美国运通公司（American Express）] | 场外交易市场 | 21.50 | 2443 |
| 国际商业机器公司（INTERNATIONAL BUSINESS MACHINES） | 纽约证券交易所 | 125.50 | 13 898 |
| 摩托罗拉公司（MOTOROLA） | 纽约证券交易所 | 11.25 | 1184 |
| 新英格兰莱姆公司（NEW ENGLAND LIME）（辉瑞公司） | 场外交易市场 | 4.50 | 582 |
| 齐尼斯无线电公司（ZENITH RADIO） | 纽约证券交易所 | 19.75 | 1975 |

• 附表一

续表

| | 交易场所 | 成本价（美元） | 1971年市值（美元） |
|---|---|---|---|
| 1949年 | | | |
| 美国家庭火灾保险公司（AMERICAN HOME FIRE ASSURANCE）（美国国际集团） | 场外交易市场 | 7.00 | 1043 |
| 艾默生电气公司（EMERSON ELECTRIC） | 纽约证券交易所 | 8.50 | 912 |
| 富达联合人寿保险（FIDELITY UNION LIFE INSURANCE） | 场外交易市场 | 42 | 4425 |
| 飞虎航空公司（FLYING TIGER LINE） | 场外交易市场 | 1.00 | 123 |
| 环球罗格斯火险公司（GLOBE & RUTGERS FIRE INSURANCE）（美国国际集团） | 场外交易市场 | 27 | 3140 |
| 政府雇员人寿保险公司（GOVERNMENT EMPLOYES LIFE INSURANCE） | 场外交易市场 | 5.00 | 670 |
| 马格纳沃克斯公司（MAGNAVOX） | 纽约证券交易所 | 5.00 | 841 |
| 丹碧丝公司（TAMPAX） | 场外交易市场 | 16.50 | 2961 |
| 1950年 | | | |
| 迪堡公司（DIEBOLD, INC.） | 场外交易市场 | 11.63 | 1594 |
| 麦克唐纳飞机公司（MCDONNELL AIRCRAFT）[麦克唐纳-道格拉斯公司（McDonnell Douglas）] | 场外交易市场 | 17.00 | 1924 |
| 范多恩钢铁厂（VAN DORN IRON WORKS）[范多恩公司（Van Dorn Co.）] | 中西部证券交易所（Midwest S. E.） | 6.25 | 714 |

续表

| | 交易场所 | 成本价（美元） | 1971年市值（美元） |
|---|---|---|---|
| **1951年** | | | |
| 政府雇员保险公司（GOVERNMENT EMPLOYES INSURANCE） | 场外交易市场 | 38.00 | 3938 |
| 奥格登公司（OGDEN CORP.）[兴泰公司，奥格登公司，邦克·拉莫公司（Bunker Ramo）] | 路边交易市场 | 0.94 | 174 |
| **1952年** | | | |
| 洲际橡胶公司（INTERCONTINENTAL RUBBER）[德州仪器公司（Texas Instruments）] | 纽约证券交易所 | 3.00 | 322 |
| **1953年** | | | |
| 乔治亚太平洋公司（GEORGIA-PACIFIC） | 纽约证券交易所 | 9.25 | 957 |
| 亨利霍尔特公司（HENRY HOLT & CO.）[哥伦比亚广播公司（Columbia Broadcasting System）] | 美国证券交易所（Amex） | 7.88 | 835 |
| **1954年** | | | |
| 华特迪士尼制作公司[DISNEY（WALT）PRODUCTIONS INC.] | 场外交易市场 | 3.63 | 1630 |
| 简单模式公司（SIMPLICITY PATTERN） | 美国证券交易所 | 4.88 | 712 |
| **1955年** | | | |
| 雅芳公司（AVON PRODUCTS） | 场外交易市场 | 83.00 | 9430 |

● 附表一

续表

| | 交易场所 | 成本价（美元） | 1971年市值（美元） |
|---|---|---|---|
| 艾米利航空货运公司（EMERY AIR FREIGHT） | 美国证券交易所 | 7.88 | 829 |
| 新工艺公司（NEW PROCESS） | 路边交易市场 | 58.00 | 7380 |
| 宝丽来公司（POLAROID） | 场外交易市场 | 42.88 | 5622 |
| **1956年** | | | |
| 百特公司（BAXTER LABORATORIES） | 场外交易市场 | 11.25 | 1260 |
| 西方石油公司（OCCIDENTAL PETROLEUM） | 旧金山证券交易所 | 0.45 | 84 |
| **1958年** | | | |
| 哈洛伊德施乐公司（HALOID XEROX）[施乐公司（Xerox）] | 场外交易市场 | 47.50 | 7605 |
| **1959年** | | | |
| 梦露汽车设备公司（MONROE AUTO EQUIPMENT） | 场外交易市场 | 10.50 | 1346 |
| **1961年** | | | |
| 马斯科螺钉制品公司（MASCO SCREW PRODUCTS）[马斯科公司（Masco Corp.）] | 底特律证券交易所 | 6.25 | 729 |
| **1963年** | | | |
| 天际之家公司（SKYLINE HOMES）[天际公司（Skyline Corp.）] | 美国证券交易所 | 11.00 | 1183 |

续表

| | 交易场所 | 成本价（美元） | 1971年市值（美元） |
|---|---|---|---|
| **1964年** | | | |
| 美国实验室（AMERICAN LABORATORIES）[美国医疗国际公司（American Medical International）] | 场外交易市场 | 0.75 | 129 |
| **1965年** | | | |
| 自动数据处理公司（AUTOMATIC DATA PROCESSING） | 场外交易市场 | 7.00 | 704 |
| **1966年** | | | |
| 美国住宅与开发公司（U.S. HOME & DEVELOPMENT） | 场外交易市场 | 0.63 | 78 |
| **1967年** | | | |
| 美国开发公司（DEVELOPMENT CORP. OF AMERICA） | 场外交易市场 | 0.38 | 74 |

**附表二**

# 百倍股价格表

　　附表二是投资者可在30个不同的年份里以4—137.50美元的价格买入的365只股票名单。

　　与流行的印象相反，百倍股并不都是未上市的低价股。附表二中列出了365只证券的名称，投资者可在表中列示的年份以列示的价格买入它们，它们1971年的价值至少是买入价的百倍。请注意，列表中前12只证券的最低价格为50美元。若清单上的证券名称有所改变，则更改后的名称被列示在了括号内。

| 证券名称 | 买入价格（美元） | 买入年份（年） |
|---|---|---|
| 老本煤炭公司6%利率、1944年到期的第一期黄金债券（俄亥俄标准石油公司） | 137.50 | 1935 |
| 国际商业机器公司 | 125.50 | 1948 |
| 安海斯-布希公司 | 98.00 | 1935 |
| 雅芳公司 | 83.00 | 1955 |
| 明尼苏达矿业制造公司 | 60.00 | 1945 |
| 明尼阿波利斯霍尼韦尔公司（霍尼韦尔公司） | 58.00 | 1935 |
| 新工艺公司 | 58.00 | 1955 |
| 普伦蒂斯霍尔公司 | 51.00 | 1945 |
| 联合电话公用事业公司5.5%利率C系列可转换债券（通用电话公司） | 50.00 | 1933 |
| 律师业权保险公司（里士满公司） | 50.00 | 1936 |
| 香港波特公司利率为6%、1946年到期的第一期债券 | 50.00 | 1932 |
| 加利福尼亚里奇菲尔德石油公司利率为6%、1944年到期的第一期可转换债券（存单）（大西洋里奇菲尔德公司） | 50.00 | 1932 |
| 哈洛伊德施乐公司（施乐公司） | 47.50 | 1958 |
| 伊士曼柯达公司 | 46.00 | 1933 |
| 通用美国公司（萨菲科保险公司） | 44.00 | 1946 |
| 强生公司 | 46.00 | 1938 |
| 帝国信托公司（多姆石油有限公司） | 43.50 | 1943 |
| 默克公司 | 43.00 | 1940 |
| 宝丽来公司 | 42.88 | 1955 |
| 富达联合人寿保险公司 | 42.00 | 1949 |
| 大陆保险公司（CNA金融公司） | 40.50 | 1943 |
| 雅培公司 | 40.00 | 1934 |
| 明尼苏达州和安大略省纸业公司6%利率A系列债券（1931—1945年）（博伊西加斯凯德公司） | 40.00 | 1932 |

• 附表二

续表

| 证券名称 | 买入价格（美元） | 买入年份（年） |
|---|---|---|
| 泛美石油公司6%利率、1940年到期的可转换债券（存单）（大西洋里奇菲尔德公司） | 40.00 | 1932 |
| 政府雇员保险公司 | 38.00 | 1951 |
| 格兰尼特维尔制造公司（格兰尼特维尔公司） | 34.00 | 1935 |
| 国际维生素公司（美国家庭用品公司） | 30.75 | 1938 |
| 老本煤炭7.5%利率、1934年到期的债券（俄亥俄标准石油公司） | 30.00 | 1932 |
| 辉瑞（查斯）公司（辉瑞公司） | 29.00 | 1943 |
| 林肯国民人寿保险公司（林肯国民公司） | 28.50 | 1943 |
| 康涅狄格通用人寿保险公司（康涅狄格通用保险公司） | 27.63 | 1943 |
| 环球罗格斯火险公司（美国国际集团） | 27.00 | 1949 |
| 高乐氏公司 | 24.00 | 1942 |
| 将军轮胎公司 | 23.00 | 1933 |
| 阿默雷克斯控股公司（美国运通公司） | 21.50 | 1948 |
| 陶氏化学公司 | 21.13 | 1932 |
| 商业百货公司 | 21.00 | 1943 |
| 美国梭芯公司优先股（贝克尔工业公司） | 20.00 | 1940 |
| 东部燃气燃料6%股息优先股 | 19.75 | 1943 |
| 齐尼斯无线电公司 | 19.75 | 1948 |
| 阿梅拉达公司（阿梅拉达赫斯公司） | 18.50 | 1933 |
| 巴布科克和威尔科克斯公司 | 18.50 | 1934 |
| 温洛维特杂货店（温迪克斯百货公司B类可转换股） | 18.00 | 1942 |
| 卡内什公司 | 17.88 | 1938 |
| 美国皮革公司7%股息优先股（坦迪公司普通股） | 17.75 | 1934 |
| 麦克唐纳飞机公司（麦克唐纳-道格拉斯公司） | 17.00 | 1950 |
| 摩尔有限公司 | 17.00 | 1935 |
| 方D公司B类普通股 | 17.00 | 1935 |

续表

| 证券名称 | 买入价格（美元） | 买入年份（年） |
|---|---|---|
| 百得公司 | 16.50 | 1944 |
| 丹碧丝公司 | 16.50 | 1949 |
| 胡椒博士 | 16.00 | 1935 |
| 安泰意外保险公司（安泰人寿及意外险公司） | 15.00 | 1932 |
| 克拉克设备公司 | 15.00 | 1939 |
| 基尔希公司优先股（基尔希公司普通股） | 14.00 | 1946 |
| 弗吉尼亚钢铁、煤炭&焦炭公司5%股息优先股（贝茨制造公司） | 14.00 | 1942 |
| 美国皮革公司7%股息优先股（坦迪公司普通股） | 13.50 | 1933 |
| 芝加哥柔性轴公司（日光公司） | 13.50 | 1935 |
| 葆雅公司（先灵葆雅公司） | 13.25 | 1945 |
| 锅柄生产公司8%股息优先股（美国石油金融公司A类股） | 13.00 | 1940 |
| J.C. 潘尼公司 | 13.00 | 1932 |
| 阿比提比电力&纸业有限公司股息为7%、面值为100美元的优先股（阿比提比纸业公司普通股） | 12.50 | 1943 |
| 西尔斯罗巴克公司 | 12.50 | 1933 |
| 美国皮革公司6%股息可转换优先股（坦迪公司普通股） | 12.00 | 1938 |
| 迪堡公司 | 11.63 | 1950 |
| 艾迪纸业公司（惠好公司） | 11.50 | 1940 |
| 纽蒙特矿业公司 | 11.50 | 1933 |
| 菲利普莫里斯公司 | 11.50 | 1934 |
| 沙东公司3.50美元股息可转换A类优先股（默克公司普通股） | 11.50 | 1932 |
| 百特公司 | 11.25 | 1956 |
| 摩托罗拉公司 | 11.25 | 1948 |
| 国际燃烧工程公司可转换优先股股权证书（燃烧工程公司） | 11.00 | 1933 |
| 环球绕组公司（利索纳公司） | 11.00 | 1934 |
| 舷外马达公司A类股（舷外船舶公司） | 11.00 | 1936 |

● 附表二

续表

| 证券名称 | 买入价格（美元） | 买入年份（年） |
|---|---|---|
| 天际之家公司（天际公司） | 11.00 | 1963 |
| 通用灭火器公司（国际电话电报公司） | 10.63 | 1943 |
| 食品机械公司（FMC公司） | 10.50 | 1934 |
| 梦露汽车设备公司 | 10.50 | 1959 |
| 固特异轮胎&橡胶公司 | 10.25 | 1942 |
| 美国电力与照明公司6美元股息优先股 | 10.13 | 1935 |
| 哈特·马克斯公司 | 10.00 | 1939 |
| 霍巴特制造公司 | 10.00 | 1933 |
| 里斯纽扣孔机制造公司（里斯公司） | 10.00 | 1934 |
| 信诺钢带公司（信诺公司） | 9.75 | 1942 |
| 费德尔斯公司 | 9.50 | 1945 |
| 诺比利特斯帕克斯工业公司（阿尔文工业公司） | 9.50 | 1933 |
| 乔治亚太平洋公司 | 9.25 | 1953 |
| 道奇制造公司（瑞恩电气公司） | 9.13 | 1942 |
| 芦荟（A.S.）公司（布伦瑞克公司） | 9.00 | 1934 |
| 米尔顿·布拉德利公司 | 9.00 | 1957 |
| 纳托马斯公司 | 9.00 | 1932 |
| 西太平洋石油公司（盖蒂石油公司） | 9.00 | 1943 |
| 梅尔维尔鞋业公司 | 8.75 | 1932 |
| 沙东公司（默克公司） | 8.63 | 1943 |
| 艾默生电气公司 | 8.50 | 1949 |
| 麦格劳-希尔公司 | 8.50 | 1943 |
| 雷茵布莱恩特公司 | 8.38 | 1942 |
| 安泰人寿保险公司（安泰人寿及意外险公司） | 8.25 | 1932 |
| 假日酒店 | 8.13 | 1958 |
| 美森耐公司 | 8.25 | 1933 |

续表

| 证券名称 | 买入价格（美元） | 买入年份（年） |
| --- | --- | --- |
| 国家集装箱公司2美元股息可转换优先股（欧文伊利诺伊格拉斯公司） | 8.13 | 1932 |
| 汤普森产品公司（TRW公司） | 8.13 | 1938 |
| 美国航空公司 | 8.00 | 1938 |
| 德尔塔航空公司 | 8.00 | 1942 |
| 爱迪生兄弟百货公司 | 8.00 | 1934 |
| 特灵公司 | 8.00 | 1943 |
| 皇冠柯克&西尔公司 | 7.88 | 1932 |
| 艾米利航空货运公司 | 7.88 | 1955 |
| 亨利霍尔特公司（哥伦比亚广播公司） | 7.88 | 1953 |
| 联邦百货公司 | 7.50 | 1933 |
| 加顿丹佛公司 | 7.50 | 1933 |
| 百力通公司 | 7.25 | 1933 |
| 国家标准公司 | 7.25 | 1932 |
| 美国家庭火灾保险公司（美国国际集团） | 7.00 | 1949 |
| 自动数据处理公司 | 7.00 | 1965 |
| 电力和照明公司7美元股息优先股（中南部电力公司和鹏斯公司） | 7.00 | 1943 |
| 国民家园公司 | 6.75 | 1945 |
| 通用美国石油公司 | 6.50 | 1937 |
| 霍洛芬公司（约翰斯曼维尔公司） | 6.50 | 1936 |
| 肯德尔公司 | 6.50 | 1942 |
| 斯凯利石油公司 | 6.50 | 1935 |
| 顶点电气制造公司（怀特联合公司） | 6.25 | 1941 |
| 马斯科螺钉制品公司（马斯科公司） | 6.25 | 1961 |
| 范多恩钢铁厂（范多恩公司） | 6.25 | 1950 |
| 集装箱公司A类股（马科尔公司） | 6.13 | 1934 |

• 附表二

续表

| 证券名称 | 买入价格（美元） | 买入年份（年） |
|---|---|---|
| 菲利普斯-琼斯公司（菲利普斯-范霍森公司） | 6.13 | 1942 |
| 美国宪法火灾保险（美国国际集团） | 6.00 | 1932 |
| 电铲煤公司优先股（美国克莱梅克斯金属公司） | 6.00 | 1942 |
| 太平洋工厂（伯林顿工业公司） | 6.00 | 1933 |
| 工业验收公司 | 5.90 | 1942 |
| 伯林顿工厂（伯林顿工业公司） | 5.75 | 1937 |
| 迪尔公司 | 5.75 | 1933 |
| 亨特兄弟包装公司（诺顿西蒙公司） | 5.75 | 1944 |
| 布伦瑞克-巴尔克-科兰德公司（布伦瑞克公司） | 5.50 | 1938 |
| 履带式拖拉机 | 5.50 | 1933 |
| 信号油气公司A类股（信号公司） | 5.50 | 1935 |
| 联合纸袋公司（联合园区公司） | 5.50 | 1933 |
| 灰狗公司 | 5.25 | 1934 |
| 马里恩蒸汽铲公司7%股息优先股（梅里特-查普曼&斯科持公司） | 5.25 | 1932 |
| 路易斯安那土地公司 | 5.13 | 1943 |
| 西弗吉尼亚煤焦公司（东部燃气燃料公司） | 5.13 | 1944 |
| 西部汽车供应公司A类股（有利公司） | 5.13 | 1932 |
| 美国仪表公司（辛格公司） | 5.00 | 1933 |
| 芝加哥-岩岛-太平洋铁路公司4.5%利率、1960年到期的可转换股债券（联合太平洋公司） | 5.00 | 1940 |
| 大陆灾害保险公司（CAN金融公司） | 5.00 | 1933 |
| 道格拉斯飞机公司（麦克唐纳-道格拉斯公司） | 5.00 | 1932 |
| 卡普韦尔商场（百老汇黑尔百货公司） | 5.00 | 1934 |
| 通用联合公司（通用再保险公司） | 5.00 | 1933 |
| 政府雇员人寿保险公司 | 5.00 | 1949 |
| 基尔希公司普通B类股（基尔希公司普通股） | 5.00 | 1946 |
| 马格纳沃克斯公司 | 5.00 | 1949 |

续表

| 证券名称 | 买入价格（美元） | 买入年份（年） |
|---|---|---|
| 一千九百公司（惠而浦公司） | 5.00 | 1942 |
| 简单模式公司 | 5.88 | 1954 |
| 吉列公司 | 4.75 | 1943 |
| 火奴鲁鲁石油公司 | 4.75 | 1932 |
| 芘制造公司（贝克尔工业公司） | 4.75 | 1940 |
| 大陆烘焙公司（国际电话公司） | 4.50 | 1935 |
| 新英格兰莱姆公司（辉瑞公司） | 4.50 | 1948 |
| 诺克泽马化学公司（诺赛尔公司） | 4.50 | 1944 |
| 州际公司（豪斯特国际公司） | 4.38 | 1955 |
| 米勒药品批发公司（美国家庭用品公司） | 4.38 | 1940 |
| 联合干货公司 | 4.25 | 1942 |
| 马格马铜业公司（纽蒙特矿业公司） | 4.25 | 1932 |
| 内希公司（皇冠可乐公司） | 4.25 | 1936 |
| 房地产经营公司（索斯唐公司） | 4.25 | 1944 |
| 阿姆斯特朗软木公司 | 4.13 | 1933 |
| 艾谢尔帕托卡煤矿（美国克莱梅克斯金属公司） | 4.00 | 1942 |
| 哥伦比亚河包装公司（卡库公司） | 4.00 | 1939 |
| 通用电缆公司A类股（通用电缆公司普通股） | 4.00 | 1935 |
| 勒纳百货公司 | 4.00 | 1933 |
| 费城人寿保险 | 4.00 | 1945 |
| 北美汽车公司（飞虎航空公司） | 3.88 | 1942 |
| 斯通&韦伯斯特公司（斯通&韦伯斯特公司，海湾诸州电力公司，埃尔帕索电气公司，弗吉尼亚电力公司，塞拉太平洋电力公司） | 3.76 | 1935 |
| 伯特曼电气公司（惠而浦公司） | 3.75 | 1933 |
| 布拉赫（EJ.）父子公司（美国家庭用品公司） | 3.75 | 1933 |
| 塞斯纳飞机公司 | 3.75 | 1941 |

• 附表二

续表

| 证券名称 | 买入价格（美元） | 买入年份（年） |
|---|---|---|
| 爱克塞罗公司 | 3.75 | 1934 |
| 汉考克石油公司（信号公司） | 3.75 | 1933 |
| 国际公用事业公司A类股 | 3.75 | 1943 |
| 麦格劳电气公司（麦格劳-爱迪生公司） | 3.75 | 1934 |
| 斯洛斯-谢菲尔德钢铁公司（A-T-O公司） | 3.75 | 1932 |
| 百老汇百货公司（百老汇黑尔百货公司） | 3.63 | 1941 |
| 华特迪士尼制作公司 | 3.63 | 1954 |
| 线路器材公司（麦格劳-爱迪生公司） | 3.63 | 1935 |
| 美国制造公司 | 3.50 | 1935 |
| 伊利诺斯盔甲公司优先股（灰狗公司） | 3.50 | 1932 |
| 克里夫斯公司（克利维尔和克里夫斯公司） | 3.50 | 1933 |
| 库珀工业 | 3.50 | 1937 |
| 卡特拉-汉莫公司 | 3.50 | 1932 |
| 狮子油脂公司（孟山都公司） | 3.50 | 1935 |
| 美国货运公司 | 3.50 | 1932 |
| 沃克（海勒姆）古德汉姆&沃茨公司 | 3.50 | 1933 |
| 韦斯顿电气仪表公司（斯伦贝谢公司） | 3.50 | 1932 |
| 博格华纳公司 | 3.38 | 1932 |
| 联合化学公司（FMC公司） | 3.25 | 1939 |
| 美国百货公司7美元股息第一优先股（托洛法尔市场） | 3.25 | 1941 |
| 工程师公共服务公司（弗吉尼亚电力公司，埃尔帕索电气公司，海湾诸州电力公司） | 3.15 | 1934 |
| 美国克莱梅克斯金属公司 | 3.13 | 1933 |
| 伊顿制造（伊顿耶鲁和汤恩） | 3.13 | 1933 |
| 国际维生素公司（美国家庭用品公司） | 3.13 | 1941 |
| 克林石油公司A类股（科尔麦吉公司） | 3.13 | 1943 |
| 美国糖果公司（杜丝罗尔工业公司） | 3.13 | 1942 |

续表

| 证券名称 | 买入价格（美元） | 买入年份（年） |
| --- | --- | --- |
| 田纳西公司（城市服务公司） | 3.13 | 1934 |
| 伊利诺伊州美国投资公司 | 3.00 | 1933 |
| 芝加哥铆钉及机械公司 | 3.00 | 1932 |
| 柯林斯和艾克马伊斯公司 | 3.00 | 1933 |
| 电力和照明公司7美元股息优先股（中南部电力公司和鹏斯公司） | 3.00 | 1935 |
| 辉门公司 | 3.00 | 1934 |
| 古德里奇（B.F.）公司 | 3.00 | 1933 |
| 洲际橡胶公司（德州仪器公司） | 3.00 | 1952 |
| 洛杉矶施泰力公司 | 3.00 | 1932 |
| 维实伟克化学公司（FMC公司） | 3.00 | 1932 |
| 鲍德温（D.H.）公司 | 2.88 | 1939 |
| 通用美国公司（萨菲科保险公司） | 2.75 | 1934 |
| 太平洋波特兰水泥公司（理想基础工业公司） | 2.75 | 1944 |
| 雷神公司 | 2.75 | 1943 |
| 华纳兄弟电影公司（金尼国民服务公司） | 2.75 | 1941 |
| 美国金属箔公司B类股（雷诺兹金属公司） | 2.75 | 1943 |
| 怀特缝纫机公司（怀特联合工业公司） | 2.63 | 1943 |
| 开利公司 | 2.50 | 1932 |
| 陶贝克曼公司（陶氏化学公司） | 2.50 | 1941 |
| 电力和照明公司6美元股息优先股（中南部电力公司和鹏斯公司） | 2.50 | 1935 |
| 梅塔格公司 | 2.50 | 1943 |
| 派克笔公司 | 2.50 | 1932 |
| 雷明顿兰德公司（斯佩里兰德公司） | 2.50 | 1933 |
| 壳牌联合石油公司（壳牌石油公司） | 2.50 | 1932 |
| 得克萨斯太平洋煤油公司 | 2.50 | 1934 |
| 迅捷电铸公司（迅捷美国公司） | 2.38 | 1943 |

● 附表二

续表

| 证券名称 | 买入价格（美元） | 买入年份（年） |
|---|---|---|
| 埃弗夏普（华纳兰伯特公司） | 2.25 | 1942 |
| 休斯顿石油公司 | 2.25 | 1942 |
| 萨维奇武器公司（艾姆哈特公司） | 2.25 | 1933 |
| 芝加哥气动工具公司 | 2.13 | 1933 |
| 城市服务公司 | 2.13 | 1942 |
| S.R.德莱赛制造公司B类股（德莱赛工业公司） | 2.13 | 1933 |
| 金贝尔兄弟公司 | 2.13 | 1935 |
| 麦克利兰商店优先股（麦克罗里公司普通股） | 2.13 | 1933 |
| 斯佩里公司（斯佩里兰德公司） | 2.13 | 1933 |
| 阿比提比电力&纸业有限公司股息为6%、面值为100美元的优先股（阿比提比纸业公司普通股） | 2.00 | 1940 |
| 芝加哥&南方航空公司（德尔塔航空公司） | 2.00 | 1942 |
| 飞兆航空公司（仙童相机公司） | 2.00 | 1938 |
| 利海谷煤炭公司6%利率、50美元面值的可转换优先债券（利海谷工业公司） | 2.00 | 1940 |
| 米德兰钢铁制品公司（米德兰-罗斯公司） | 2.00 | 1932 |
| 菲利普斯石油公司 | 2.00 | 1932 |
| 必能宝公司 | 2.00 | 1933 |
| 普莱瑟开发公司 | 2.00 | 1937 |
| 得克萨斯海湾生产公司 | 2.00 | 1942 |
| 撒切尔制造公司（达特工业公司） | 2.00 | 1932 |
| 加拿大联合天然气公司 | 2.00 | 1934 |
| 英特泰普公司（哈里斯-英特泰普公司） | 1.88 | 1933 |
| 金尼（G.R.）公司（布朗鞋业公司） | 1.88 | 1943 |
| 林赛化工公司（科尔麦吉公司） | 1.88 | 1939 |
| 联合染料厂6.5%股息优先股（联合染料厂普通股） | 1.88 | 1943 |
| 惠特曼巴恩斯公司（TRW公司） | 1.88 | 1934 |

续表

| 证券名称 | 买入价格（美元） | 买入年份（年） |
| --- | --- | --- |
| 纽约码头公司（奎斯特公司） | 1.75 | 1939 |
| 匹兹顿公司. | 1.75 | 1943 |
| 美国锁链&钢索公司 | 1.63 | 1933 |
| 美国氰胺公司 | 1.63 | 1932 |
| 联合卡尔紧固件公司（TRW公司） | 1.63 | 1933 |
| 范拉阿尔特公司（克卢特皮博迪公司） | 1.63 | 1933 |
| 风险投资公司（鹰桥镍业公司） | 1.57 | 1940 |
| 印第安纳钢铁制品公司（电子存储器和磁性材料公司） | 1.50 | 1940 |
| 国际电话电报公司 | 1.50 | 1942 |
| 西顿皮革公司（西顿公司） | 1.50 | 1933 |
| 胜特兰机床公司（胜特兰公司） | 1.50 | 1933 |
| 鹰桥镍业公司 | 1.43 | 1940 |
| 黄色卡车和长途客车制造公司（通用汽车公司） | 1.38 | 1932 |
| 奥斯汀尼科尔斯公司（利格特迈尔斯公司） | 1.25 | 1942 |
| 毕琪飞机公司 | 1.25 | 1938 |
| 塞拉尼斯公司 | 1.25 | 1932 |
| 电力和照明公司普通股（中南部电力公司和鹏斯公司） | 1.25 | 1943 |
| 通用电缆公司普通股 | 1.25 | 1933 |
| 麦考德散热器制造公司（麦考德公司） | 1.25 | 1943 |
| 国家百货公司7%股息第一优先股（国际矿业公司） | 1.25 | 1933 |
| 北美航空公司（北美洛克维尔公司） | 1.25 | 1932 |
| 美国橡胶公司（尤尼罗伊尔公司） | 1.25 | 1932 |
| 库伯兰奇公司 | 1.13 | 1932 |
| 胡佛滚珠轴承公司 | 1.13 | 1934 |
| 印第安精炼油公司（德士古公司） | 1.13 | 1933 |
| 史密斯（霍华德）造纸厂（同拓纸业公司） | 1.13 | 1933 |

• 附表二

续表

| 证券名称 | 买入价格（美元） | 买入年份（年） |
| --- | --- | --- |
| 索斯制造公司（索斯联合公司） | 1.13 | 1941 |
| 空气化工产品公司 | 1.00 | 1946 |
| 艾伦工业公司（岱高公司） | 1.00 | 1933 |
| 联合飞机公司（通用动力公司） | 1.00 | 1933 |
| 皇冠泽勒巴赫公司 | 1.00 | 1933 |
| 代顿橡胶制造公司A类股（岱高公司） | 1.00 | 1933 |
| 电船公司（通用动力公司） | 1.00 | 1933 |
| 飞虎航空公司 | 1.00 | 1949 |
| 霍代尔-好时公司B类股（霍代尔工业公司） | 1.00 | 1933 |
| 哈斯曼-利戈尼尔公司（宠物公司） | 1.00 | 1934 |
| 得克萨斯家庭日用织品服务公司（国家服务业公司） | 1.00 | 1939 |
| 门格尔公司（马科尔公司） | 1.00 | 1932 |
| 梅萨比铁矿（梅萨比投资公司） | 1.00 | 1943 |
| 国民衬衫店（麦克罗里公司普通股） | 1.00 | 1934 |
| 匹兹堡铁路公司（公民牵引公司普通股，皮特韦公司） | 1.00 | 1940 |
| 斯库林钢铁公司3美元股息优先股（环球马里恩公司） | 1.00 | 1932 |
| 精选工业公司1.50美元股息可转换股（三洲公司） | 1.00 | 1942 |
| 南海岸公司（吉姆·沃尔特公司） | 1.00 | 1941 |
| 施皮格尔梅斯特恩公司（有利公司） | 1.00 | 1933 |
| 图比兹查蒂隆公司（塞拉尼斯公司） | 1.00 | 1932 |
| 东索电气公司（斯图贝克威士顿公司） | 1.00 | 1932 |
| 美国梭芯公司（贝克尔工业公司） | 1.00 | 1941 |
| 弗吉尼亚-卡罗来纳化学公司（美孚石油公司） | 1.00 | 1942 |
| 弗吉尼亚钢铁、煤炭&焦炭公司（贝茨制造公司） | 1.00 | 1943 |
| 威尔科克斯（H.F.）油气公司（天纳克公司） | 1.00 | 1935 |
| 航空投资者公司（美国制造公司）（兴泰公司） | 0.94 | 1942 |

续表

| 证券名称 | 买入价格（美元） | 买入年份（年） |
|---|---|---|
| 奥格登公司（兴泰公司，奥格登公司，邦克·拉莫公司） | 0.94 | 1951 |
| 洛克希德公司 | 0.90 | 1934 |
| 美国座椅公司 | 0.88 | 1933 |
| 宝路华手表公司 | 0.88 | 1933 |
| 电子证券和股票公司（博伊西加斯凯德公司） | 0.88 | 1942 |
| 伊文斯产品公司 | 0.88 | 1933 |
| 杂货店产品公司（高乐氏公司） | 0.88 | 1942 |
| 中部各州石油公司A类股（天纳克公司） | 0.88 | 1935 |
| 可信赖百货公司 | 0.88 | 1933 |
| 珍妮特玻璃公司 | 0.82 | 1942 |
| 美国实验室（美国医疗国际公司） | 0.75 | 1964 |
| 美国机械&金属公司（阿美特克公司） | 0.75 | 1932 |
| 巴特勒兄弟公司（麦克罗里公司） | 0.75 | 1932 |
| 灵感联合铜业公司 | 0.75 | 1932 |
| 洛夫特公司（百事可乐公司） | 0.75 | 1938 |
| 无锈钢铁公司（阿姆科钢铁公司） | 0.75 | 1935 |
| 圣劳伦斯公司（同拓纸业公司） | 0.75 | 1942 |
| 精选工业公司（三洲公司普通股&认股权证） | 0.75 | 1944 |
| 三叶草油气公司（钻石三叶草公司） | 0.75 | 1935 |
| 委内瑞拉石油公司（大西洋里奇菲尔德公司） | 0.75 | 1941 |
| 委内瑞拉石油公司（辛克莱石油公司） | 0.75 | 1941 |
| 三洲公司认股权证 | 0.69 | 1944 |
| 伊利诺伊盔甲公司A类股（灰狗公司） | 0.63 | 1932 |
| 金属艺术制品公司（朗森公司） | 0.63 | 1933 |
| 幸福（西方）石油公司（海湾西方公司） | 0.63 | 1932 |
| 登喜路国际公司（奎斯特公司） | 0.63 | 1932 |

● 附表二

续表

| 证券名称 | 买入价格（美元） | 买入年份（年） |
|---|---|---|
| 东部州公司（瑞吉纸业） | 0.63 | 1944 |
| 舷外马达公司B类股（舷外船舶公司） | 0.63 | 1935 |
| 斯奈德包装食品公司（通用食品公司） | 0.63 | 1933 |
| 三洲公司普通股 | 0.63 | 1941 |
| 美国住宅与开发公司 | 0.63 | 1967 |
| 阿比提比电力&纸业有限公司普通股（阿比提比纸业公司普通股） | 0.50 | 1942 |
| 巴特铜&锌公司（乔纳森洛根公司） | 0.50 | 1933 |
| 拜伦杰克逊公司（博格华纳公司） | 0.50 | 1932 |
| 赛璐特克斯公司（吉姆·沃尔特公司） | 0.50 | 1933 |
| 得克萨斯杜瓦尔硫磺公司（鹏斯联合公司） | 0.50 | 1933 |
| 国际造纸公司A类普通股（国际纸业公司） | 0.50 | 1933 |
| 约翰逊汽车公司（舷外船舶公司） | 0.50 | 1932 |
| 马尔尚计算器公司（SMC公司） | 0.50 | 1933 |
| 国家汽车纤维公司A类股（克里斯工艺工业公司） | 0.50 | 1932 |
| 国家防火公司（福卡工业） | 0.50 | 1944 |
| 辛明顿公司A类股（德莱赛工业公司） | 0.50 | 1932 |
| 联合纸板公司（联合纸板纸箱公司） | 0.50 | 1933 |
| 西方石油公司 | 0.45 | 1956 |
| 化学研究公司（通用发展公司） | 0.41 | 1941 |
| 美国开发公司 | 0.38 | 1967 |
| 伊森石油公司 | 0.38 | 1942 |
| 麦克罗里商店（麦克罗里公司） | 0.38 | 1933 |
| 梅里特-查普曼&斯科持公司 | 0.38 | 1932 |
| 沃伦兄弟公司（阿什兰炼油公司） | 0.38 | 1941 |
| 密歇根保险杠公司（海湾西方公司） | 0.32 | 1943 |

续表

| 证券名称 | 买入价格（美元） | 买入年份（年） |
|---|---|---|
| 帕米利运输公司（奇克尔汽车公司） | 0.32 | 1942 |
| 施泰力公司（瑞克里恩公司） | 0.32 | 1943 |
| 美国&外国证券公司（美国&国际证券公司） | 0.32 | 1933 |
| 美国甜菜糖公司（美国冰糖公司） | 0.25 | 1932 |
| 伯里饼干公司（桂格燕麦公司） | 0.25 | 1942 |
| 范斯迪尔公司 | 0.25 | 1932 |
| 戈德乔克斯糖业公司（海湾州土地和工业公司） | 0.25 | 1933 |
| 麦克莱伦商店（麦克罗里公司） | 0.25 | 1933 |
| 纳西勒摩尔公司 | 0.25 | 1938 |
| 阳光石油公司（太阳石油公司） | 0.25 | 1933 |
| 特鲁克斯特雷尔煤炭公司（联合煤炭公司） | 0.25 | 1932 |
| 通用控股公司（三洲公司） | 0.19 | 1942 |
| 阿勒格尼公司普通股 | 0.13 | 1941 |
| 国家贝拉斯赫斯有限公司7%股息优先股（国家贝拉斯赫斯有限公司普通股） | 0.13 | 1932 |
| 共和国燃气公司（共和国天然气公司） | 0.13 | 1932 |
| 华尔公司（舒适公司） | 0.13 | 1932 |
| 联合染料厂普通股 | 0.10 | 1943 |
| 老本煤炭公司新普通股（俄亥俄标准石油公司） | 0.05 | 1935 |
| 国际公用事业公司B类股 | 0.04 | 1942 |